财政部规划教材
金融学国家级特色专业用书

中国货币市场的发展：
运作机制、政策调控
及合规性监管

林 力 编著

中国财经出版传媒集团
经济科学出版社
Economic Science Press

图书在版编目（CIP）数据

中国货币市场的发展：运作机制、政策调控及合规性监管／林力编著．—北京：经济科学出版社，2020.3

财政部规划教材

ISBN 978－7－5218－1379－1

Ⅰ.①中… Ⅱ.①林… Ⅲ.①货币市场－中国－高等学校－教材 Ⅳ.①F822.2

中国版本图书馆 CIP 数据核字（2020）第 041421 号

责任编辑：白留杰
责任校对：王肖楠
责任印制：李　鹏

中国货币市场的发展：运作机制、政策调控及合规性监管
林　力　编著
经济科学出版社出版、发行　新华书店经销
社址：北京市海淀区阜成路甲 28 号　邮编：100142
教材分社电话：010－88191309　发行部电话：010－88191522
网址：http://www.esp.com.cn
电子邮箱：bailiujie518@126.com
天猫网店：经济科学出版社旗舰店
网址：http://jjkxcbs.tmall.com
北京密兴印刷有限公司印装
787×1092　16 开　12.75 印张　190000 字
2020 年 4 月第 1 版　2020 年 4 月第 1 次印刷
ISBN 978－7－5218－1379－1　定价：45.00 元
(图书出现印装问题，本社负责调换。电话：010－88191510)
(版权所有　侵权必究　打击盗版　举报热线：010－88191661
QQ：2242791300　营销中心电话：010－88191537
电子邮箱：dbts@esp.com.cn)

作 者 简 介

　　林力，籍贯辽宁新金，暨南大学经济学硕士，广东金融学院金融与投资学院教师。主要研究方向：金融市场及国际金融。从事《金融学》《货币市场理论与实务》《国际金融》等课程的教学工作 20 余年，有着丰富的教学经验。

　　作为主持人及主要参与者承担了 2015 年广东省哲学社会科学"十二五"规划学科共建项目："一带一路"战略背景下中国伊斯兰债券海外融资创新研究；2013 年广东省哲学社会科学"十二五"规划项目：广东地方政府市政债产品创新及违约风险监管研究；2015 年广州市哲学社科"十二五"规划项目："十三五"时期广州发展金融新业态和新型金融组织研究等数项省级科研课题研究。

　　此外，还主持了 2015 年广东省教育厅高等教育教改项目（本科类）：基于"一纵三横"的货币市场理论与实务课程教学改革及一项院级教改课题研究。

　　在《证券市场导报》《亚太经济》《南亚研究季刊》《地方财政研究》《上海金融》等国内 CSSCI 核心期刊上发表学术论文 10 余篇。

前　言

货币市场作为一国金融市场的重要组成部分,既在微观层面上为金融机构和企业等市场参与主体提供了灵活的资金头寸管理操作平台,使这些经济主体在对资金的安全性、流动性、盈利性相统一的管理上更方便灵活,同时也在宏观层面上为中央银行实施货币政策调控宏观经济提供了操作渠道,成为国家利用货币政策工具调节金融活动的杠杆支点。在现代市场经济条件下,货币市场的有效运作,是一个有效独立的货币政策实施的基础性条件,货币市场构成了中央银行选择货币政策工具,贯彻货币政策的市场基础。从这个角度看,如果一个国家经济体系中没有相对发达的货币市场,就必然会缺乏间接宏观金融调控方式赖以进行的市场环境,缺乏灵敏可靠的市场利率信号,以市场机制为基础的、高效率的宏观金融调控就很难实现。

改革开放以来,我国一系列金融体制改革极大地提升了货币市场发展的整体水平,货币市场的结构与规模也发生了巨大变化。在中国货币市场发展的40多年时间里,市场交易品种逐渐增加,交易规模持续增长,市场成员不断扩大,以上海银行间同业拆借利率为代表的货币市场基准利率也已初步形成。与我国货币市场培育与发展的初期相比,目前整个市场在品种规模、交易条件与结构组织等方面都有着明显的进步,逐步形成了一个由同业拆借市场、票据市场、银行间债券交易市场、货币市场基金和短期融资券等各子市场构成的相对完整的中国货币市场体系,它对中国宏观经济的影响也越来越大。

然而我们也要清醒地认识到:中国货币市场的发展尽管取得了一定的成绩,但是从整个货币市场运作的有效性、融资工具种类规模和交易的活跃性以及货币市场的稳定性来看,仍然与西方发达市场经济国家存在差距,货币市场的广度(通常以货币市场的交易量规模占GDP的比重为标志)与深度(通常以一定数量的追加交易量对市场价格的影响程度来衡量)也没有达到理想的水平,相对滞后的货币市场微观环境在一定程度上仍制约着中央银行货币政策工具在货币市场中的实施效果,这些问题均有待于进一步有针对性地加以完善与解决。

本书对我国货币市场发展的理论与实践问题进行了全面系统地研究。全书是以中国货币市场发展的历史沿革为主线，对我国货币市场发展的进程、历史经验教训进行了回顾，并借鉴了西方市场经济国家的有益经验，就如何完善我国货币市场的运行机制、提升货币政策传导效率以及如何有效地对市场进行监管规范作出了前瞻性的理论探索。

本书的内容由三部分共八章所构成：

第一部分为绪论，由第一章和第二章组成。绪论部分概括性地介绍了货币市场发展的基础理论、基本功能运作机制及市场构成要素，同时对中国货币市场发展的历史脉络进行了简要梳理，对市场发展的阶段性成就和对整体宏观经济的影响作用进行了总结，并对中国货币市场发展过程中的现状及存在问题进行了分析。

第二部分为中国货币市场发展的实践内容，由第三章至第六章组成。这部分回顾和总结了30多年来，中国同业拆借市场、票据市场、银行间债券市场和货币市场基金等货币市场各子市场具体的发展阶段及各自特点，并就未来各子市场的创新实践与发展进行了展望与设计。

第三部分为中国货币市场发展的相关理论内容，由第七章和第八章组成。这部分叙述了货币市场在一国中央银行货币政策操作过程中所处的重要地位和国外主要的货币政策传导机制理论，同时还就我国在计划经济体制下宏观金融调控机制已经基本失去效果，而市场经济体制下的宏观金融调控机制正在建立和完善过程中的背景下，如何探寻一条完善本国货币市场，以提高我国货币政策工具的有效性以及完善货币政策传导机制功能的可行性途径进行了分析；此外，本部分还对货币市场的监管理论进行了回顾，并就未来中国货币市场监管体系的设计与制度安排作出了相应探讨。

归纳起来，本书的特点体现在：

一是专业的针对性。本书是针对货币市场运作及发展而编写的货币市场理论著作。在内容的选取、结构的安排上与传统的《金融学》《金融市场学》等教科书中将资本市场与货币市场概略、宽泛的介绍相比，论述更加详尽，更具专业性。全书紧紧围绕着我国金融市场中货币市场这个分支点进行分析和研究，并对货币市场理论发展脉络进行了深入探讨，更能体现出该市场的专业特色。

二是知识框架的系统性。进入21世纪以来，中国的货币市场发展进入了快速发展阶段。然而目前国内出版的相关著作主要是针对货币市场中利率市场化改革、基准利率确定和创新类衍生工具的发展等相对具体的一个领域进行深入研究探讨，完整地对货币市场体系进行研究的学术著作并不多见。本书对中国货币市场发展进行了系统的阐述，内容体系是以货币市场发展与监管理论、货币市场运作机制、货币市场与货币政策关系、中国货币市场的培育发展等内容构成，较好地对货币市场进行了系统与完整的论述。

三是理论与现实性的有机结合。本书的内容设计包含着"货币市场发展的相关理论脉络"和"世界与中国货币市场在发展过程中的实践沿革"等两部分内容。从内容上看，是以中国货币市场理论与实践发展为主线——涉及同业拆借市场、银行间债券市场、票据市场等诸多货币市场子市场的培育和成长过程与各发展阶段的理论总结，充分体现了实践性、现实性和理论性有机结合的特点。本书适合高等学校财经类专业教学使用，也可作为金融机构与相关科研人员的参考资料。

作为广东金融学院"金融学国家级特色专业"的具体建设内容，本书作者在写作过程中得到了来自广东金融学院金融与投资学院徐润萍教授、广东金融学院王醒男副校长的关心与大力支持，另外，广东金融学院金融系2007级金融实验班的范纯、夏溢和祝翠丽等同学承担了本书部分数据收集与整理工作，在此一并表示诚挚的谢意，本书作者对该著作文责自负。

作　者

2019年8月于穗

目　　录

第一章　货币市场运作概述 ……………………………………………（ 1 ）

　第一节　货币市场的基本内容 …………………………………（ 1 ）
　第二节　货币市场运作的构成要素 ……………………………（ 6 ）
　第三节　货币市场的运作机制与功能分析 ……………………（ 17 ）

第二章　中国货币市场运作总览 ………………………………………（ 21 ）

　第一节　中国货币市场发展的总体回顾 ………………………（ 21 ）
　第二节　中国货币市场发展对国家宏观经济运行的意义 ……（ 23 ）
　第三节　中国货币市场发展的阶段性成就 ……………………（ 28 ）
　第四节　中国货币市场发展的问题分析 ………………………（ 34 ）

第三章　中国同业拆借市场的发展 ……………………………………（ 43 ）

　第一节　海外同业拆借市场运作的历史及经验 ………………（ 43 ）
　第二节　中国同业拆借市场发展的历史回顾 …………………（ 48 ）
　第三节　中国同业拆借市场发展存在的问题 …………………（ 53 ）
　第四节　中国同业拆借市场发展前瞻 …………………………（ 56 ）

第四章　中国票据市场的发展 …………………………………………（ 62 ）

　第一节　票据市场运作概述 ……………………………………（ 62 ）
　第二节　海外票据市场的发展轨迹 ……………………………（ 66 ）
　第三节　中国票据市场的发展运行轨迹 ………………………（ 74 ）
　第四节　中国票据市场运行的创新及发展 ……………………（ 83 ）

第五章 中国银行间短期债券市场的发展 …………………………… （91）
第一节 中国银行间短期债券市场发展的历史沿革 ……………… （91）
第二节 中国银行间短期债券市场运行的作用及问题 …………… （98）
第三节 中国银行间短期债券市场的完善与发展 ………………… （104）

第六章 中国货币市场基金的发展 …………………………………… （108）
第一节 海外货币市场基金发展运行概况 ………………………… （108）
第二节 中国货币市场基金发展的历史沿革 ……………………… （112）
第三节 中国货币市场基金发展对宏观经济的作用 ……………… （117）
第四节 中国货币市场基金市场的完善与发展 …………………… （120）

第七章 中央银行货币政策调控分析 ………………………………… （126）
第一节 货币市场与货币政策操作 ………………………………… （126）
第二节 中国间接性货币政策工具在实践中的运用 ……………… （137）
第三节 中国间接性货币政策工具操作的问题分析 ……………… （144）
第四节 完善中国货币市场提升货币政策实施效率的分析 ……… （146）

第八章 中国货币市场运行的监管及合规性约束 …………………… （160）
第一节 货币市场监管约束的相关理论 …………………………… （160）
第二节 货币市场监管约束的目标及原则 ………………………… （166）
第三节 中国对货币市场监管约束的合规性内容 ………………… （169）
第四节 中国货币市场的监管约束前瞻 …………………………… （177）

参考文献 ……………………………………………………………… （189）

第一章

货币市场运作概述

第一节 货币市场的基本内容

一、货币市场概念的再界定

国外的宏观经济理论和现代货币金融理论把货币市场概括为：连接货币供给和货币需求并求得货币供给和货币需求均衡的空间场所；是一国货币供给与货币需求相遇并经利率的调节作用实现均衡的场所。美国经济学家彼得·S. 罗斯认为，货币市场提供了一个市场和机制，使短期资金剩余者可以融资给短期资金赤字者。这个定义中体现了货币市场是短期资金剩余者与短期资金赤字者交易的集中市场，并且是通过市场机制确定的交易价格，同时将资金供需双方联系起来的特征。

从国内文献对货币市场界定的标准来看，大多是以市场中交易工具期限长短作为判断依据的。例如，货币市场在1990年《财经大辞典·上卷》中被表述为"一年以下各种资金融通活动的场所"。在1993年版的《中国大百科全书》（财政税收金融价格）中将货币市场定义为："1年期以内短期信用工具的发行与转让市场的总括，又称短期金融市场。主要包括同业拆借市场、短期票据承兑与贴现市场、可转让定期存单市场等"。1998年版的《海商法大辞典》是这样定义货币市场的："它又称为'资金市场''短期资金市场'，是进行1年以内的短期货币资金贷放业务的信贷场所"。

这些表述存在一个同样的问题，即把货币市场中交易工具时间长短（1年期限）在市场划分的作用绝对化了。如今金融市场工具的创新与发展可谓日新月异，资金的长短转化不仅快速而且规模难以确定，因此理论界多年来沿用的货币市场界定标准确实面临着新的挑战。

在界定货币市场并将其与资本市场相区别时应当重点考虑两个方面：一是货

币市场信用工具的期限;二是货币市场的功能。货币市场的功能着重于弥补头寸不足和流动性不足,实现货币的供求平衡;与此相对应,资本市场侧重于引导投资方向,将储蓄转化为投资,注入现实经济中去的功能。因此,货币市场可以定义为:连接短期货币资金供给与货币资金需求,并以弥补头寸不足和流动性不足为主要目的,以短期信用工具为交易对象完成短期货币资金融通,求得短期货币资金市场供求均衡的市场。① 在以市场交易工具的期限作为判断依据的基础上,更侧重从市场的内在功能上加以区分,这样表述更能够全面地揭示货币市场的内涵与特质。

货币市场的范畴有广义和狭义之分。狭义的货币市场包含同业拆借市场、票据市场、短期债券市场、大额可转让存单市场、回购协议、货币市场基金等各个子市场。广义的货币市场则将银行短期信贷市场也包含进来。本书是在狭义的范畴内对货币市场进行探讨的,目前我国的货币市场主要是由同业拆借市场、票据市场、银行间债券市场、货币市场基金和短期融资券等子市场构成。

二、货币市场存在发展的经济学分析

从历史上看,人类社会生产力的不断进步以及市场经济规模的不断发展,为货币市场的出现提供了契机:第一,社会中货币资金由于各种原因出现了分布的不平衡,并且这种不平衡趋势还在持续扩大;第二,市场资源配置的效率性具有对这种不平衡状态进行重新组合的内在要求。

马克思曾经从企业经营的角度来分析社会资金不平衡的原因:在再生产过程中企业的流动性资金间歇性的闲置和资本积累未达到规模之前的闲置,以及与此同时其他企业由于周转和扩大再生产对资金的需求均存在对货币资金进行重新配置的客观要求。事实上,社会资金的不平衡除了表现在企业之间,还表现在家庭与企业之间、国家与企业之间。只要存在货币交换的经济活动,任何一个经济主体都可能出现货币收支不平衡的情况,比如由于收入支出的不同步或是收入流量持续大于支出流量而出现的剩余,以及由于相反原因导致的短缺。

市场机制本身是不允许存在货币资金短缺与剩余并存现象的,因为这意味着双重的资源浪费。一方面是资源的闲置,另一方面是商业机会和企业生产能力的浪费。问题的解决有两种方法:

第一种方法是通过内部来消除这种不平衡问题。对于资金盈余方来说,可以通过增加投资将剩余资金运用出去,但是这并不一定能取得理想的效益,因为在资金出现剩余的时候也许没有有利的投资机会,同时资金的剩余者自己不一定具

---

① 杜莉:《中国货币市场及其发展》,经济科学出版社1999年版,第28~29页。

有良好的投资技巧和商业运作能力，这将会影响资本的边际收益率。而对于资金的短缺方来说，投资资金全靠自身积累，尽管存在好的投资机会，并且自己也具备良好的市场竞争能力，但是在资金存在缺口的情况下，被迫压缩投资，则丧失了投资时机。因此这种内部调整收支不平衡的方式是低效率的。

第二种方法是通过外部调整，即通过一个适当的平台和渠道，将资金在盈亏方之间相互调剂来消除货币资金分布的不均衡，这是符合市场经济条件下资源效率配置要求的。当然，在生产资料私人占有制（用现在的话来说就是产权明晰）的前提下，这种重新配置是不能采用强制性无偿调剂而只能采取有偿的借贷形式来完成，而这也正是货币市场产生并得以不断发展的最根本原因。市场经济越发展，社会创造出来的财富越多，货币供给与需求的规模就越大，这就促使肩负资金调剂职责的货币市场规模、结构也随之不断发展。

三、货币市场运作的特征

流动性强、风险低、期限短、收益率低以及具有批发性质是货币市场的一般属性。事实上，货币市场的最主要特点表现在它具有典型的竞争性机制，它提供了市场经济体制及其运行的典型范本，体现出了以下特征。

（一）货币市场是一个信息完全市场

货币市场中各类信息的发布、传递、汇集、处理都成为市场中所有参与主体关注的焦点。要使货币市场中的所有参与者能够准确地获取各自交易需要的信息，这就要求市场信息必须是充分、真实、公开和及时的。由于在市场的资金借贷活动中，资金是由资金盈余方调剂给赤字方使用的，因此借贷双方能否通过市场交易行为达到各自融资效率最大化的目的，关键取决于资金资源能否实现最优化配置，而实现这一目标的前提就是市场必须处于一个充分信息化的条件，借款人资信、经营前景和效率状况等所有信息是可得的，这是投资人选择适当投资工具与组合，实现市场资源优化配置的基本前提。同时，这些信息不仅仅限于事实上已经发生了的既成信息，还包含未来有可能发生事件的预期信息。

（二）货币市场中交易的是标准化与高度同质的信用工具

虽然货币市场中各类信用工具的形式与特点各异，但是其实质都是一样的，即它们都是证明债权债务借贷关系的法律性契约凭证，都是具有规范和标准的要式及设权凭证。信用工具的这一特点使它们成为高度同质的产品，相互之间存在着可替代性。市场中对这些交易工具的供给与需求在很大程度上是相通的，因此这些交易工具之间也就具有很强的竞争性,在商品市场中因某些特殊产品的垄断地位而导致的不充分竞争状况在货币市场中很难出现。在这种情况下,任何一个市场参与主体的行为都不可能单独决定某一种货币市场交易工具的价格,于是货币市场也为市场供求规律提供了更全面、更完成的市场范例。

此外,随着货币市场中信用工具的多样化发展,让货币供求者之间资金转化更加便利,不仅为市场参与者创造了更多的投资组合机会,充分调动起社会闲置资金,而且使货币市场从最初的仅仅调剂头寸不足的功能逐渐发展到促进市场参与主体进行流动性有效管理、为中央银行货币政策操作提供基础性平台等诸多复合功能了。

(三) 货币市场是一个自由竞争性市场

货币市场是自由竞争的市场。拥有闲置资金的盈余方及具有融资需求的赤字方在遵守市场游戏规则的前提下都可以自由进行融资活动,以促进整个社会的资金使用效率的提高。而那些经营效率低下甚至是丧失偿债能力的资金融入者将受到市场参与主体的歧视(严重的还会被迫宣告破产),退出市场。任何交易者不会得到优惠条件和特殊保护,所有市场参与主体都是在平等、自愿基础上自由选择和自由竞争的。这将有利于社会资金资源合理、迅速地在市场中流动,达到配置的最优化状态。

四、货币市场运作的基础理论

(一) 真实票据理论

16世纪的苏格兰经济学家约翰·劳(John. Law)最早提出了这一理论。他认为,作为商品交易活动中用于货款支付的所有票据的签发必须是以真实实物交易为基础,这样才能有效控制票据违约的风险。该理论是论证商业票据安全性的一个重要依据,成为商业票据交易的理论基础。依照这一理论要求,票据签发人是以实际发生的商品交易或劳务为依据而发出要求付款的凭证,交易标的和票据转移是同时发生的,如果付款人到期不能履行票据义务,债权人有权处置交易标的来得到补偿,挽回损失。这种以真实交易为基础而形成的票据市场,具有较强的安全性,从而这样的票据在承兑、贴现、转让过程中有着广泛的可接受性。在这之后各国货币市场中以抵押、质押和担保方式签发的票据或发行的债券,实质上都是以真实票据理论为基础发展起来的。

(二) 货币市场均衡理论

凯恩斯主义者认为商品市场包括投资品和消费品市场。货币市场是一个以货币供给和货币需求为内容的市场，着重于研究货币流通手段和支付手段的供求关系和利率均衡机制。当货币供应量增加时，货币存量增加，对债券的需求会增加，实业部门由此会得到更多的投资，由此导致就业增加，产出增加，商品市场的价格也随之发生变动；当货币供应量减少时，对债券的需求会下降，投资受到抑制，就业水平下降，产出下降。在凯恩斯主义的货币供求模型中，货币市场是决定商品市场和劳动力市场均衡的关键。

（三）流动性资产组合理论

现代货币市场的发展，可以追溯到 20 世纪 30 年代 J. R. 希克斯所进行的资产选择分析，该理论中所谓资产是指带有利息收入的金融债券。希克斯将风险因素纳入资产收益预期的分析和计算模型之中，对风险度不同的资产赋予不同的贴现率。他认为，对一个公司来讲，其持有的各项资产都应为公司带来收益。公司持有的现金、银行账户存款、银行存单、政府债券、商业票据以及持有的外币资产都是流动性很强的生利资产，各有不同的成本费用率、利息收益率，还有不同的期限和不同的兑换条件。公司对各种金融资产要选择某种组合方式，以求得流动性、安全性、收益性的最佳结合。同样，政府和家族也会对自己的资产结构不断地调整，使收益最大而风险最低。

凯恩斯主义经济学家托宾也认为，各个经济主体都会根据经济形势及其客观情况的变化不断对资产价格水平进行调整。货币市场作为流动性金融资产的组合场所，在促进资产流动性的加速、提高资金的使用效率、熨平经济波动、生成竞争性资金价格、扩大交易工具使用范围方面发挥着重要作用。

（四）金融市场创新理论

20 世纪 60 年代以来各国货币市场中新的交易工具种类不断涌现。例如，以货币清算为基础的远期合约、货币期货合约、货币期权、货币利率互换市场的发展使全球货币市场流动性和风险性表现得更为突出，在给投资者带来巨大机会的同时，也给市场管理者们带来新的挑战。面对层出不穷的货币市场工具，创新经济学家从不同的角度对金融创新进行了解释。

西尔柏（W. L. Silber）的约束诱导性金融创新理论主要是从寻求利润最大化的金融机构创新最积极这个表象开始的，由此归纳出金融创新是金融企业为了寻求最大的利润，减轻外部对其产生的金融压制而采取的"自卫"行为。当面临着来自外部的政府控制管理以及企业内部约束加强双重压制的情况下，对于前者导致的企业经营效率降低，金融企业必须通过不断创新，提高效率来弥补这部分损失。而由于内部自身约束的要求，为了保证资产的流动性、必要的偿债能力，金融企业则通过采取一系列的资产负债管理等内控制度，从而促使其不断创新，这是金融企业金融创新的逻辑结果。

在凯恩（E. J. Kane）规避型金融创新理论中，规避是指对各种规章制度的限制性措施实行回避。规避创新，则是金融企业回避各种金融控制和管理的行为，即政府对金融的控制和由此产生的规避行为是政府与金融企业之间为管制和自由而进行的一种博弈行为。这种博弈的结果就是管制—创新—新的管制—新的创新，如此循环往复推动着金融创新的不断发展。

制度学派的戴维斯（S. Davies）、塞拉（R. Sylla）和诺斯（North）认为，作为经济制度的一个组成部分，金融创新是一种与经济制度相互影响、互为因果关系的制度改革。基于这种观点，一国金融体系的任何因制度改革的变动都可以视为金融创新。因此，政府政策的调整与改变都会引起金融制度的变化。

希克斯（J. R. Hicks）和尼汉斯（J. Niehans）提出的金融创新理论的基本命题为，金融创新的支配因素是降低交易成本。这个命题包括两层含义：一是降低交易成本是金融创新的首要动机，交易成本的高低决定金融业务和金融工具是否具有实际意义；二是金融创新实质上是对科技进步导致交易成本降低的反映。希克斯又把交易成本和货币需求与金融创新联系起来考虑，得出了如下的逻辑关系：交易成本是作用于货币需求的一个重要因素，不同的需求产生对不同类型金融工具的要求，交易成本高低使经济个体对需求预期发生变化。交易成本降低的发展趋势使货币向更多样化的形式演变和发展，而不断地降低交易成本会刺激金融创新。可以说一国金融发展的过程本身就是不断降低交易成本的过程。

第二节 货币市场运作的构成要素

一、货币市场的交易主体

货币市场中主要有中央银行、政府部门、商业银行等银行类金融机构、非银行类金融机构、企业及居民个人等交易主体。

（一）商业银行等银行类金融机构

经营性质与经营规模决定了商业银行等银行类金融机构在货币市场中交易频繁规模巨大，是市场中最主要的交易主体，其市场参与目的主要是进行流动性头寸管理。银行持有的超额储备过多会影响收益率水平，但是在中央银行存款准备金制度的约束下，过少的超额储备又会面临因为偿债能力不足而遭受处罚的问题。因此，同业拆借市场、票据市场、短期债券等市场就成了商业银行赖以进行短期融资、保持合理头寸的基本渠道。

（二）中央银行

中央银行作为货币市场的参与者其目的并非出于盈利，主要是运用各种货币政策工具依托货币市场这一平台实施货币政策，调控宏观经济。中央银行在货币市场的公开市场操作业务主要集中在二级交易市场，以各类国债和国库券等短期信用工具为交易对象。例如，中央银行是通过在公开市场上购入与售出短期信用工具并以此来使金融机构的可用资金和市场货币流通量发生增减变化，从而达到调节社会货币供给量和信用规模的目的。

中央银行在公开市场中的交易行为会对货币市场上各种信用工具的价格、收益率、利率变化产生重要影响，因此公开市场业务的操作选择是人们判断市场预期走向的重要依据。而中央银行对金融机构融资的再贴现利率水平的调整，既直接影响了商业银行的融资成本、改变其超额储备及可贷资金规模，同时再贴现率的变动也具有向资金借贷市场传递货币政策操作变动信息和力度的告示作用。此外，中央银行还出于货币政策操作的需要通过发行央行票据等信用工具配合政策操作，这对于货币市场交易工具相对缺乏的发展中国家来说意义更为重大。

（三）政府部门

这包括中央和地方两级政府。政府部门参与货币市场的目的是筹措资金弥补财政赤字，是货币市场中资金的需求者。政府在货币市场中的活动主要集中于发行市场。政府所发行的债券为货币市场提供了重要的金融工具，也为中央银行进行公开市场操作提供了操作工具。政府的债券发行管理的一个基本原则是保证发行顺利和发行成本最低。货币市场利率相对稳定，有助于降低发行成本，是政府筹措资金，尤其是短期资金的重要场所。在国外，短期国债被称为"金边债券"，它的利率水平也成为市场中其他信用工具制定发行利率水平的一个重要依据。

（四）非银行类金融机构

非银行类金融机构主要包括保险公司及各类养老和投资基金，这些非银行类金融机构的共同特点是拥有大量个人的长期资金，希望通过专家式的管理取得高于银行存款，但风险尽可能低的收益。因此需要将资产组合调整到一个最佳位置，即资产构成中不仅包括高收益率的风险资产，还包括收益率虽然不高，但是风险也很低的资产。

因此，他们参与货币市场的主要目的是以货币市场作为交易平台，选择各类货币市场信用工具进行资产的最佳投资组合，他们看中的是这个市场的高流动性与低风险性，而不仅仅是营利性。

（五）实体经营企业与个人投资者

这类市场交易者参与货币市场活动的目的是为了调整流动性资产比重、取得短期投资收益。

实体经营企业通常是货币市场的资金供给者，通常他们在生产及经营过程中会形成一定数量的短期闲置资金，为了获得可观的投资收益，同时不承担很大的资本损失风险，就需要进入货币市场将短期资金投放于各种流动性高，收益性高于银行存款的货币市场工具。通过这些市场投资，企业在获得流动性和安全性收益的同时，也提高了它们头寸管理的效率，从另一个角度看，正是由于它们的市场参与也促成了市场交易的活跃及合理的货币市场交易价格的形成。

由于货币市场是批发性质的资金交易市场，因此居民个人投资者是主要通过购买货币市场基金的渠道，将手中规模有限的闲置资金间接运用到货币市场中，以获取自己理想中的收益。

一般情况下，实体企业与个人这类投资者不直接参与货币市场的交易，而是委托有货币市场交易资格的金融中介机构进行交易。

二、货币市场的交易工具

货币市场的交易工具主要包含：短期国债、同业拆借资金、商业票据及大额可转让定期存单等内容。

（一）短期国债

这是由政府发行的1年以内（即3个月、6个月、9个月和12个月）的国库券。短期国债的特点：一是风险极低。短期国债是政府以赋税担保的直接负债，被看作为测算其他金融市场工具价值和风险程度的参照依据，其利率是其他金融工具利率变动的基础，因此短期国债发行市场最重要功能就是市场的价格发现。二是高度流动性。由于短期国债的风险低、信誉高，各类金融机构、实体企业和个人都乐于将闲置资金投资到短期国债上，并以此来调节自己的流动资产结构，为短期国债创造了十分便利和发达的二级市场。三是贴现发行。即其发行价格低于面值，售价与面额之差就是短期国债的贴现利息。

在国外，短期国债的发行频率很快，一般都是定期发行的。以美国为例，3个月和6个月的短期国债是每周发行的，并通过竞争性报价方式确定发行价格和贴现率。

（二）同业拆借资金

同业拆借资金是商业银行或其他金融机构之间在经营过程中相互调剂头寸资金的信用活动，这是一种临时调剂性借贷业务。在同业拆借市场中，金融机构之间是以各自的信用为担保进行短期资金融通的，也就是所谓的"信用拆借"。因此，为了确保拆借市场健康有序的发展，各国货币当局会对提出市场准入要求的申请者进行严格审核，设定拆入资金期限和拆借规模。同业拆借既可以由借贷方直接进行，也可以委托货币市场经纪人进行。拆解期限多数为隔夜或者一周以内，也有3个月、6个月、9个月等品种。

同业拆借市场作为金融机构资金借贷的批发市场，其利率也被视为金融市场的基准利率，并常常成为中央银行货币政策实施所倚仗的重要操作手段。

（三）大额可转让定期存单

可转让大额定期存单最早产生于美国，是第一花旗银行财团于20世纪60年代初为规避利率管制而进行创新的金融工具。它是一种固定面额、固定期限、可以转让的大额存款定期储蓄凭证，发行对象既可以是个人，也可以是企事业单位，分为记名和不记名两种，允许在二级市场中流通，自由买卖。

在大额可转让定期存单发源地的美国，大额可转让定期存单可以分为四类：一是国内存单，它是由美国国内银行对国内发行的。存单上注明存单的金额、到期日、利率及期限。国内存单的期限由银行和客户协商确定，可以根据客户的流动性要求灵活安排，期限一般为30天或者12个月，也有超过12个月的。二是扬基存单，这是由外国银行在美国的分支机构所发行，以美元为面值的一种可转让定期存单。其发行者主要是西欧和日本等地的著名国际性银行在美国的分支机构。扬基存单的期限一般较短，大多在3个月以内。三是欧洲美元存单，这是美国境外银行发行的，以美元为面值的一种可转让定期存单。欧洲美元存单由美国境外银行（外国银行和美国银行在外的分支机构）发行，但是发行范围不仅限于欧洲。四是储蓄机构存单，这类存单由美国一些非银行机构（储蓄贷款协会，互助储蓄银行）发行。但是由于储蓄机构存单因法律上的规定或实际操作困难而不能流通转让，因此，在美国它的二级市场规模较小。

自20世纪80年代以来，我国商业银行也面向社会发行过大额可转让定期存单，根据《中国人民银行关于大额可转让定期存单管理办法》的规定，发行单位限于国内各类商业银行，大额可转让定期存单的发行对象为城乡居民个人、企业和事业单位，购买资金应为个人和企业、事业单位的自有资金。但是国内始终没有形成有规模的可以进行交易的流通市场。

一般而言，大额可转让定期存单市场的主要参与者是货币市场基金、商业银行、政府和其他非金融机构投资者，投资收益率高于短期国债。

（四）商业票据

商业票据是指具有统一法定票面格式，证明借贷关系人之间债权债务关系的契约性凭证，有银行本票、银行汇票、商业汇票和银行支票等形式。

商业票据具有这些特点：第一，它是设权凭证：票据权利义务的顺利履行首先需要以书面形式界定债权债务人各自的责任与权利。第二，它是要式凭证：商业票据作为债权债务支付凭证，必须具备必要的规范形式与内容。第三，它是可支付流通凭证：商业票据能够作为支付手段对债权债务进行清偿、结算。除了票据票面本身的限制外，通常是可以凭借背书的形式进行流通转让的。第四，它是无因凭证：持有人在行使商业票据权利时无须证明其取得票据的原因。

商业票据普遍具有风险性低、流动性强和收益稳定的特点，是货币市场中主要的交易工具。

（五）回购协议

回购协议是指货币市场中的参与机构以金融工具作为抵押的短期资金融通方式，金融工具的持有者在其资金暂时不足时，若不愿放弃手中符合市场交易需求的金融工具，可用回购协议方式将其售出，同时与买方签订协议，以保留在一定时期后将此部分金融工具按约定价格全部买回的权利，另支付一定的利息。

在我国，货币市场中主要是以商业票据和短期政府债券作为回购协议交易的标的主体。由于回购协议所涉及的金融工具具有流动性强的特点，加上协议对于未来回购该交易标的有期限、价格等方面的明确规定，协议的逆回购方还握有质押的金融工具在手，因此风险极低。一般回购协议利率要低于同期限的同业信用拆借利率水平。

三、货币市场的中介机构

（一）货币市场的做市商

做市商制度的发展已有几百年的历史，它在货币市场（按广义的统计口径也包含金融衍生品市场及外汇市场）与资本市场发展过程中发挥着重要作用，是提高市场流动性、稳定市场运行、保障市场交易规范、效率的有效手段。

1. 做市商制度的概念与要求。金融市场主要有两种最基本的交易模式：做市商模式（Market Makers 或更准确的是 Dealers Mode）和以集中竞价为特征的拍卖模式。在证券市场上采用的是集合竞价模式,由买卖双方各自提交买卖委托,经过交易中心对委托价格汇总撮合后完成交易。而做市商模式也称庄家制度或造市商制度,它是指证券交易的买卖价格均由做市商给出,投资者按照做市商报出的买卖价格和数量作出自己的买卖决定。

在做市商制度下,投资者只是被动接受做市商报出的价格,作出买卖的选择。做市商报出的是双向的价格,也就是对于同一种货币市场工具而言,做市商既报买入价,也报卖出价。市场中所有投资者的交易对手都是做市商。做市商报出价格后,就有义务接受投资者按此价格提出的买卖要求。做市商手中必须有足够的货币市场工具,用来满足投资者交易的要求。

2. 做市商制度的功能。

(1) 增强市场的流动性和活跃性。由于投资者的交易对象就是做市商、交易价格就是做市商报出的价格,投资者无须担心提交的委托找不到交易对手。正是通过做市商不断地进行双向报价并时刻准备接受交易,使得市场中成交概率很大,市场得以保持较为充分的流动性。

(2) 平抑市场投机。当市场出现过度投机时,做市商通过在市场上与其他投资者相反方向的操作,努力维持价格的稳定,降低市场的投机成分。当市场成交过于低迷时,做市商通过在市场上人为地制造交易,以活跃市场带动人气。从国外情况看,由于做市商的报价一般都在监管部门的规定范围内,市场中也存在若干家做市商,会在报价上形成竞争,因此一般不会出现严重偏离货币市场工具内在价值的过度投机现象,从而有效地稳定市场运行。

(3) 有利于提高市场运作效率。做市商制度能够使市场运行过程总是处于一种动态的均衡条件下。对于市场的暂时失衡,如果是由于非理性因素引起的,货币市场交易工具在原有价位上的需求不能实现,这样价格的变动会导致市场效率的损失。并且这种不平衡的自发性平抑是零星分散和滞后的,不平衡的恢复是高成本的。这时,如有做市商人为地将价格限制在均衡位置,那么在此价位上的需求就能被满足。在非均衡出现之前,做市商通过其做市调节活动就会限制失衡出现的机会,故这种反应和限制是事前的。因此,做市商制度能够消除非理性波动,从而提高了市场的运作效率。

3. 做市商具备的条件、应尽的义务及享有的权利。各国对做市商的选择通常都有严格的规定,一般来说,做市商必须具备以下条件:(1) 具有雄厚的资金实力,这样才能握有足够的市场交易工具以满足投资者的交易需要。(2) 具有管理市场交易工具的能力,以便降低市场交易工具存于手中的风险。(3) 要有准确的报价能力,熟悉自己经营的市场交易工具,并有较强的市场分析能力。

做市商既要承担相应的义务,同时也可以享有以下特权:

(1) 资讯方面，享有交易者的所有买卖交易记录，以便及时了解发生单边市的预兆。

(2) 市场融资融券的优先权。为维护市场的流通性，做市商必须时刻拥有一大笔筹码作后盾，因此做市商往往会得到政府授权，优先拥有一个低成本的融资融券渠道。

(3) 一定条件下的做空选择权。当市场上大多数投资者做多时，若做市商手中筹码有限，可以享有一定比例的做空交易，以维持市场交易的连续。

(4) 减免税收。做市商交易频繁，同时承担买进卖出的双方交易，为买而卖，为卖而买，在买卖差价中赚取利润，通常能够获得来自政府税收的减免优惠。

4. 我国货币市场做市商制度的发展。2005年底，为了进一步发展外汇市场，提高我国外汇市场的流动性，根据《中华人民共和国中国人民银行法》、《中华人民共和国外汇管理条例》、《银行间外汇市场管理暂行规定》和《中国人民银行关于加快发展外汇市场有关问题的通知》，国家外汇管理局制定并颁布了《银行间外汇市场做市商指引（暂行）》，在我国开始尝试性地推出做市商制度，[①] 由做市商在中国银行间外汇市场进行人民币与外币交易时，承担向市场会员持续提供买卖交易价格义务的工作。做市商由具备一定实力和信誉的法人充当，在不断提供买卖价格的同时，按其提供的价格与投资者进行交易，并通过买卖价差实现一定利润。

目前我国对做市商的资格申请实行的是审批制，在资信、交易活跃度和内控机制方面有严格的准入限制。申请成为做市商主体须具备的条件包括：是中国人民银行公开市场业务一级交易商；上一年度承销国债和政策性金融债券金额总排名前30位；上一年度现券交易量排名前20位；具备健全的内部管理制度和内控机制，具备交易操作方面的专业技术以及中国人民银行和外汇管理局规定的其他条件。

鉴于国内银行外汇市场发展尚不充分，市场缺乏应有的深度和广度，主要表现为交易主体较少、交易品种较少和交易规模较小，外汇市场做市商制度的推出有利于进一步活跃市场交易、扩大市场规模，从而促进我国外汇市场交易体系的发展与完善。

（二）货币经纪公司

通常在货币市场中，市场参与主体进行交易的方式有两种：即直接交易或通过货币经纪人进行交易。直接交易是指发生交易行为的两家机构通过各自的电子

---

① 从广义上理解，外汇市场由于具有短期融资的特征，因此也属于货币市场的范畴。

通信系统表达交易意向并询价,最后达成交易。而通过货币经纪公司交易则是有交易意向的市场参与主体通过货币经纪公司的牵线搭桥来完成交易过程。

1. 货币市场经纪机构的业务特点。货币经纪公司是以电子网络和声讯手段,专门从事促进货币市场中交易主体之间资金融通、外汇交易、债券交易、衍生品交易和提供金融产品交易信息等经纪服务,并从中收取佣金的专业性中介机构。

它起源于19世纪60年代英国的外汇市场和货币批发市场,20世纪50年代之后逐步得到规范发展,并逐渐成为世界各主要金融中心不可或缺的组成部分。

从性质上看,货币经纪公司是货币市场参与主体之间的中间连接枢纽,货币经纪制度的推出是货币市场高效运行的内在要求,它的主要功能是提高市场流动性、透明度和有效性。与直接交易相比,通过货币经纪公司的间接交易具有以下特点(见图1-1):

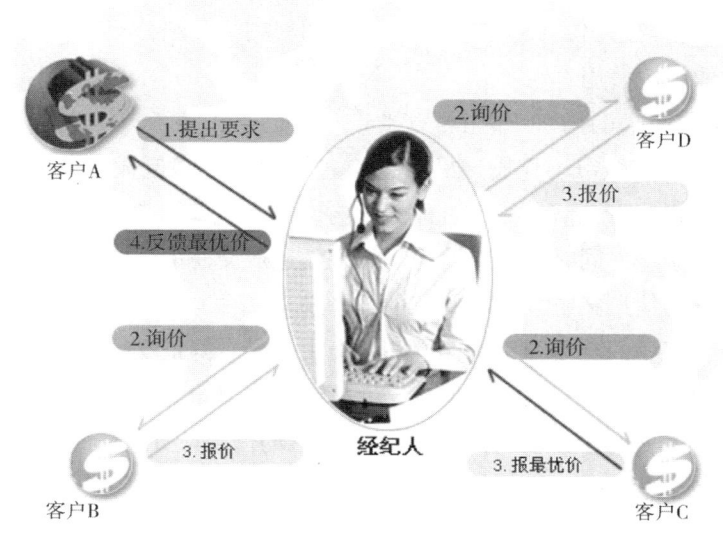

图1-1 货币市场经纪业务

注:(1)有交易意向的客户向货币经纪机构报出交易需求(如成交规模、价格、期限等);(2)货币市场的经纪人通过内部电子通信系统将客户的要求发往其分布在全世界各金融中心的分支机构,寻找最符合客户需求的交易对象;(3)根据各地分支机构反馈的报价进行综合筛选,向客户反馈最优价格;(4)客户根据报价决定交易是否执行;若交易执行,货币市场经纪人告知交易双方对方名称,并由交易各方自行完成清算交割。

(1)货币经纪公司能够为客户,尤其是为中小客户提供充分的市场信息。
(2)通过双边撮合,提供实时可成交价格。

（3）由于货币经纪公司通常不做自营业务，其报价能真实反映市场的实际情况，保证市场价格的公平和透明。

（4）货币经纪公司在交易完成前不透露客户的姓名，可避免资金交易的大客户报价及看法对市场价格的不利影响，有利于市场稳定，增强流动性，为市场营造一个相对理性的交易空间，并且为市场中金融衍生产品不断推出创造有利条件。

2. 货币经纪公司的获利途径。货币经纪公司获利的途径有两条：一是收取经纪费用，二是赚取差价，这种获利方式是指交易双方始终不知晓对方，它们都只和货币经纪人交易。货币经纪人必须将双方的需求匹配，清算和交割都通过货币经纪公司。货币经纪公司不收经纪费，仅赚取买卖差价，目前国外货币市场中短期债券交易多采用这种方式进行。

这种获利方式是指在交易中，货币经纪公司同时作为买方和卖方的代理，一旦买卖双方有正式交易意向，货币经纪公司就会告知双方交易对手的姓名。成交后，货币经纪公司退出，成交双方自行清算和交割，经纪公司只向双方发出交易确定书和收取经纪费用。

3. 货币经纪公司存在的作用与意义。

（1）有助于缩短市场寻找交易对手信息的时间，降低成本。货币市场传统的直接交易方式，由于信息的不对称的影响，交易双方常常要花费很多的时间寻找匹配的交易对手，同时还可能因为时间差而造成交易的失败。货币经纪公司则是通过专业化的信息集中方式和规范的操作流程，可以有效整合市场需求信息，能够促进货币市场的交易特别是大规模的集中交易，降低交易成本。

（2）有助于形成公平的市场价格。货币市场中存在中介经纪有助于实现市场价格的公平。货币经纪公司公开报价中交易双方的信息是可以查询的，交易主体能够及时了解市场的价格动态，市场的透明性保证了交易能够在公平的条件下进行。此外，货币经纪公司收集掌握大量的市场信息，经过汇总将最优的价格及时提供给客户，这就可以避免客户在其交易对手得知其意图的情况下，利用对方急于成交的心理，有意报出一个较差的价格，无论是在市场价格形成的供求数量上，还是在各方报价的竞争性、公平化上都有助于市场相对平均化价格的形成。①

（3）提高了货币市场的流动性。货币经纪有助于提高货币市场的流动性。市场的流动性是指在保持价格基本稳定的情况下，达成交易的速度或者说是市场参与者以市场价格成交的可能性，一般可以从交易数量、交易频率、价格波动幅度与市场参与者数量等指标来衡量市场的流动性大小。

---

① 张纪康：《货币市场经纪——欧洲主导的金融服务业》，复旦大学出版社 2004 年版，第 13~16 页。

货币经纪机构能够根据服务对象的差异性进行客户定位,货币经纪庞大的网络系统尽可能在最广泛的范围内寻找交易对手,使市场交易的成功率大大提高,货币经纪机构成为市场运行中有效的润滑剂,极大地增强了市场流动性。

4. 我国货币市场货币经纪服务基本内容。为了更好地履行中国人民银行赋予中国外汇交易中心暨全国银行间同业拆借中心(以下简称"交易中心")为本外币市场提供交易和信息服务的职责,进一步帮助金融机构提高融资效率、降低交易成本、防范和化解市场风险,交易中心在发展交易系统、提供电子中介的基础上,于2001年7月推出了本币声讯中介服务,2002年6月又推出了外币拆借中介服务等货币市场经纪服务。

在实际业务中,我国的货币经纪机构通过声讯中介服务满足大型金融机构的匿名报价需求,帮助中小金融机构提高市场融资效率,寻找交易对手方,并通过信息发布、咨询分析等方式,帮助客户预测市场走势、寻找投资机会、控制投资风险。具体内容主要包括:

(1) 人民币经纪服务。服务对象:依法具有市场融资业务资格的法人金融机构及其授权分支机构,经与交易中心签署《人民币经纪服务协议书》即成为市场经纪的服务对象。服务内容:提供金融市场行情和相关信息,受托报价和寻找交易对手,受托达成交易,受托征询和分析资信以及制定融资方案。服务范围:人民币债券质押式回购、人民币债券买断式回购、现券买卖、债券分销、票据业务、同业拆借以及随着业务发展和政策许可而开展的其他业务。

(2) 外币经纪服务。服务对象:凡具有经营外币拆借业务资格的金融机构,经与交易中心签署《外币经纪服务协议书》,即可成为外币拆借中介服务对象。服务内容:金融机构通过电子系统、电话、传真等方式向交易中心询价或报价,交易中心向金融机构提供外币拆借市场信息,帮助金融机构寻找交易对手,促成交易达成。拆借币种:以美元、欧元、日元和港元为主。拆借期限:暂定一年期以下,交易中心公布隔夜、7天、15天、1个月、2个月、3个月、6个月和1年共8个期限品种的市场行情。清算交割:资金清算由拆借双方自行承担。

5. 我国货币经纪公司发展的特点评述。随着我国货币市场的不断发展,也迫切需要市场中具有专门从事信息服务的专业机构,以补充传统交易模式的不足。2006年1月末,中国首家货币经纪公司——上海国利万邦货币经纪有限公司正式开业,成为中国货币市场中的首家货币经纪公司。2006年7月11日,中国人民银行发布了《中国人民银行关于货币经纪公司进入银行间市场有关事项的通知》,标志着货币经纪业务获得了进入国内银行间市场、参与人民币产品全球化交易的资格。从上海国利万邦货币经纪有限公司开业以来所侧重的业务定位与发展趋势上看,现阶段我国货币经纪公司具有以下几个特点:

（1）以非人民币同业拆借和外币对外币的远期交易为主要业务范围。迄今为止，上海国利万邦货币经纪有限公司的业务焦点均集中在为境内外金融机构之间的非人民币同业拆借及远期交易提供经纪服务上。上述领域与国际金融市场的接轨程度最高，而参与交易的市场主体均具有长期与国际货币经纪公司业务往来的经历，这为行业的起步提供了相对成熟的市场与客户基础。

（2）以开发市场潜在需求、创造增量交易为主要业务方向。可以说，通过货币经纪公司的服务，沟通了境内外机构之间的资金融通，并激发了潜在的市场需求，为开发金融市场新产品、扩大交易规模和提高市场流动性创造了有利条件。

（3）以纯粹的中介身份向金融机构提供以撮合交易为目标的经纪服务。根据2005年颁布的《货币经纪公司试点管理办法》规定，国内的货币经纪公司只能以不显名方式参与交易，即货币经纪公司仅作为一个纯粹的中介，根据交易商的指示为其寻找合适的交易对手，并在交易各方就所有交易要素均达成一致后退出其后的流程，由交易各方自行完成清算。这种模式可以保证货币经纪公司始终站在公正、客观的立场上为客户提供服务。

（4）以基于全球网络的国际化运作为依托开展业务。由于上海国利万邦货币经纪有限公司的外方股东德利万邦公司为全球最大的货币经纪公司之一，因此，依托外方股东的全球经纪网络，上海国利万邦货币经纪有限公司的询价和报价范围可扩大至全球各主要金融中心，从而使境内机构的交易选择范围得到极大的扩展，这就为今后境内机构参与国际金融市场运作以及人民币产品的全球化交易奠定了基础。

四、货币市场中的交易价格

货币市场的交易价格（利率）也是构成货币市场要素中的重要内容。货币市场利率包括同业拆借利率、商业票据贴现、转贴现和再贴现利率、短期国债回购利率、短期国债现货利率及大额可转让定期存单利率等内容。从利率形成的机制看，货币市场中的利率是在市场和价值规律的影响和作用下形成的，具体地说就是由市场的资金供求关系决定的：当市场上资金供不应求时，利率水平就会上扬，反之，则下降。货币市场利率对社会资金供求关系有着灵敏性和高效性，是反映市场资金状况、衡量金融产品收益率的重要指标，市场自身也是通过利率机制促使资金合理地进行流动，对资金资源进行有效率的配置。

货币市场中由于存在各个相对独立的子市场，由此也会形成反映各个子市场特点的市场利率，综合起来就形成了一个按照风险结构和期限结构组合起来的利率体系。其中货币市场利率风险结构是指期限相同的货币市场工具在违约风险、流动性和所得税规定等因素作用下所决定的各货币市场工具利率之间的关系。货币市场利率期限结构是指同种货币市场工具由于不同借贷期限所决定的不同利率之间的关系。

合理的货币市场利率结构能真实反映不同货币市场工具的风险差别及收益水平，利率结构的变动会诱发市场参与主体资产调整和套利行为的出现，引起市场的投资结构、投资趋向的改变。而一国中央银行也往往会利用高度市场化和合理的货币利率结构在市场中进行间接性货币政策操作，并通过市场将政策实施意图传导至宏观经济中，实现调控的目的。

第三节 货币市场的运作机制与功能分析

一、货币市场的运作机制

货币市场运行发生作用的各种要素及结合而形成的有效运行体系即货币市场运行机制。货币市场中供求均衡的自我协调过程，实际上就是货币市场机制正常发挥其服务、价格指示、传导、调控功能的结果。货币市场机制包括动力机制和约束机制。

(一) 动力机制

1. 利益机制。利益机制是货币市场运转的内部动力，它驱动着货币供求双方为了各自的利益进入市场。货币的供给者进入市场是为了运用闲置资金获取收益，货币的需求者则利用货币市场来调剂自己资金不足的目的同样也是利益的驱动。利益机制发挥作用的前提条件是货币市场中存在着众多的独立利益主体，它们总是把利益放在交易活动中的首位，并以此作为参与市场活动的动力和目标。交易双方在利益机制驱动下，依据市场行情理性地决定自己的行为去获利，从而成为货币市场运行最基本的内部动力。

2. 竞争机制。货币市场中供求的不均衡与参与者的多样化，必然会导致市场的竞争，这反映着市场活动过程中各利益主体的市场地位、竞争方式、竞争结果以及竞争对社会经济的影响等各因素之间的相互作用。货币市场中竞争机制的存在及其合乎规则地发挥作用，既让货币市场产生了市场交投的外部动力，同时又会促使货币市场交易在组织、形式、手段等方面向更高层次发展。

(二) 约束机制

1. 供求机制。这是市场供求矛盾运动的平衡机制，也是货币市场得以正常运行的前提。货币市场中供求机制最基本的功能就体现在：能够灵敏、客观地反映市场运行的状态，为资金供求者提供市场的价格指导信号，货币资金供求从整体的不一致性到某一阶段市场均衡价格的形成，就是通过市场供求机制来实现的。

2. 风险机制。货币市场中风险机制作用的发挥体现在两个方面：一是风险机制有利于资金的合理配置。货币市场中的利益主体在交易中总是会权衡自己的行为与风险从而减少市场主体货币供求的盲目性，使资金运用更有效率；二是市场参与者合理的投资选择与理性投资理念的约束，对于货币市场整体稳定发展无疑是有积极作用的。

3. 价格机制。在货币市场中金融资产的价格信号（即利率导向作用）引导着市场资金分配。货币市场中的货币总是会投向回报率较高的金融资产，市场利率的变化调节着货币供给与货币需求者之间的投融资选择，有利于形成资源在社会各部门的最优配置格局，从而促进社会资源的有效利用。

二、货币市场功能的宏观层面分析

货币市场具有传导货币政策的功能。中央银行实施货币政策操作所运用的法定存款准备金制度、再贴现政策、公开市场业务等一般性货币政策工具先是通过影响和改变市场利率和货币供应量等金融变量，继而将政策影响传导到实体经济中以实现调控宏观经济的最终目的，在这个过程中货币市场发挥了基础性作用。

(一) 同业拆借市场是传导中央银行货币政策的重要渠道

同业拆借活动交易规模大、交易频繁、涉及的参与主体影响范围广，是货币市场中一个重要的子市场。中央银行可以通过同业拆借市场来传导货币政策，并借助于影响同业拆借市场利率和商业银行准备金规模来调整社会货币供应量规模。这是因为：第一，同业拆借市场利率作为社会资金的批发价格，是确定其他货币市场利率的主要参照依据，也是中央银行货币政策反应相当敏感和直接的利率，它是一个及时反映中央银行货币政策操作方向变化的市场指示器。因此中央银行是通过货币政策工具的操作，首先改变同业拆借市场利率并最终影响整个市场利率体系来达到调节货币供应量和宏观调控目的的。第二，中央银行可以通过货币政策工具，这些外部作用力使商业银行的存款准备金规模维持在一个合理的水平,在既定货币乘数规模的条件下,根据不同阶段国家经济发展的需要,有针对性地对社会信用和货币供应量规模进行调控。

(二) 票据市场为中央银行提供了宏观调控的载体和渠道

中央银行的再贴现货币政策工具是以票据市场为依托加以实施的。一般情况下,中央银行可以根据票据市场所反馈的货币供求关系信息,适时调整再贴现率,通过货币政策中介目标的变动,间接影响社会的投资与消费规模,并最终达到宏观调控的目的。随着票据市场的不断完善和发展,票据市场的稳定性也会不断增强,这将形成一种处于均衡状态下随市场规律自发变动的、供求双方均能接受的市场价格,反映在资金价格上就是市场利率,这成为中央银行制定利率政策的重要参考依据。此外,商业票据也是中央银行进行公开市场业务操作的工具之一,中央银行可以通过买卖商业票据向市场吞吐货币的方式,实现投放或回笼货币目的。

(三) 短期债券市场工具是中央银行公开市场业务操作的主要手段

在现代市场经济体制下,短期债券市场是中央银行进行公开市场操作业务的重要平台,它可以引导中央银行根据货币流通量的大小及宏观经济政策的要求,适时地调整短期债券市场的规模,以实现预期的货币政策目标。公开市场业务与存款准备金政策和再贴现政策相比具有明显优势,它使中央银行处于主动地位,其规模根据宏观经济的需要可大可小,交易方法和步骤可以随意安排,不会对货币供给产生很大的冲击。此外,其操作的隐蔽性不会改变人们的心理预期,因此易于达到货币政策的实施目标。中央银行进行公开市场业务操作需要掌握相当规模、利率期限结构种类齐全的多种金融工具,而国债,尤其是短期国债由于信用等级高、流动性强、具有市场普遍接受性就成为中央银行进行公开市场业务操作可利用的主要工具。

三、货币市场功能的微观层面分析

(一) 短期资金的融通功能

调剂头寸、融通资金是货币市场最基本的功能。与长期投资性资金需求不同的是,短期性、临时性资金需求是微观经济行为主体最基本的、也是最经常的资金需求,这是货币市场能够吸引众多市场交易者的原因。货币市场中提供了在利率、期限、方式等方面品种各异的金融工具供资金调剂需求的参与主体选择。通过市场交易,能使社会资金增加流动性,实现余缺调剂,弥补市场交易主体存在的资金缺口。

(二) 微观经济主体经营的效率管理功能

货币市场交易活动中包括了银行类金融机构、非银行类金融机构及企业等众多微观参与主体。货币市场的经营效率管理功能能够对促进各市场参与主体加强自身管理，提高其经营水平和资金利用效率起到积极作用。

第一，有利于商业银行机构经营水平的提高和利润最大化目标的实现。同业拆借和短期债券市场是商业银行在货币市场上融通短期资金的主要渠道。一个充分发达的同业拆借市场和短期债券市场可以适时有度地调节商业银行准备金的盈余和亏缺，使商业银行无须为了应付客户提取或兑现而保有大量的超额准备金，从而将各种可以用于高收益的资产得以充分运用，有利于提高其利润最大化目标的实现。正是货币市场的存在为商业银行进行流动性资金有效管理，提供了前提保证。

第二，有利于促进以票据融资企业加强经营管理，提高自身信用水平。票据市场可以分为票据承兑市场、票据贴现市场，票据转贴现、再贴现等具体子市场。从市场的流通要求看，只有信誉优良、经营业绩良好的经营企业签发的票据才会在发行、承兑、贴现各环节得到社会投资者的认可和接受，不同信用等级的主体所签发和承兑的票据在流动性上有着较大的区别。因此，这在一定程度上将促使市场形成一种激励和约束作用：能够从票据市场中融入短期资金的企业必须是信誉优良的企业，只有管理科学、业绩优良的企业才符合这样的条件。而信用等级不高的企业进行票据融资的成本将会越来越大，市场中的优胜劣汰机制将进一步对良莠不齐的经营企业进行分化，这在客观上也促进了社会资源的优化配置。

第二章

中国货币市场运作总览

第一节 中国货币市场发展的总体回顾

从货币市场产生和发展的初始动力来看,是为了保持一国资金的流动性与配置效率,它借助于各种短期资金融通工具将资金需求者和资金供应者联系起来,既满足了资金需求者的短期资金需要,又为资金有余者的暂时闲置资金提供了获取盈利的机会。但这只是货币市场存在与运作的表面作用,将货币市场置于金融市场以致市场经济的大环境中可以发现,货币市场的功能远不止于此。

货币市场既在微观层面上为银行等金融机构、企业提供了灵活的资金头寸管理操作平台,使这些经济主体在对资金的安全性、流动性、营利性相统一的管理上更加方便灵活;同时也在宏观层面上为中央银行实施货币政策调控宏观经济提供了操作渠道。这是因为,在现代市场经济条件下,货币市场的有效运作是一个有效独立的货币政策顺利实施的基础性条件,货币市场构成了中央银行选择货币政策工具,贯彻货币政策的市场基础。从宏观调控的角度看,如果没有一个比较发达的货币市场,就必然缺乏间接宏观金融调控方式赖以进行的市场环境,缺乏灵敏可靠的市场利率信号,以市场机制为基础的、高效率的宏观金融调控就很难实现。

长期以来,我国实行的是高度集中的计划经济体制,在这种体制下,市场、价格、金融难以发挥相应作用,更谈不上货币市场的发展与完善。直到1978年中国改革开放以后,特别是在我国社会主义市场经济体制目标确立后,作为金融市场组成部分的基础市场——货币市场,才在金融体制、财政体制改革的影响下发展起来。

20世纪80年代,中国同业拆借及票据市场的出现被认为是我国货币市场发展的开始。改革开放之前,我国实行的是与计划经济相适应的"统存统贷"的银行管理体制,各银行之间根本没必要相互之间进行融资。随着1983年以后人民银行摆脱了"一身两任"的尴尬,专一行使中央银行职能以及各专业银行的恢复与组建,我国的银行体制和信贷管理体制发生了很大的变化,中国人民银行与专业银行之间、各专业银行之间资金借贷也开始遵循"有借有还、相互计息"的原则,这就使得资金在不同金融机构之间以及在不同地区之间流动成为必要和可能了。1984 年我国存款准备金制度的建立,导致了中国人民银行对当时各家专业银行提取法定存款准备金的要求,这成为同业拆借市场形成的重要动力,最终促使了以调节银行准备金头寸为主要功能的我国同业拆借市场的形成。

我国的票据市场起步于 20 世纪 80 年代初期,在这之前我国一直对票据产生所源自的商业信用采取了限制、清理和取代的政策。1950 年 12 月政务院财政经济委员会批准发布的《货币管理实施办法》规定:各单位彼此间不得发生赊欠、借贷款及其他商业信用关系。1955 年 5 月,中国人民银行总行发布了《关于取消国营商业系统内部以及各部门之间所存在的商业信用的规定》。在这样的背景下,商业票据业务的发展是无从谈起的。1976 年,我国政府提出了"在计划经济的前提下利用市场调节搞活经济的要求",这之后新的经济发展形势为商业票据业务的发展提供了生存土壤。1981 年 2 月,中国人民银行上海市分行在杨浦区办事处和黄浦区办事处试办了国内第一笔同城商业承兑汇票贴现业务,同年 10 月,中国人民银行上海市分行徐汇区办事处与安徽天长县支行试办了第一笔异地银行承兑汇票贴现业务,拉开了我国票据市场业务发展的序幕。1996 年 1 月 1 日,我国的票据法正式实施,自此我国票据业务开始进入规范化发展阶段。2000 年 11 月 9 日,经中国人民银行批准,中国首家票据专营机构——中国工商银行票据营业部正式在上海市成立,专门办理商业票据的投资、融资及其他相关业务。它的建立标志着我国的商业银行票据经营迈入了一个专业化、规模化和规范化的新阶段。

虽然我国票据市场交易规模与我国其他货币市场子市场的交易规模相比仍然偏少,但是该市场的存在也体现出了它的价值。例如,我国资金供求矛盾与严格的信贷管制为票据业务提供了发展的空间,在国家严格控制信贷投放的前提下,与烦琐的贷款手续相比,商业汇票明显具有门槛低和成本低,办理手续相对简便等优点。这也使得我国的票据市场逐步成为企业短期融资和银行提高流动性管理、规避风险的重要途径,票据市场作为我国货币市场中的一个重要组成部分,在促进经济建设和丰富融资渠道方面发挥着越来越重要的作用。

1997 年 6 月,为了达到控制风险的目的,根据国务院统一部署,我国商业银行退出了交易所债券交易市场。同时中国人民银行发出通知,决定在全国银行间同业拆借中心开办银行间债券交易业务,允许商业银行等金融机构进行国债和政策性金融债的回购和现券买卖，由此建立起了中国的银行间债券交易市场，在随后的这些年里该市场有了飞速的发展。目前银行间债券市场已成为我国发展最快、规模最大的货币市场子市场，并成为中央银行公开市场操作的重要平台，市场参与者包括境内商业银行、非银行金融机构、非金融机构、可经营人民币业务的外国银行分行等主体，主要的交易方式包括债券现券交易和债券回购两种形式。全国银行间同业拆借中心为银行间债券市场参与者提供报价、交易等中介及信息服务。我国银行间债券市场中债券交易采用询价交易方式，包括自主报价、格式化询价、确认成交三个交易步骤。自主报价又可以分为公开报价和对话报价两类；公开报价再分为单边报价和双边报价两种。2002年6月，商业银行的债券柜台市场开始运作，这在一定程度上使得以机构投资者为主的银行间债券市场又可以通过柜台交易面向全社会各类投资者扩展。

随着我国货币市场的不断发展，整个货币市场构成体系也得以不断完善：2003年12月10日，由华安、博时和招商三家基金公司分别发起管理的首批三只货币市场基金获准设立。货币市场基金的出现在丰富我国货币市场投资工具种类、提高市场流动性、协调市场融资结构比例、促进资本市场和货币市场的联动及提高货币市场整体运作效率方面发挥着相应作用。

此外，国家为了进一步丰富货币市场融资手段，鼓励有竞争力的企业直接进入金融市场融资，又积极尝试着在国内货币市场中拓展企业短期融资券市场。2005年5月，华能国际等6家企业短期融资券的首次成功发行，宣告了我国货币市场体系中又增加了一个新兴子市场。

在中国货币市场发展的20多年时间里，市场交易品种逐渐增加，交易规模持续增长，市场成员不断扩大。整个市场在品种规模、交易条件与结构组织等方面都发生了很大的变化，逐步形成了一个由同业拆借市场、票据市场、银行间债券交易市场、货币市场基金和短期融资券等各子市场构成的中国货币市场体系。作为国内实体经济与各类金融机构资金的连接渠道，中国货币市场成为中央银行利用货币政策工具调节金融活动的杠杆支点，它对中国宏观经济的影响也越来越大。

第二节 中国货币市场发展对国家宏观经济运行的意义

一、对我国融资结构给予了有益补充与完善

从实践中看，不同国家由于传统经济模式和发展阶段的不同，在融资结构的

安排上各有侧重。美国和英国等西方市场经济国家由于拥有发达的金融市场，资源配置接近于市场完全竞争状态，因此形成了以金融市场为主的直接融资主导模式。而以"全能银行"为特征的德国，早在其工业化初期，为了迅速推进工业化进程，德国政府就鼓励银行与企业紧密联系，鼓励银行积极为企业提供生产扩张所需要的资金，客观上造成了德国企业对银行信贷支持的依赖度较大，这与日本主办银行制度下的银企关系颇为类似，是欧美发达国家银行主导型间接融资的代表。事实上，在当今市场化的融资体系中，直接融资与间接融资两种方式各有优势与不足，二者应当相互补充，相互促进，相互平衡。

从我国的情况看，长期以来受传统融资体制和信贷决策理念的影响[①]，我国的融资结构一直是以银行主导的间接融资方式为主，并且政府主导型融资制度特征明显。[②] 在这种融资制度下，利率多年来一直处于较低水平，国有银行对企业的低息贷款往往以银行亏损为代价，使企业融资成本的观念较淡薄，企业对资金的不合理占用上升，这是造成国有银行呆账、坏账历史包袱沉重的重要原因。银行对企业的信贷约束，在发达国家里是"硬约束"，然而在我国，政府主导的银行信贷计划，使银行信贷约束趋于"软化"[③]，容易产生拖欠贷款现象，使银行信贷资金不能有效运转，从而加大了金融体系的系统风险。融资结构的不合理使得银行承担了过大的压力和风险，同时也使得金融支持经济发展的功能难以充分发挥出来。

在我国金融体制改革这个渐进的过程中，货币市场的培育与发展既是对我国融资结构的一种有益补充，同时也可以使融资资金进行分流，扩大了直接融资在企业融资中的比重，加速了社会储蓄向投资转化的过程，进一步完善了市场的融资结构，在改变我国直接融资不发达，企业融资过度依赖银行贷款局面的同时，也形成更为合理的融资格局。

---

① 有的学者认为，银行的信贷范围比较广泛，使得融资具有相对集中性，从而可以调节资金的供求与运转，开发多种金融商品与融资渠道，使融资成本相对降低、金融风险减小。同时，由于金融机构掌握融资的主动权，能对企业构成信贷约束，更有利于信贷资金的合理流向与配置。因此他们得出结论认为间接融资具有相对优势。杨涛：《经济市场化与我国企业融资方式选择》，山西财经大学学报，1999年第6期。

② 即政府通过控制、配置金融资源来达到发展宏观经济的目的。多年来，我国金融活动一直以替工业化、城市化动员储蓄为主要目的，国家资源配置和资金的配置方向，基本上是倾向于国有经济、国有企业，1978年改革开放以来，路径依赖的惯性依然导致这一趋势延续至今。

③ 从目前情况看，由于国有企业的改革相对滞后等各方面原因，国有企业的亏损日益严重，而国有企业的信贷资金仍然主要来源于国有银行，使企业的低效益与高负债引起的严重亏损，不可避免地转嫁给银行，形成银行的不良资产。

二、为市场参与主体提供了流动性管理的工具和平台

相对于资本市场长期性融资的基本功能而言，货币市场的本质是流动性管理，即通过提供各种金融工具及有效的市场运作机制来满足市场参与主体维持其短期经营活动需要，实现控制整个金融系统性风险的目的。一个发达的货币市场有利于市场参与者解决经济活动中收支脱节的矛盾：资金需求者在货币市场上可获取资金，满足季节性和短期性资金需求；资金供给者则在利用货币市场进行资产借贷的同时，也提高了资金的使用效益。

随着我国货币市场的发展，越来越多的金融机构与非金融机构企业已经摆脱了完全依赖于通过控制自身资产结构以满足流动性需求的资金运作理念。充分利用货币市场所提供的工具与操作平台来满足资金季节性与短期性的需求，有力地加快了它们现代企业制度改革的进程。

对于我国货币市场中最主要的参与主体商业银行来说，货币市场为商业银行流动性管理、资产负债比例管理与风险管理提供了基础条件。由于商业银行流动性管理要求银行资产和负债必须保持一种流动性状态，当银行流动性需求增加时，通过变卖流动性资产或从市场上借入短期资金以增加流动性供给；当银行流动性需求减少、出现多余头寸时，又可在市场中投资于金融工具获取盈利，提高商业银行资金的收益率。然而国内外经济形势的反复变化使得商业银行面临一定的流动性风险。例如，近些年来伴随着国内经济出现投资需求旺盛、流动性过剩的现象，中国人民银行先后数次上调了存款准备金比率，进行紧缩性的货币政策操作。一段时间内，由于法定存款准备金的刚性约束，在市场流动性偏紧以及商业银行资产负债期限结构不均衡的情况下，[①] 就会给商业银行带来一定的压力，而这时，去货币市场融资在很大程度上就成为商业银行降低流动性风险冲击的一个有效途径。

从现有情况看，同业拆借和银行间债券市场是我国商业银行在货币市场上进行融通短期资金、实现头寸调剂的主要渠道。自 2000 年后，这两个货币市场的子市场呈加速发展态势，日益丰富的市场交易品种和规模不断扩大的交易工具为商业银行准备金的盈亏调节提供了保证，使我国商业银行无须为了应付提取或兑

---

① 我国商业银行的负债主要包括客户存款、贷款归还、对央行的负债、货币市场资金来源、从国际货币市场借款和发行金融债券。其中，具有短期性质的存款占了绝大部分比重；银行的资金主要运用于有价证券投资、贷款、贴现等，其中贷款占了绝对比重，并以营利性较高的中长期贷款为主。在这种不合理的资产负债结构下，当市场银根趋紧的情况下，由于资产负债的期限结构不相匹配，银行往往就将面临流动性风险。

现而保有大量的超额准备金,从而对各种可以用于高收益的资产进行充分配置,达到了流动性有效管理的效果。

三、是我国中央银行货币政策操作的基础性平台

在现代市场经济体制下,货币市场的有效运作,是一个有效独立的货币政策实施的基础性条件,货币市场构成了中央银行选择货币政策工具,贯彻货币政策的市场基础。从宏观调控的角度看,如果没有一个比较发达的货币市场,就必然缺乏间接宏观金融调控方式赖以进行的市场环境,缺乏灵敏可靠的市场利率信号,以市场机制为基础的、高效率的宏观金融调控就很难实现。

因此,市场经济条件下的货币政策间接[①]调控实质上发展成为一种对经济变量的调控,这些变量通过市场传导影响货币供求关系,引导人们的经济决策行为。在间接调控方式下,调控目标的实现依赖的是市场机制作用,而由于货币市场与货币政策的内在联系,要实现货币政策有效率调控的目的,就必须大力发展货币市场,为货币政策工具的有效运用营造一个完善、健全的市场环境,形成一个影响货币政策发挥作用的基础市场。

改革开放以来,我国经济体制发生了根本性的变化,社会主义的市场经济模式客观上要求我国的金融改革和货币政策的操作方式也必须作出相应的调整,逐步形成由原来的直接调控为主,调整为以经济、法律等间接手段为主,以必要的行政手段为辅的宏观调控格局。

进入20世纪90年代之后,我国加快了货币政策宏观调控方式由直接调控向间接调控方式的转变,中央银行货币政策的操作逐步由传统的信贷规模控制过渡到利用存款准备金政策、再贴现政策和公开市场业务等货币政策工具对基础货币进行间接调控。

与此同时,我国货币市场的发展又为中央银行货币政策操作提供了交易工具和中介桥梁,通过利率与经济主体的资产组合的调整,传导中央银行的政策意图,最终对实体经济产生影响。正是有了同业拆借市场、银行间债券市场、票据市场等子市场的培育和发展作保证,自1998年以来中国人民银行取消了贷款规模限制,加大了三大货币政策调控工具的实施力度,利率市场化改革等措施相继

---

① "间接"的含义是调控者不再直接面对和操纵调控对象,而是作为市场参与者运用经济手段和市场交易工具影响市场参数(如价格和流量等),并以此来引导同样作为市场参与者的调控对象,使其通过交易活动追求自身利益最大化的行为同货币当局的调控方向变动一致,从而实现中央银行的政策意图。随着我国传统的计划型调控工具已经越来越失去有效性,中央银行就需要更多地运用与市场经济相适应的间接性调控工具,即存款准备金政策、再贴现政策、公开市场业务等政策工具来实现货币政策的调控目的。

出台，初步形成了从中央银行到货币市场，到金融机构，再到企业与居民的间接货币政策调控机制。这些年，中国人民银行根据国内国际经济发展的具体形势，灵活地执行适度从紧或宽松的货币政策操作。显然，这些中央银行货币政策的调控改革进展是与我国货币市场广度和深度不断发展分不开的，我国货币市场的迅速发展有力地促进了间接宏观调控方式的建立和完善，为市场化货币政策工具的有效实施创造了市场条件和基础。

当然，与西方主要市场经济国家的货币市场相比，我国货币市场的发展显然要滞后很多，当前存在于货币市场的若干突出问题，在一定程度上还影响着中央银行这些间接性货币政策工具的操作效果。因此，针对目前经济转型时期，如何大力发展我国货币市场，进一步完善和提高我国间接性货币政策工具的操作效用，促进国民经济健康发展，仍是亟待解决的问题。

四、为市场提供多元化金融工具，降低系统性风险发生的可能性

在市场化条件下，金融活动无疑是充满着投机性和高风险性的。资金运用配置的分散化、选择多样化品种与期限的金融工具进行组合、最大限度地分散投资，这些都是投资者控制风险、避免损失、提高资金运用效率所必须遵循的基本原则。

由于我国传统融资结构及金融市场本身发展滞后的原因，长期以来无论是机构还是个人投资者都缺乏可以用来分散风险的多样化投资品种。从居民个人角度来看，我国银行储蓄率一直保持着很高水平，这固然受到传统理财观念、社会保障体系不完善（多年来我国社会保险的覆盖面较低，商业保险也存在着险种单一、机制欠灵活等缺陷）等因素的影响，同时金融市场中投资渠道单一、缺乏能够符合普通百姓安全性、流动性和营利性要求的投资产品也是不争的事实；从机构角度来讲，除了持有政府债券外，市场中很难再有其他有效分散投资风险的金融工具可供金融机构和实体企业来选择，更谈不上进行多元化的品种期限组合了。

这些年，伴随着我国货币市场各个子市场的不断发展，信用拆借、商业票据、短期国债、回购协议、货币市场基金、短期融资券等货币市场交易新品种陆续出现，进一步丰富了市场结构，既为个人投资者提供了新的储蓄替代型投资工具，同时也在很大程度上为机构投资者提供了多样化的风险控制与组合品种，更好地满足了机构投资者进行资产管理和流动性管理的需求，促进了整个金融体系的健康发展。

此外，长期以来我国企业（尤其是国企等大型企业）债务融资过度依赖于

银行贷款,从而导致了信用风险积聚在银行系统内的局面。如果单一企业发生偿付危机,则会直接危及它的主贷款银行,如果遭遇行业性偿付困难,甚至会造成整个银行业的系统性风险,导致全社会信贷紧缩,经济陷入衰退。在2005年我国货币市场推出的以企业为发行主体的短期融资券,由于持有人多为国内银行间债券市场中包括商业银行、证券公司、信托公司、保险机构和货币市场基金在内的机构投资者,因此无疑有利于将企业发行人信用风险进行分担和分散,从而提高了整个金融体系的稳定性。

第三节 中国货币市场发展的阶段性成就

一、形成了多元化的货币市场子市场体系,市场基础设施建设日益完善

从20世纪80年代初我国同业拆借市场与票据市场的构建到20世纪90年代后期银行间债券市场的形成,再到进入21世纪之后货币市场基金与短期融资券市场的出现,我国货币市场逐步发展成为一个初具多元化特征的市场体系。由于货币市场中各参与主体在不同阶段和不同经济环境中资金供求状况不一样,相互间也可能有着不同的需要,多元化的市场构成体系既可以满足各参与主体资金供求的差异性服务需要,同时也促进了整个货币市场的层次和弹性的深化发展,对于进一步为国内宏观经济提供有效金融调控机制、拓宽我国融资渠道有着积极意义。

这些年来,为了适应货币市场快速发展的内在要求,国家加强了对货币市场基础设施的改进与升级。目前,银行间债券市场和银行间拆借市场结算系统安全性与快捷性都较好,中国人民银行通过电子联行清算系统可以为系统成员提供资金划拨及清算的高效服务。中央国债登记结算公司簿记系统和托管系统也日渐完善。同业拆借中心与中央国债登记结算公司间已经初步完成了交易系统与簿记系统数据接口的开发工作,使两个系统能够连接运行,极大地提高了市场的结算效率、降低了交易成本。货币市场基础设施中的各个系统有效连接与协调运转,为各个市场之间的业务处理与交易、促进货币市场快速发展提供了技术上的重要保证。

二、市场交易规模种类不断发展,资源配置能力不断提高

从货币市场中几个主要的子市场来看,经过多年的发展,交易规模和种类随

着市场培育进程的加快而稳步增长,尤其是2000年后,更是呈现出加速增长的态势,货币市场已经成为各类金融机构调节资金头寸、管理流动性和进行资产投资的主要场所(见图2-1、图2-2)。

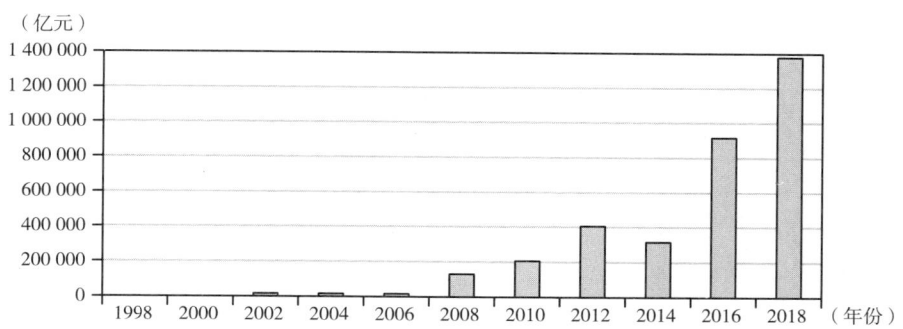

图2-1 1998~2018年中国银行间同业拆借交易规模

资料来源:根据历年《中国人民银行货币政策执行报告》及中国人民银行网站相关数据整理而成。

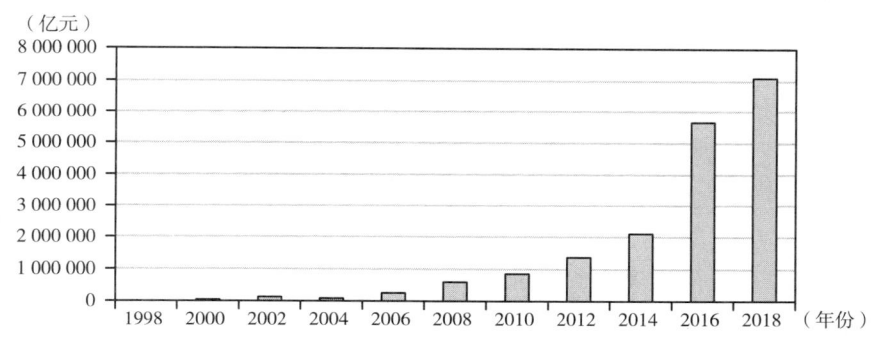

图2-2 1998~2018年中国银行间质押式回购交易规模

由图2-1可以看出,1998年中国同业拆借市场的信用拆借交易规模仅约为0.19亿元,2004年迅速增至1.46万亿元,2006年累计成交金额达2.15万亿元,10倍于市场建立初期的规模,到了2008年,同业拆借市场信用拆借成交已经达到了15.1万亿元的规模。中国人民银行:《2008年中国金融市场发展报告》。而据中国人民银行最新发布的数据显示:2018年全年,同业拆借市场信用拆借成交量更是有139万亿元规模,与1998年相比,是20年前成交规模的704倍。

由图2-2则可以看出在中国银行间债券市场中,1998年质押式回购累计成交0.1万亿元,到2008年末,质押式回购成交规模是10年前的近570倍,达到56.4万亿元的规模。2018年,质押式回购成交攀升至708.67万亿元,是20年前成交规模的6 940倍。

从券种结构看，与市场建立之初单一的国债品种相比，目前银行间债券市场的交易品种多元化特征已经较为明显：该市场现在主要是由国债、央行票据和政策性金融债券构成，三者的总额大约占整个银行间债券市场规模的87.8%，其他中期票据、企业债券和短期融资券分别占到1.2%、4%和3%。2008年银行间债券市场交易品种和信用层次进一步得以丰富：全年共发行短期融资券269只，累计发行面额4 308.5亿元，中期票据41只，累计发行面额1 737亿元；资产证券化试点机构范围和发行规模也较前些年有所扩大：包括商业银行、汽车金融公司、资产管理公司等在内的8家机构发起了总金额为302亿元的资产支持证券。除此之外，市场管理者还允许非金融企业在银行间市场注册发行中期票据，直接融资渠道进一步拓宽，非金融企业债务融资工具市场也得以发展。目前银行间债券市场中已经包含国债、政策性金融债、次级债券、资产支持债券、短期融资券、中期票据、铁道债券、一般性金融债和混合资本债券等众多品种。

相比较前两个子市场而言，我国的票据市场、货币市场基金和短期融资券市场或者因为市场运行环境的约束或是因为还是新兴的市场，在交易规模市场占比和市场资源配置的影响力方面还存在一定的差距。

三、市场中的法律法规监管体系日益完善

一个完整的法律法规体系是建立和规范我国货币市场经济秩序的重要保证，也是充分维护市场公正透明环境、保护市场参与主体的合法权益、稳定市场有序运行的前提要求。

当前我国针对货币市场具体各子市场的法律法规监管体系构建较为完善，具体包括：

（1）同业拆借市场中的《同业拆借管理试行办法》（1990）和《同业拆借管理办法》（2007）。

（2）银行间债券市场中的《全国银行间债券交易管理办法》（2000）、《债券交易结算规则》（2005）、《银行间市场回购暂行规定》（1997）、《证券公司进入银行间同业市场管理规定》（1999）、《基金管理公司进入银行间同业市场管理规定》（1999）和《财务公司进入银行间同业拆借市场和债券市场管理规定》（2000）。

（3）票据市场中的《中华人民共和国票据法》（1995）、《票据管理实施办法》（1997）、《支付结算办法》（1997）和《商业票据承兑、贴现与再贴现管理暂行办法》（1997），以及针对新兴货币市场基金与短期融资券市场的《货币市

场基金管理暂行规定》（2004）和《短期融资券管理办法》（2005）。

进入 2009 年后，我国又连续针对银行间债券市场推出了数项管理规定，主要有：

2009 年 3 月 25 日，中国人民银行发布《全国银行间债券市场金融债券发行管理操作规程》，进一步规范与完善金融债券发行管理，提高金融债券发行审核的透明度，健全市场约束与风险分担机制。

2011 年 4 月 9 日，中国人民银行公告〔2011〕第 3 号发布，对全国银行间债券市场交易管理提出了具体要求，引入了重大异常交易披露制度、异常交易事前报备制度等，有利于进一步规范全国银行间债券市场债券交易行为。

2013 年 8 月 27 日，中国人民银行公告〔2013〕第 12 号发布，强化银行间债券市场券款对付结算要求。

2014 年 12 月 16 日，《全国银行间债券市场债券预发行业务管理办法》印发，在银行间债券市场推出债券预发行交易，对预发行券种范围、交易和结算方式等做出要求，并提出了相应的风险控制措施。

2015 年 5 月 9 日，中国人民银行公告〔2015〕第 9 号发布，取消银行间债券市场交易流通审批，明确依法发行的各类债券发行完成后即可直接在银行间债券市场交易流通，并强化了信息披露、加强投资者保护等要求，进一步促进了债券市场规范发展。

2016 年 9 月 30 日，财政部会同人民银行联合发布了《建立国债做市支持机制有关事宜的公告》和《关于印发〈国债做市支持操作规则〉的通知》，建立国债做市支持机制。

随着我国货币市场相关法律法规建设的不断加强，市场参与主体的行为不断规范化，货币市场的各子市场基本上都有相关金融法规对市场准入主体进行约束，为市场的有序运行提供了基本条件。

四、市场中投资者类型不断丰富，投资主体不断增加

2008 年末，中国的银行间市场参与者（包含同业拆借和银行间债券两个市场）已达 8 299 家，涉及各类金融机构和其他非金融机构投资者（见图 2-3）。其中，2008 年新增企业投资者 741 家，新增基金 365 家，新增信用社 39 家，新增银行 33 家，保险机构新增 15 家，非银行金融机构新增 12 家，证券公司新增 5 家。形成了以做市商为核心、金融机构为主体、其他机构投资者共同参与的多层市场结构，银行间债券市场已成为货币市场主体进行投融资活动的重要平台。

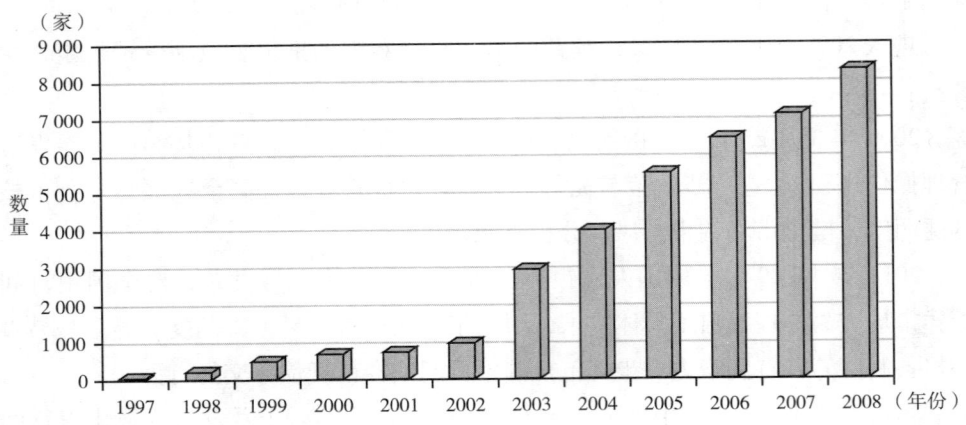

图 2-3　1997~2008 年银行间债券市场参与机构数量

资料来源：全国银行间同业拆借中心。

1996 年，共有 55 家机构获得我国银行间同业拆借市场准入资格，2001 年增至 520 余家。截至 2008 年末，随着资产管理公司和汽车金融公司等参与主体获得同业拆借市场准入资格，我国银行间同业拆借市场参与者包括银行、证券公司、财务公司等多种类型机构投资者 788 家，与 1996 年市场成员 55 家相比增加了 13 倍之多。此后国家继续出台政策，进一步丰富市场投资者种类。

这其中包括：2006 年 7 月 6 日，《中国人民银行关于货币经纪公司进入银行间市场有关事项的通知》发布，规范货币经纪公司的业务行为，以提高银行间债券市场、银行间同业拆借市场流动性。

2009 年 3 月 18 日，中国人民银行发布〔2009〕第 5 号公告，允许基金管理公司以特定资产管理组合名义在全国银行间债券市场开立债券账户，并对其业务运作进行了规范。

2014 年 10 月 17 日，《中国人民银行金融市场司关于非金融机构合格投资人进入银行间债券市场有关事项的通知》发布，允许符合条件的非金融机构合格投资人通过非金融机构合格投资人交易平台规范地进行债券投资交易。

2014 年 11 月 28 日，《中国人民银行金融市场司关于做好部分合格机构投资者进入银行间债券市场有关工作的通知》发布，推动农村金融机构和信托产品、证券公司资产管理计划等四类非法人投资者规范地进入银行间债券市场。

2015 年 6 月 15 日，《关于私募投资基金进入银行间债券市场有关事项的通知》发布，允许符合条件的私募基金投资银行间债券市场，进一步丰富银行间债券市场投资者群体。

数据显示，2015 年，中国银行间债券市场不断地丰富投资者群体，引入私募投资基金、期货公司及其资产管理产品投资银行间债券市场。2015年末，银行间市场各类参与者共计9 642家，较2014年增加3 180家，同比增加49.2%。其中，境内法人类参与机构为2 094家，境内非法人类机构投资者为7 240家。截至2015年末，已有308家境外央行、主权财富基金等境外机构进入银行间市场投资，较2014年末增加128家。①

五、货币市场基准利率的价格信号初步形成

通常来说，货币市场中所形成的利率水平基本上能够很好地反映市场供求与正常竞争的状态，形成的利率信号为中央银行宏观调控提供了重要的检测指标，成为货币政策重要的传导指标。多年来，我国在货币市场的发展过程中一直都很重视利率市场化改革的探索，并取得了积极的成果。从时间上看先后经历了这几个阶段：

1. 放开了银行间拆借市场利率。随着中国银行间同业拆借中心在上海成立，从1996年1月1日起，我国所有同业拆借业务均通过全国统一的同业拆借市场网络办理，并由此生成了中国银行间拆借市场利率。1996年6月1日，中国人民银行颁布的《关于取消同业拆借利率上限管理的通知》明确指出，银行间同业拆借市场利率由拆借双方根据市场资金供求自主确定。银行间同业拆借利率正式放开，标志着利率市场化迈出了具有开创意义的一步，为此后的我国货币市场利率市场化进程奠定了基础。

2. 放开了银行间市场债券回购和现券交易利率。1997年6月5日，中国人民银行在《关于银行间债券回购业务有关问题的通知》中明确：将我国银行间债券回购利率和现券交易价格同步放开，由交易双方协商确定。这一做法提高了金融机构资金使用效率，增强了金融机构主动调整资产、负债结构的积极性。随着银行间市场债券回购、现券交易规模不断扩大，其短期头寸融资的特性日益明显，短期回购利率成为中央银行判断存款类金融机构头寸状况的重要指标，为中央银行开展公开市场操作奠定了基础；银行间债券回购与现券交易利率的放开，增强了市场的价格发现能力，为进一步放开银行间市场国债和政策性金融债的发行利率创造了条件。

3. 放开了银行间市场政策性金融债和国债发行利率。1998年，鉴于银行间拆借、债券回购利率和现券交易利率已实现市场化，政策性银行金融债券市场化

---

① 中国人民银行：《2015年金融市场运行情况》，市场的投资者类型不断丰富、数量也不断增加，这为活跃市场提供了不可缺少的条件。

发行的条件已经成熟，同年 9 月，国家开发银行首次通过中国人民银行债券发行系统以公开招标方式发行了金融债券，随后中国进出口银行也以市场化方式发行了金融债券。1999 年，财政部首次在银行间债券市场实现以利率招标的方式发行国债。2000 年，财政部在银行间债券市场上发行的国债已全部采用市场化招标方式发行，至此，我国银行间债券市场利率市场化得以全面实现。

4. 尝试推出货币市场的基准利率。2007 年 1 月，中国人民银行进一步推出了作为我国货币市场基准利率地位①的上海银行间同业拆借利率，这是以位于上海的全国银行间同业拆借中心为技术平台计算、发布并命名，并由信用等级较高的银行组成报价团自主报出的人民币同业拆出利率计算确定的算术平均利率，是单利、无担保、批发性利率。目前，对社会公布的上海银行间同业拆借利率品种包括隔夜、1 周、2 周、1 个月、3 个月、6 个月、9 个月及 1 年。上海银行间同业拆借利率这一货币市场基准利率体系的推出，既是解决制约我国货币市场化发展"瓶颈"问题的关键，同时对于推进我国金融市场中存、贷款利率市场化、彻底推进我国利率市场化改革也具有重要意义。

第四节 中国货币市场发展的问题分析

中国货币市场经过 40 余年的发展尽管取得了一定的成效，但是从整个货币市场运作的有效性、融资工具种类规模和交易的活跃性以及货币市场的稳定性来看，仍然与西方发达市场经济国家还存在差距。货币市场的广度（通常以货币市场的交易量指标占 GDP 的比重为标志）与深度（通常以一定数量的追加交易量对市场价格的影响程度来衡量）也没有达到理想的水平，相对滞后的货币市场微观环境在一定程度上仍制约着中央银行货币政策工具在货币市场中的实施效果，这些问题均有待于进一步有针对性地加以完善与解决。具体来说，中国货币市场发展过程中的主要问题体现在以下四个方面。

一、货币市场功能定位偏差、市场发展滞后

长期以来，在以促进经济增长为首要目标、尚未明确实行市场经济体制的改

---

① 1996 年推出的"全国银行间同业拆借利率"是每天由全国银行间同业拆借中心发布，包括从隔夜到 1 年的 8 个期限。与同业拆借利率不同的是，银行间拆借市场利率由银行间融资主体交易的实际交易利率计算得出。由于银行间融资活动极为清淡，银行间拆借市场利率并不能代表整个市场，其市场指示作用已不明显。

革初期，我国的金融研究主要关注于为国家经济增长广泛地动员资金。尽管货币市场能够为与市场经济相适应的宏观调控的实施提供良好的市场环境，但是货币市场作为融通短期资金的市场并不能为广泛动员储蓄转化为投资提供直接的支持，货币市场的发展受到明显的忽视。

从我国货币市场和资本市场建立与发展的历程来看，我国的货币市场建立在先，资本市场建立在后，货币市场的发展经历了40年左右，而资本市场只有一半的发展时间，但资本市场的发展速度却远远超过了货币市场的速度。尤其是在20世纪90年代以后，国家试图通过股票市场实现国有企业投资主体的置换，结果使股票市场在短短几年里迅速发展。另外，由于中央财力的不断减弱及不断膨胀的财政赤字规模，加上国家用财政政策调控经济运行启动国内有效需求的增加，几年间逐步形成了以债券、股票、基金为主体的多种证券形式并存、交易体系初步健全的全面性资本市场体系。

与此同时，货币市场的发展却相对滞后。在货币市场培育模式规划之初，国家在市场发展取向上对货币市场的管制较多，因为担心货币市场的发展可能会造成社会资金的转移脱离出原有资金配置轨道引发信用欺诈、增大信用风险，所以国家在货币市场培育问题上非常慎重。当时的货币市场建设仅仅是围绕着国有商业银行短期头寸调剂这个单一目的来进行，除了同业拆借市场和票据市场中的银行承兑汇票贴现市场之外，明显缺乏对其他子市场的引导、开发和支持。导致了货币市场滞后于资本市场发展局面的形成。

虽然近些年来我国货币市场的发展速度非常快，并且已经初步形成了一个多元化的货币市场体系，但是从市场的构成体系、组织结构、市场条件、市场影响及功能发挥来看，货币市场的内在调节机制及相关功能仍然无法得到充分发挥，货币市场在中央银行货币政策与资本市场间的桥梁作用较弱，影响了货币政策的传导速度，货币政策工具实施的有效性较低。

二、整个货币市场体系发展失衡

在较长的一个时期我国货币市场体系发展呈现失衡特征，这使得货币市场对于整个经济运行的影响力较为有限，主要表现在以下两个方面。

（一）统一市场与分割市场并存

从世界各国货币市场的发展历史来看，货币市场的发展大都走过了一个由初级阶段分割的子市场体系发展成为统一的市场体系的过程。统一的市场形成能够打破市场资金自由流动的限制，当中央银行实施货币政策时，货币供给量在全国能够均衡地分布；在统一市场上形成的利率，所提供的是公开、明确的市场信号，可以引导投资者调整自己的经济行为和金融决策，也有利于货币政策信号通过货币市场进行广泛、真实、快速的传导。

在我国的货币市场体系中，同业拆借市场是发展最快的，并在1996年实现了全国联网交易，这是我国的同业拆借市场发展成为全国统一市场的重要标志。但是与此同时，我国货币市场体系中仍有其他子市场存在分割的状况。货币市场不同的子市场、子市场中不同局部市场上形成的资金价格（利率）存在相互的背离。在市场分割的情况下，货币市场中由市场形成的利率基本上难以真实地反映资金的供求关系，相应地使得货币市场各个子市场之间的利率缺乏内在的联系。

例如，我国的债券交易市场就是分割市场状态的典型。我国的国债市场分割成了三部分：上海证券交易所和深圳交易所的债券交易市场、银行柜台市场和银行间债券买断与回购市场。

这三类市场因分割的存在几乎没有市场运行状态的联动性。例如，在债券回购利率的变动上，即便是同时运行在上海和深圳证券交易市场的债券回购交易利率表现为一个市场利率走高时，而另一个市场利率却并没有明显的变化；有时一个市场利率走势平稳，而另一个市场利率却大幅度走低。不同市场的债券利率走势所存在的极大差异验证了不同市场之间的极度分割性。

不仅如此，我国的银行间债券市场和同业拆借市场之间也存在着一定程度的分割，它们的利率也很难作为对方定价的参照。

分割的市场使货币政策的操作影响面难以扩大，货币政策难以通过市场的传导全面影响货币供求，中央银行货币政策工具的操作被限制在一个相对狭小的空间内，不能产生对其他子市场的大范围辐射作用。

在这种情况下，中央银行很难从割裂的市场中去寻求真实的市场信息供宏观金融调控决策者参考，也很难从其中一个割裂的市场着手进行全面的货币政策调控。

（二）充分发育市场与发育缓慢市场并存

一般说来，货币市场应有的政策功能发挥，是以货币市场规模大、运行规范、效率高为前提的。只有这样，货币市场才能够迅速准确地反映经济运行中的资金供求状况变化，同时也能够对中央银行的调控措施及时作出反应，进而通过其广泛的覆盖面和影响力将政策意图传递到现实经济运行中去。反之，货币市场发展水平低、规模小，会降低货币市场对于经济运行的影响力，中央银行货币政策工具实施的效果将受到约束和制约。

在我国货币市场构建初期，单个市场突进的特征明显。因此有的学者认为，与其说中国的金融市场是由各个不同类型的资金市场组成，还不如说是以同业拆借市场为主体的集合。① 这句话在某种程度上反映出我国货币市场中同业拆借市场发展突出，而其他市场有的尚在发育，有的没有发育，有的仍处在停滞萎缩状态的典型特征。

从具体情况看，在货币市场的各个子市场中，银行间同业拆借市场的发展最早也最为迅速。银行间债券市场的规模随着财政赤字的居高不下而得到较快发展，但是与中央银行从事公开市场操作的要求相比，无论是在广度、深度还是结构方面均存在明显的差距。在发达的市场经济国家中，短期国债是作为最主要的货币市场工具，而我国情况则大不相同。我国虽然自1981年便开始发行国债，但是已发行国债的期限绝大部分是中长期的。1994年我国首次发行了期限短于1年的国债，但其数额很小，只发行了132.35亿元，基本属于试验性质，1997年短期国债发行终止。

与此相对应的是，由于短期国债发行市场的停滞，国债的流通市场也出现了萎缩。从国债的持有结构看，个人是主要的投资者，而各类金融机构（包括中央银行）持有的规模在其资产比重中太低，这为中央银行公开市场操作带来了困难。

从票据市场看，我国的票据市场是发育非常缓慢的市场。在我国，商业票据是货币市场最早使用而且得到法律保障的工具，中国人民银行曾多次采取措施来推广它的使用。但是相对于其他市场而言，它的发展仍然非常缓慢。在发展的十余年中，其规模与全国数万亿元的商业银行贷款累计规模相比，实在微不足道。从其占整个货币市场业务量的比重来看，我国上海、武汉、广东等地是票据承兑、贴现市场业务开展较好的地区，承兑、贴现占整个市场业务量的比重，高的也不超过1%左右。② 1988~1995年，我国的票据承兑和贴现一度基本停滞，以后虽有恢复，也只是在1996年一年中呈现出稍有活跃的交易状态，1997~1998年再度呈现逐年衰减的状态，只是在2000年后，市场成交数量才逐渐增大，但市场存量规模仍然较为有限。

不仅如此，我国票据市场中的主要交易对象是银行承兑汇票，商业承兑汇票的交易规模极小，还算不上是完整意义上的票据市场。

长期以来，我国票据市场的发展相对缓慢，究其原因主要有以下四个方面：

第一，短缺经济背景下，票据化的信用受到很大限制。突出表现在信用制度遭到严重破坏，尤其是企业间信用关系恶化，大量债权债务不是通过商业票据等

---

① 刘光第：《中国经济体制转轨时期的货币政策》，中国金融出版社1997年版，第327页。
② 杜莉：《中国货币市场及其发展》，经济科学出版社1999年版。

信用凭证来建立,而是建立在"三角债"的基础上,这反过来也阻碍了信用票据化的推广运用;对发行的商业票据,票据当事人担心出现"金融三角债"之类的问题,拒绝将它作为金融资产或支付手段来使用。因此,我国形成的"挂账"形式的商业信用占商业信用总额的70%,而以商业汇票形式的商业信用仅占30%的比例。[①]

第二,商业银行的经营机制没有真正转变,银行在经营中往往选择简便易行,但风险可能很大的信贷放款,而不愿从事相对陌生的票据承兑、贴现业务。在利益机制、风险机制没有切实发挥作用的情况下,银行自然缺乏大力推行票据承兑贴现的内在动力和经营的积极性。

第三,受到我国长期以来形成的货币供给机制的影响。当企业在发生资金短缺时,可以从银行极为方便地取得信用贷款,也缺乏形成和产生迫使企业采用商业票据及承兑、贴现的约束条件和体制基础。

第四,在票据市场上各地区、各商业银行对票据承兑授权及其管理方式存在差异,票据查询制度不健全,商业票据缺乏必要的流动性和安全性,也制约了票据流通转让和贴现、再贴现业务的进一步发展。

从其他货币市场的子市场发展情况来看,由于市场发展时间较短,无论是企业短期融资券市场,还是货币市场基金在我国都还没有形成较大规模。大额可转让存单市场虽然在我国形成较早,但是在近十年的时间里几乎没有什么发展。

总的来说,目前我国货币市场的发展仍然是很不平衡的。同时,由于货币市场中各子市场发展有先有后,有快有慢,对市场资金运行状况改变的决定程度和覆盖面有大有小,一定程度上影响了整个市场的相关性和联动性。既无法充分满足市场参与主体头寸调剂与流动性管理的需要,也不能充分满足中央银行公开市场业务、再贴现政策等货币政策工具进行宏观调控操作的要求。

三、货币市场参与主体行为方面的缺陷

从货币市场功能的宏观层面上看,我国货币市场主体行为方面的缺陷制约了货币政策工具功能的发挥。在现代货币市场中,参与的市场主体是多元化的。包括:政府、中央银行、商业银行、非银行金融机构、企业、个人等。健全、有效率的市场参与主体是货币市场顺利运行的微观基础,它们不仅是市场发展的动力,而且它们的行为方式对货币市场的发展结构和形态有着决定性影响。市场主体的缺位与不完善成为货币市场进一步发展的严重障碍,并会给中央银行货币政

---

① 刘光第:《中国经济体制转轨时期的货币政策》,中国金融出版社1997年版,第330页。

策工具的操作带来困难。从中国货币市场运行的现实看，货币市场主体存在着以下几方面缺陷：

（一）交易主体缺乏商业动机

这主要表现在缺乏能适应市场经济要求的、具有财务硬约束的以利润为导向的交易主体。

首先，作为货币市场中的参与主体，国有商业银行仍处于商业化改革的进程中，以利润为导向的经营动机尚未占据主导地位，这就弱化了在我国社会资金流动中占据主导地位的国有商业银行积极利用货币市场进行短期性的资金交易、以提高自身经营效益和资金运用效率的动力，影响了货币市场的发展。其次，对于另外一个重要的市场主体——企业来说，由于产权错位、融资结构等方面的原因，我国的企业作为短期流动性工具的供给者与需求者并未发挥其应有的作用。

例如，中央银行三大政策工具之一的存款准备金政策发挥作用的微观基础之一，就是企业在硬约束条件下要以利润为经营的导向。这一点，在西方市场经济条件下是一个当然的前提条件。而我国经济运行的现实却是为数不少的国有企业在预算软约束之下以很低的效率运用银行资金，形成企业对银行资金的过分依赖和中央银行基础货币投放中的所谓"倒逼机制"。于是，一些实际运营中准备金减少的存款机构（特别是对国有企业提供信贷支持的国有银行）就无须收缩其贷款，而准备金增加的存款机构却可能倍数地扩张贷款，从而可能导致社会货币供应量的非正常性增加，使存款准备金工具的政策效用发挥大打折扣。

这些年来，我国经济体制改革的重点就放在了国有企业理顺产权关系上，然而从效果来看并不十分理想。自主经营、自负盈亏是构建企业市场主体地位的首要条件。企业只有真正拥有筹集和运用资金的自主权，才能根据经营资金的剩余与短缺的实际，自主决定进出货币市场的时间和期限长短，以达到融资和提高资金效率的目的。只有企业能够对发生的风险自担责任，无论它是参与票据市场还是其他市场都能以理性的"经济人"身份参与融资活动，才能保证货币市场体系运行的安全与高效率。

当然，造成我国货币市场参与主体普遍缺乏商业动机的根本原因还是中国传统金融体制中的产权问题没有得到解决。在传统体制下，我国不但没有形成金融市场，而且可以说没有真正的借贷或金融活动。[1] 即使在现阶段货币市场有了一定程度的发展，可是主体行为的不规范问题仍然很严重，干扰了货币市场的发展和运行。

---

[1] 江春：《产权制度与金融市场》，武汉大学出版社1997年版，第94页。

(二) 交易主体的覆盖面较小

货币市场的理想规模是货币交易市场的全面覆盖，市场参与主体越多越好。参与货币市场的金融机构越多，形成的货币市场利率就越能反映市场资金的供求状况，越贴近市场的真实价格。因此，在市场准入条件明确的条件下，应当允许所有合格的市场主体介入货币市场，使货币市场成为一个有众多主体参与的市场，货币市场上交易水平、规模、价格的变动才能最大限度地传递和影响整个国家的资金运行情况，中央银行货币政策的制定与实施才能更有回旋余地和操作深度。

这些年来，我国的货币市场中市场参与主体数量在不断增加但是尚不够广泛。中央银行、商业银行等金融机构成为中坚力量，而政府、企业和个人这三类主体数量就有限了。

首先，作为短期债券这类信用工具的主要供给者，政府未能发挥出应有的作用。政府作为货币市场的主体，是以对经济活动的渗入、参与实现宏观调控为目的，政府介入货币市场后，应当成为货币市场进一步发育和运行的监护者。从我国的情况看，国家债券的规模尤其是短期债券的规模仍然偏少，使中央银行公开市场业务操作的运用工具不足，影响了货币政策的运用效果。近两年我国实施的财政政策在国债期限结构的选择上由于过于依赖长期国债，造成了短期国债的发展处于停滞状态，财政政策对促进我国货币市场的发展、货币政策施行的效果是很有限的。

其次，从企业方面看，作为货币市场赖以存在的微观基础尤其是国有大中型企业，近些年来经营状况始终未有好转，亏损面仍然很大。由于亏损使企业的信用难以恢复建立起来，没有基本的信用是难以以真正的货币市场主体身份介入交易活动的。这样一来，企业在货币市场中就无法作为市场主体，作为中央银行货币政策工具传导途径中的一个主要调控对象也很难发挥出相应的传导效果。

最后，从个人方面看，由于我国货币市场中适合于个人投资的信用工具种数量偏少，加上我国居民整体金融意识尚待提高，造成了个人有意介入货币市场的机会不多。一些传统意识始终影响着广大居民金融资产的处置方式。这也是为什么银行利率持续低迷，而银行储蓄存款仍能以较高的增长率持续上升。货币市场上个人主体的缺位，使货币市场成了法人为主体的市场。

此外，在我国货币市场中中介机构的发展仍有待加强。在西方货币市场发达的国家中，货币市场的参与者中有这样一些中介机构，这些中介机构以经纪商闻名，身负不同职责，采取专家经营模式，专业化程度高，专门充当市场中介。货币市场买卖双方无须面对面洽商，其买卖活动由充当市场中介的交易商与经纪人去达成。

我国的货币经纪业的发展仍属于初级阶段,暂时还没有完整系统的市场准则和规范,主要经营范围仅为外汇拆借中介、外汇买卖中介、市场信息咨询等业务,货币经纪业的市场渗透率及市场效率还较低,尚不具备全球性的外汇拆借和买卖市场网络,这些因素都在一定程度上影响到了市场交易主体的参与数量与覆盖范围。

四、货币市场利率市场化程度不高

我国货币市场的利率缺乏弹性,利率市场化程度低,抑制了货币政策工具操作的有效性。

利率市场化是中央银行利用间接货币政策工具进行宏观调控能否有效的关键性因素。中央银行若动用基准利率和公开市场业务来作为调控工具,那么利率必须放开,至少是应有较大灵活性,以使调控工具有一个作用空间。

货币市场的运行结果,表现为形成了一系列密切联系、能真实反映不同金融产品风险收益状况的市场化利率体系,货币市场越完善,利率形成的市场化程度越高,货币市场的利率弹性就越高,对于货币政策的反应也就越敏感,货币政策工具的操作才越有效。

我国目前存在货币市场上依靠市场机制形成的利率与管制利率并存的现象。我国货币市场体系中,利率市场化特征最明显的是同业拆借利率与银行间债券回购利率。1996年,全国统一的同业拆借市场建立后,中央银行起初以银行同期贷款利率为基准,对拆借利率规定有控制性的区间。1996年6月1日,中国人民银行宣布取消对同业拆借利率的限制,放开各期限档次的同业拆借市场利率。2007年1月,中国人民银行进一步推出了作为我国货币市场基准利率地位的上海银行间同业拆借利率,至此市场化的全国统一同业拆借利率就基本形成了。另外,1997年6月以后建成的我国银行间债券市场,也是按市场利率展开交易的。这表明,我国货币市场体系中,市场机制自动生成的价格机制开始在局部发挥作用,部分市场利率对国家重大经济、金融政策的调整及金融市场的变化反映日趋敏感。

但是,在我国货币市场体系中,利率体系还不是完全市场化的,有的利率受到管制(如票据贴现市场利率就受到了中央银行严格控制),有的利率依市场供求生成,但是还没有形成合理的市场利率体系。所以目前尚不完善的货币市场利率还不能视为能充分反映资金供求状况的市场利率,因为这一利率的形成并不能够覆盖整个市场。随着我国货币市场的不断发展和扩大,货币市场对社会资金流动的影响力明显扩大,因而货币市场利率也应该成为中央银行货币政策制定的参考依据。但是,在中央银行对主要社会资金价格保持严格控制时,同业拆借市场等货币市场上依供求关系生成的利率水平的市场导向性明显下降。

官方管制利率和准市场利率的偏离在一定程度上仍干扰着货币政策的实施和宏观金融调控的正常运行。因此,在货币市场利率形成非完全市场化的条件下,即使中央银行具有足够的独立性,也难以及时掌握准确的信息、及时根据市场状况变动运用政策工具实施宏观调控。由于时间长,效果滞后,等到政策真正作用于经济变量时,不但效率会大大降低,有时还会得到相反的政策效果。

第三章

中国同业拆借市场的发展

同业拆借市场是指金融机构之间以货币借贷方式进行短期、临时性头寸调剂的市场。其交易形式主要有两种：一是为弥补头寸不足或补足存款准备金进行的短期资金融通，也称为"隔夜拆借"；二是同业借贷，主要是商业银行之间利用资金融通过程的时间差、空间差、行际差来调剂资金而进行的短期借贷。

而根据中国人民银行2007年制定的《同业拆借管理办法》所述，同业拆借是指经中国人民银行批准进入全国银行间同业拆借市场（以下简称同业拆借市场）的金融机构之间，通过全国统一的同业拆借网络进行的无担保资金融通行为。全国统一的同业拆借网络包括：（1）全国银行间同业拆借中心的电子交易系统；（2）中国人民银行分支机构的拆借备案系统；（3）中国人民银行认可的其他交易系统。

第一节 海外同业拆借市场运作的历史及经验

一、海外同业拆借市场的发展历史

同业拆借市场的雏形产生于19世纪，当时英、美银行大多实行单一银行制。由于规模小缺乏分支网络造成银行流动性管理的困难，发达地区的银行难以吸收到足够的存款应付庞大的贷款需求，而经济欠发达地区的银行多余的资金却没有放贷的出路。在这种情况下，银行之间相互拆借的短期市场应运而生。具体做法是：欠发达地区的银行与发达地区或金融中心的银行签订代理银行协议，并在对方存入一笔用于相互结算的存款，这笔存款一方面可以满足双方债权债务的清算；另一方面，发达地区或金融中心的银行可以利用此笔存款放贷，扩大利润，同时也可以给欠发达地区银行带来较高的利益。有时，欠发达地区银行出现临时性贷款需求上升时，也要通过向发达地区或金融中心的代理银行借款来满足客户的贷款资金需求。上述形式的同业拆借规模较小，频率不高，但正是大量代理银行之间多余的银行头寸的拆借促成了以伦敦、纽约等地为中心的全国性同业拆借市场的发展，从而在很大程度上弥补了单一银行制的不足。

19世纪末，英国开始放松金融管制，出现了大规模的城市银行兼并浪潮，随着银行规模的迅速扩大，单一银行制逐渐被分行制所取代，不同银行之间的同业拆借转化成了同一银行不同分支机构之间的拆借。与此同时，美国仍然实行严格的单一银行制度，不同商业银行之间的同业拆借仍然是银行流动性管理的重要手段。同业拆借市场的真正发展同各国中央银行存款准备金制度的实施密切相关。美国颁布的《1913年联邦储备法》规定，联储系统的成员都必须按所吸收存款余额的一定比例提取存款准备金，将其存入12家地区联邦储备银行，否则将受到严厉的经济处罚，并且准备金存款是没有利息收入的。这一制度的实行，为商业银行的流动性管理提出更大的难题，因为银行存款余额的多少难以估计，因此准备金不足或超额准备的情况时有发生，为了调剂准备金头寸，美国的全国性同业拆借市场即联邦基金市场应运而生。在此之后1929~1933年的经济大危机，迫使西方各国意识到金融行业存在着的巨大风险，因此各国相继引入了银行法定存款准备金制度。这一举措最终促成了同业拆借市场的迅速发展，形成了各具特色的同业拆借市场。

二、英国同业拆借市场

英国是世界上最早建立和发展货币市场的国家，该国货币市场已有200多年历史。该市场分为贴现市场和平行市场，其中平行市场是由银行间同业拆借市场和大额可转让存单市场构成。作为世界工业贸易和金融中心，英国同业拆借市场交易主体多元化，市场高度开放。目前参与到该市场的机构不仅包括银行类金融机构，如清算银行、商人银行、贴现行、金融行、海外银行及国际金融机构，还包括大量的非银行金融机构，如保险公司、养老基金机构、金融公司、大型工商企业等。

英国的银行同业拆借市场是一个无形市场，交易通过电话和计算机网络进行。该市场广泛运用经纪人制度，经纪人通过电话与资金的供求双方联系，传递信息，撮合交易。经纪人事务所是一种高度职业化的组织，可以把货币投放到任何一个市场上进行外币和英镑的交易。目前经纪人有两个协会组织：外汇和外币存款经纪人协会（Foreign Exchange and Currency Deposit Broker' Association），该协会的经纪人可以经营外汇或外币存款或兼营这两种业务。另一个是英镑经纪人协会（Sterling Broker' Association），这个协会的经纪人只经营英镑存款业务。

目前英国银行间同业拆借市场交易的金融工具主要是银行之间的存款，以3个月内的短期融资为主，其中大部分是隔夜拆借。每笔交易最低限额是50万英镑，高的可达1 000万英镑以上。由于英国的金融市场具有高度的市场化特征，英格兰银行不干预平行货币市场，因此同业拆借利率的变化可以完全反映出市场上的资金供求关系。不仅如此，近年来英国政府对于贴现市场的准入限制有所放松，因此平行货币市场与贴现市场的业务已经不像原先那样泾渭分明，大量的金融机构可以同时在贴现和平行货币市场上交易，两个市场的套利交易的存在使得同业拆借利率与贴现利率趋势趋同，差异极小，目前银行同业拆借市场的利率已经成为英国平行货币市场中最重要的指示器，提示了银行筹集新资金的边际成本，其中以伦敦银行同业拆借利率（the London Interbank Offered Rate，LIBOR）最为重要。

LIBOR是伦敦金融市场上银行之间相互拆借英镑、欧洲美元及其他欧洲货币时的利率，由报价银行在每个营业日上午11时对外报出，分为存款利率和贷款利率两种报价，资金拆借的期限为1个月、3个月、6个月和1年等几个档次，它既是伦敦金融市场借贷活动中计算借贷利率的基本依据，也是国际货币市场上的基准利率之一。

三、美国联邦基金市场

所谓联邦基金是指商业银行与其他金融机构存在联邦储备系统账户中可作为法定准备金的存款，是联邦储备资金的简称。联邦基金市场实质上就是银行等金融机构之间进行联邦基金交易的市场。20世纪20年代后联邦基金市场逐渐发展壮大，电子支付系统——联邦支付系统（FEDWIRE）的引入使得全国性的交易成为可能。到20世纪60年代，美国联邦基金的日均交易额已达到了1.5万亿～3万亿美元，这大致相当于当时美国国库券市场的日交易额。联邦基金市场也成为货币市场的重要组成部分。

就市场参与者而言，从20世纪50年代开始，美国纽约证交所的证券经纪人就可以介入到同业拆借市场从事经纪业务，它们不仅与各银行保持密切的联系，为各银行和金融机构提供相关信息，也可以代理客户买卖联邦基金。1963年6月，美国货币监理局取消了国民银行买卖联邦基金头寸的最高限制，这就使一些原来无法参与联邦基金市场的小银行开始进入到该市场，而不少大银行则开始承担"做市商"的角色，随时报出买入和卖出联邦基金的双边价格，并与其他市场参与者进行交易,极大地活跃了联邦基金市场,提高了该市场的流动性。

20世纪80年代,美国联邦储备银行的存款准备金要求扩大到所有的存款机构,包括联储会员与非会员银行、储蓄与贷款协会,共同储蓄银行等,这样参与此市场的成员就进一步扩大了。

美国联邦基金市场是一个无形的市场,其交易形式有三种:一是直接交易,这种方式成本较大,一般发生在小型金融机构与较大的金融机构之间。二是通过经纪人进行交易,通常大的金融机构之间所进行的大额交易多利用这种方式。目前经联邦基金经纪人撮合成交的交易大致占联邦基金市场交易的40%。三是通过代理行交易,由于联邦基金的无担保性特征,使得处于边远地区或者乡村的小银行在交易过程中,常常因资信不足被"拒之门外",代理行制度的实施则可以较好地解决了这一问题,具体做法是:小银行寻找与自身有业务往来的较大的地区性银行作为代理行,在这些银行中开设自己的存款账户,通过代理行从大的联邦基金自营商那里买入联邦基金,再转售给自己。

美国的联邦基金利率,主要是指隔夜拆借利率,由于它的市场化形成机制,因此它不仅能反映货币市场最即时的资金供求状况,同时也成了美联储执行货币政策过程中最重要的操作目标。自1989年起,每季度的美联储公开市场委员会会议都会选择并确定一个联邦基金利率目标水平。目标一旦确定,美联储就会通过每天的公开市场操作将联邦基金利率控制在目标区域以内,从而影响其他短期利率、长期利率、货币供给量和信贷规模,最终实现其对经济调整的目的。

四、香港同业拆借市场

在香港货币市场的众多子市场中,同业拆借市场形成于20世纪50~60年代,是香港货币市场中发展最早的一个子市场。目前参与此市场的交易主体主要有持牌银行(Licensed Band),有限制牌照银行(Restricted-license Bank)、接受存款公司(Deposit-taking Company)以及部分海外的银行分支机构。

货币经纪行也是该市场的一个主要组成部分,货币经纪行主要负责机构交易的安排,从中赚取佣金。由于不是以自身名义进行拆借活动,它们不负担交易上的任何信用风险。除此之外,香港同业拆借市场中也有类似美国同业拆借市场上的"做市商"的机构,通常它们是由一些规模较大,同时拥有一批经验丰富的专业交易人员的银行担任,它们应资金供求双方的要求,同时开出资金拆入价和拆出价,在承担利率变动风险的同时也获取一定的价差,这类银行被称为"庄家",正是由于它们的存在,香港同业拆借市场的流动性得以维持,在高效运作的基础上,成了一个较公平、公开和公正的市场。

香港没有中央银行，官方基本上不对货币市场进行直接干预，也无法直接运用三大货币政策工具来影响货币市场的流量与价格。因此港元同业拆借利率（Hong Kong Interbank Offered Rate，Hibor）是完全市场化的利率，其形成是由众多的银行和货币经纪商以及"庄家"共同在同业拆借市场上自由买卖形成，因此它已经被用作银团性集资、贷款、大机构企业与银行订立存放款价格的参照基准，得到了广泛的认可和运用。同时它也是香港政府维持联系汇率制的主要参考指标之一，香港政府往往通过影响银行流动性水平及港元同业拆借利率来影响港元资金状况，以便维持港元的汇价。

五、海外同业拆借市场的经验总结

世界主要发达国家和地区的同业拆借市场尽管发展过程不尽相当，各具特点（见表3-1）但通过以上的分析，不难看出它们有一定的共性。

表3-1　　美国、欧洲、英国、日本等国家及地区同业拆借市场对比

国家及地区	市场主体	交易客体	交易方式	市场利率	与央行货币政策操作的关联
美国	商业银行、互助储蓄银行、储蓄协会、外国银行分行、证券商、联邦政府	隔夜拆借占绝大多数	(1) 经纪人交易（最多）；(2) 代理行交易；(3) 直接交易	利率市场化，是金融市场基准利率	制定利率目标区，通过公开市场操作影响利率
欧洲	在欧元货币市场上成交量大、交易活跃的银行	银行间短期存款、隔夜无担保拆借	直接交易	利率高度市场化，是欧元区金融市场基准利率	欧洲中央银行把欧元同业利率和隔夜拆借平均指数作为宏观调控的关键指标
英国	清算银行、商人银行、贴现行、金融行、海外银行、国际金融机构、部分非金融机构	主要是3个月内短期融资，隔夜拆借占多数	主要通过经纪人交易，极少直接交易	利率市场化，是金融市场关键利率	不直接影响利率，但对贴现市场进行干预，通过金融机构的市场行为来间接影响同业拆借利率
日本	都市银行、地方银行、相互银行、保险银行、短资公司	无抵押短期拆借占多数	主要通过短资公司交易，引入直接交易原则	利率市场化，是金融市场基准利率	通过短资公司进行公开市场操作，影响同业拆借市场利率，进行间接调控

1. 完备的存款准备金制度是同业拆借市场发展的原始动力。在发达的国家和地区，存款准备金不付利息，因此商业银行等金融机构在难以准确预测存款余额和准备金水平的情况下，产生了相互调剂准备金的要求，直接导致了同业拆借市场的快速发展。但是值得注意的是：进入20世纪90年代之后，部分国家取消了法定存款准备金制度，如英国和加拿大，而美、英以及欧洲央行也逐渐降低了法定存款准备金率调整在货币政策中的作用，但是即使存款准备金制度的地位有所下降，建立在准备金基础之上的同业拆借市场在货币政策中的作用却更加突出了，这一市场已逐渐回归其最原始的功能：即商业银行清算支付和流动性管理的功能。

2. 市场主体多元化。发达的同业拆借市场中的参与者种类众多，多元化的主体具有不同的风险和收益偏好，对资金需求的数量和期限不同，即能保证市场的活跃性，也能促使同业拆借利率成为真正反映市场资金供求关系的敏感指标。

3. 市场中介机构完备，交易以短期拆借为主。发达的同业拆借市场中货币经纪发展成熟，市场中的大额交易都是中介机构进行的，直接交易的比例较低，大量的间接交易不仅可以提升市场效率，而且能够降低信用风险的发生。不仅如此，发达的同业拆借市场的交易以短期资金拆借为主，70%以上为隔夜拆借，是金融机构头寸调剂和流动性管理的主要场所。

4. 同业拆借利率市场化程度高。在发达的同业拆借市场上形成的利率通常被视为该国或地区的基准利率，其形成机制具有以下特点：一是同业拆借利率通过报价形成，是有资格的报价行拆借资金的报价，而非实际交易利率，基准利率是在报价基础上剔除一定比例最高和最低报价部分，对剩余的报价部分进行简单算术平均求得的；二是利率由隔夜至一年期的各档次利率组成，而非交易量最大的某一档利率；三是基准利率信息一般由银行业协会委托指定机构计算和按时对外公布。

第二节 中国同业拆借市场发展的历史回顾

我国同业拆借市场自1984年始至今，其发展过程大体可分为三个阶段：第一阶段是初步发展阶段（1984~1991年），在此阶段同业拆借市场发展非常迅速，但其特点表现为多渠道融资，缺乏统一的市场。第二阶段（1992~1995年）是我国同业拆借市场在清理整顿过程中迅速发展的阶段。第三阶段（1996年开始至今）是全国统一同业拆借市场形成并发展的阶段。中国同业拆借市场的完善发展不仅为我国金融机构调节流动性提供了重要的市场，也为我国货币政策的顺利执行提供了重要的传导渠道。

一、初步发展阶段（1984～1991年）

1984年以前，我国实行的是高度集中统一的信贷资金管理体制，银行间的资金余缺只能通过行政手段纵向调剂，不能自由地横向融通。1984年10月，中国人民银行实施了各专业银行间的"资金融通"政策，即允许各地区银行之间进行横向拆借，这一新的信贷资金管理体制实施后不久，各专业银行之间以及同一专业银行各分支机构之间就尝试性地开办了同业拆借业务，但当时拆借量很小，没有形成规模。

1986年是我国同业拆借市场真正启动的一年。1986年初，国家体改委和中国人民银行在广州联合召开五城市金融体制改革试点座谈会，会议明确提出要开放和发展中国的同业拆借市场。同年1月，国务院颁布的《中华人民共和国银行管理暂行条例》明确规定，专业银行的资金可以相互拆借，这为我国拆借市场的发展提供了法律依据。自此，同业拆借市场开始在全国迅速开展。1986年5月，武汉市率先建立了只有城市信用社参加的资金拆借小市场，随后武汉市的工商银行、农业银行和中国人民银行的拆借市场也随之相继建立。不久，又建立了以广州、重庆、沈阳、成都等几个城市为中心的有形的同业拆借市场，截至1987年6月，除西藏自治区以外，全国各省市均建立了不同形式的同业拆借市场，初步形成了一个以大中城市为依托的多层次同业拆借网络。

1988年上半年，为调剂资金余缺、加强货币信贷调控、引导管理资金拆借市场，中国人民银行批准成立了海南、大同、广州融资公司等市场中介组织，此后这类以拆借资金为主要业务的融资公司越来越多，在促使全国同业拆借交易量继续扩大的同时，也在一定程度上干扰了市场秩序。1988年下半年，中国宏观经济出现了社会总供求关系严重失调、通货膨胀严重等问题，而一些金融机构及融资公司却进一步超过自身能力大量拆入资金，出现了拆借资金到期无法清偿和收回等严重问题，直接引致了资金拆借市场秩序出现严重混乱，为了加强对宏观经济的治理整顿，国家实行了严厉的"双紧"政策，同时中国人民银行整顿并撤销了融资公司。

二、同业拆借市场迅速发展阶段（1992～1995年）

1992年，中国的宏观经济形势开始好转，与此同时，股票、房地产市场交易活跃。由于同业拆借市场不在中国人民银行信贷规模控制的范围内，因此不少金融机构违规利用拆借市场将信贷资金转移用来炒房地产、炒股票、办公司或用于地方财政开支搞开发区、上新项目，从而使得短期拆借资金长期化，这种违规现象直接扰乱了金融秩序。

1993年7月，中国人民银行下发《关于进一步加强对同业拆借管理的通知》，要求规范同业拆借市场的拆借行为，但这些规定并没有得到很好的执行，拆借市场违规现象愈演愈烈。同年6月，中共中央下发《关于当前经济情况和加强宏观调控的意见》，决定纠正乱集资、乱办金融机构和乱拆借现象。接着，中国人民银行下发了《关于进一步整顿和规范同业拆借市场秩序的通知》，要求各地抓紧收回违章拆借资金，整顿同业拆借市场，其中具体措施主要包括：在市场构架下，撤销省级以下金融机构违规办理的有形拆借市场机构，各省市成立一家由中国人民银行牵头的资金融通中心，负责配合执行中国人民银行宏观金融政策，调剂本地区各金融机构之间的资金余缺。在省以下的部分中心城市或远离省会的边远城市，设立融资中心办事处，办理本地区的资金拆借，要求所有跨系统、跨地区的资金拆借必须通过融资中心办理。并在1994年的《信贷资金管理暂行办法》中明确，融资中心视同为非银行金融机构，专门办理金融机构之间的短期资金融通。

到1995年11月，中国人民银行撤销商业银行组建的资金市场中介机构约50多家，保留了中国人民银行融资中心43家，并强调所有同业拆借业务必须经过中国人民银行融资中心办理，纠正了同业拆借市场中介机构重复设置现象，同业拆借市场中单一的融资中心融资渠道开始形成，此举对调剂资金余缺、规范同业拆借市场业务起了很大作用。

通过治理整顿，当时中国同业拆借市场的混乱状况得到根本改善：一是拆借交易量迅速放大。到1995年末，通过中国人民银行融资中心办理的拆借交易近10 000亿元，比1994年增加了66%，其中上海、北京、广州等城市拆借交易量均达到1 000多亿元。二是拆借市场行为大为规范，拆借资金利率、期限、流向基本符合相关规定。据统计，1994年和1995年同业拆借利率基本控制在中国人民银行规定的13.18%以内；拆借活动基本通过中国人民银行融资中心及其办事处办理；30天以内期限的拆借占80%，拆借资金主要用于金融机构调剂头寸余缺。三是运行效率得以提高，金融机构特别是地市以下金融机构需要临时性资金，一般在一个营业日就能解决，资金流动迅速，较好地解决了中小金融机构资金融通问题。

但是这一阶段同业拆借市场在发展的同时也存在诸多的问题，突出表现为：一是市场分割性强，造成这一现象的根本原因在于中国人民银行的制度设计缺失，始终没有形成建立一个全国性同业拆借市场的构想，因此尽管同业拆借市场的参与主体众多，但是却少有跨省的资金拆借交易；二是各市场交易规则不同，不仅加大了交易成本，也降低了市场的效率。这一问题直接造成了各地区市场利率差异极大，无法形成全国统一的拆借市场利率，同时也使得监管当局对市场的监管更加困难。

三、全国统一同业拆借市场形成、发展的阶段（1996年至今）

1996年1月3日，中国银行间同业拆借中心正式开始运作，这是中国人民银行依托上海中国外汇交易中心建立的全国统一的资金拆借市场。这个市场由中央的一级网络和由各省、区、市的中国人民银行融资中心牵头组织的二级网络构成。中央级网络包含了全国15家商业银行总行、全国性的金融信托投资公司以及挂靠各地区人民银行的35家融资中心。地方级网络的主体是由总行授权的商业银行分支行、经营规范的信托机构、租赁公司、财务公司、保险公司组成，交易成员通过中国人民银行融资中心的电话或计算机网络就地交易。两级网络同时运作，相互平衡，形成全国统一的同业拆借市场运行系统。中国人民银行负责对同业拆借市场的监管、市场准入审核及同业拆借市场交易规则和管理制度的制定与监管；中国银行间拆借中心则负责对计算机网络联网、运行等提供技术支持。

与改革前的同业拆借市场相比，新的同业拆借市场具有以下两个特点：一是明确了进入同业拆借市场的金融机构的准入资格。拆借市场成员必须直接通过全国银行间同业拆借中心提供的电子交易系统进行拆借交易。其他金融机构虽可自行交易，但仍需在中国人民银行备案。这一规定从制度上保证了全国统一市场的形成，使中央银行迅速地确定货币资金的来源及规模成为可能，为其及时实施相对应的货币政策提供了可行性。二是中国人民银行严格限定了拆借资金的来源和用途以及拆借的期限。规定各商业银行拆借资金最长期限不得超过4个月，拆借额度根据存款余额按比例确定。非银行金融机构的拆借期限均在7天以下，拆借额度按其资本金水平进行核定。这一规定有效地防止了金融机构的过度拆借以及短期资金长期化的现象。

长期以来，出于对市场安全性的考虑，我国货币当局并不允许商业银行的信贷资金流入股票市场，因此中国的货币市场与资本市场基本是割裂开来的，货币市场具有较强的封闭性。但随着我国同业拆借市场呈现稳步发展，我国逐步放松了同业拆借市场的准入条件，其重要举措就是逐步增加了市场成员。

1998年3月，中国人民银行批准经营人民币业务的外资银行为全国同业拆借市场成员，从事同业拆借业务；1998年4月，为便于商业银行加强内部资金管理，批准商业银行可授权分行加入全国同业拆借市场，从事其总行授权范围内的信用拆借业务；1998年10月，批准保险公司为全国同业拆借市场成员；1999年1月，批准部分农村信用社联社为全国银行间同业拆借市场成员；1999年5月，同意农村信用社联社经中国人民银行当地分行审核后，可成为拆借中心交易系统用户，通过交易系统开展拆借业务；1999年8月，批准部分证券公司为全国银行间同业拆借市场成员从事拆借业务；1999年11月，批准国家开发银行和中国进出口银行成为市场成员从事拆借业务；2000年6月，又批准部分财务公司为市场成员；2002年6月，允许改制后的城市信用社经中国人民银行批准成为同业拆借的市场成员。2007年7月，颁布新的《同业拆借管理办法》，将银行间同业拆借市场参与成员范围扩大到保险公司、保险资产管理公司、金融资产管理公司、信托公司、汽车金融公司、金融租赁公司等非银行金融机构。

中国同业拆借市场成员由1997年的96家，增长到2009年6月末的2 129家（见图3-1），银行间同业拆借市场参与机构的扩大是中国同业拆借市场进一步完善的重要标志。

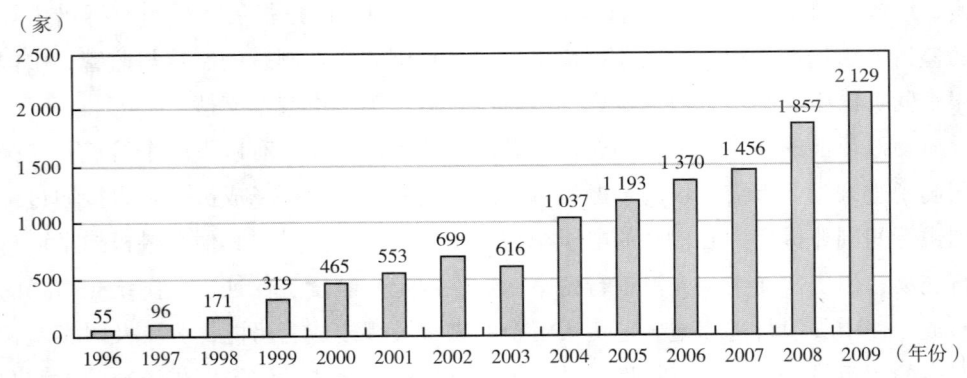

图3-1　1996~2009年我国银行间同业拆借市场机构数量

注：2002年的数据为截至2002年10月末数据；2009年的数据为截至2009年6月末数据。

资料来源：1999~2001年的数据来自《银行间同业拆借市场运营情况调研报告》（李晓枫）；2003年的数据来自《中国货币市场的成就和发展方向》（沈炳熙）；2002年、2004~2009年的数据来自各期《中国货币市场》。

2006年年底，为了推进中国的利率市场化改革、培育中国的基准利率、提高金融机构自主定价的能力、指导货币市场产品定价、完善货币政策传导机制2007年1月中国人民银行推出了报价制基准利率——上海银行间同业拆放利率。它是根据信用等级较高的银行组成报价团自主报出的人民币同业拆出利率计算确定的算术平均利率，是单利、无担保的批发性利率。以上海银行间同业拆借利率为基准的利率互换等利率衍生产品成交的活跃度不断加强，这不仅为同业拆借市场利率成为中国货币市场的基准利率打下了良好的基础,也为中国人民银行以利率作为中介目标的货币调控机制的改革提供了条件。

2007年7月9日,中国人民银行发布了新的《同业拆借管理办法》。新的政策坚持了市场化改革的方向,其调整主要包括四个方面:一是扩大同业拆借市场参与范围,新增六类非银行金融机构进入同业拆借市场;二是延长拆借资金最长期限;三是放宽同业拆借限额控制;四是体现市场自律,强化透明度管理,规定了信息披露义务、信息披露基本原则、信息披露平台、信息披露责任等。这一管理办法既是中国同业拆借市场的制度创新,同时也对推动同业拆借市场以及其他金融市场的改革和发展都起到重要作用。

新的《同业拆借管理办法》实施后,我国同业拆借市场规模激增。2007年同业拆借市场交易量首次突破10万亿元,此后逐年增长(见图3-2),可以预见,随着市场成员规模的不断扩大,制度的不断完善,市场信息系统服务功能的提高,我国同业拆借市场必将快速、稳步、规范、健康地发展。

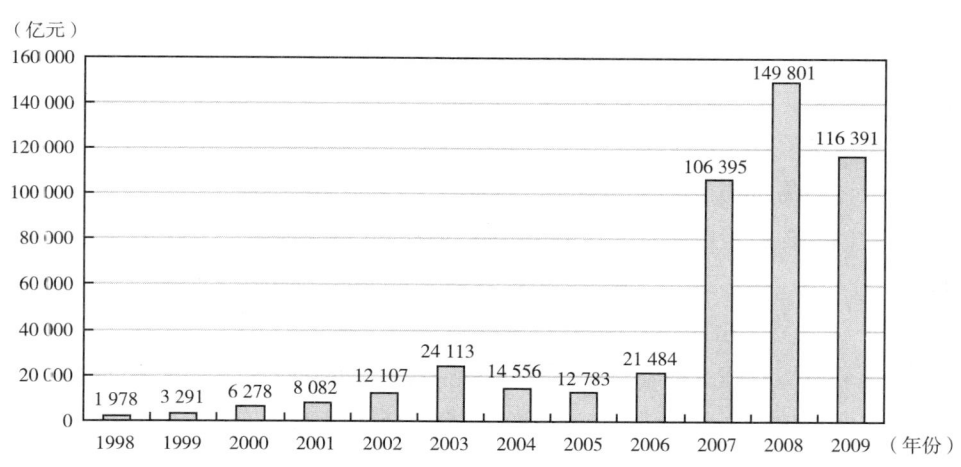

图3-2　1998~2009年我国银行间同业拆借市场交易量

注:2009年数据截至2009年8月;图中成交量的期限类型只包括1天、7天、14天、20天、30天、60天、90天、120天在内。

资料来源:Wind资讯。

第三节　中国同业拆借市场发展存在的问题

同业拆借市场是中国货币市场中发展最早的一个子市场,但是相对于海外市场经济国家来说,中国的同业拆借市场并不是一个标准的货币市场,其在建立之初的种种违规现象说明该市场最初不是为了流动性管理的需要，而是为了通过频繁的短期拆借活动融通长期资本，将短期资金长期化使用，从而"合理"地将资金从国有银行体系拆出，规避货币当局的信贷规模控制。这种功能的异化情况在1996年全国统一市场建立之前表现明显。可以说，中国的同业拆借市场是在不正规的银行体制、不发达的金融市场、不健全的银行准备金管理制度以及不完善的中央银行监管体系下产生发展起来的。尽管从1996年以来同业拆借市场的发展有目共睹，但其存在的问题也不容忽视。

一、市场主体缺位

为了维护同业拆借市场的秩序，中国人民银行依法对同业拆借市场进行监督管理。金融机构进入同业拆借市场必须经中国人民银行批准，从事同业拆借交易也接受中国人民银行的监督和检查。虽然目前我国银行间同业拆借市场成员已经涵盖了政策性银行、商业性银行（含国有独资银行、股份制银行、城市商业银行、外资银行）、保险公司、证券公司、基金管理公司、农村信用联社、财务公司等金融机构，但外资的非银行金融机构以及国内众多的小型金融机构根本无法进入这个市场，这就在某种程度上造成了该市场主体的缺位，即市场交易缺乏一般代表性，交易价格也缺乏市场性。而且由于我国金融体系仍是以银行为主导，因此四大国有控股银行对资金市场的实际垄断也表现在其对同业拆借市场的主导地位上。

2009年2月，全国银行间同业拆借中心发布的2008年度全国银行间同业主借市场交易量100强及交易活跃前100名名单中，可以看到，商业银行在该市场中占据了主导地位，其中中行、工行、建行、交行等四家商业银行处于前十位。同时也可以看出尽管其他金融机构（特别是外资银行）的交易相当活跃，但由于自身资本的限制，它们在中国银行间同业拆借市场中的影响程度还很小。

二、市场交易机制不健全

我国同业拆借市场交易机制的不完善主要表现为以下两点：

第一，直接交易方式比重大，信用风险依然存在。由于我国缺乏健全的市场经纪制度，自1998年中国人民银行融资中心撤销后，经纪组织的缺位就导致了我国同业拆借市场交易以直接交易方法为主（我国目前引入的货币经纪公司只有两家，且业务以非人民币拆借为主）。而直接交易方式由于交易双方存在必然的信息不对称性，随着交易主体、交易币种、交易规模的不断扩大，由此带来的风险会不断加剧，信用风险造成的损失可能加大。

第二，强制性统一的电子交易系统一定程度上降低了市场效率。我国目前统一的银行间同业拆借市场是1996年依托全国外汇交易中心的交易平台建立起来的，同业拆借交易必须在全国统一的同业拆借网络中进行，这种制度的安排当然是为了加强货币当局对该市场的监管，但由于货币经纪的缺失和代理行业务的不健全，这种制度已经实际上把中小金融机构摒弃在这一电子交易系统之外。中小金融机构的融资需求大多需通过网外交易才能完成，这既降低了市场效率同时也从另一方面加大了市场风险。

三、同业拆借市场利率尚不能完全成为基准利率

在国际金融市场上，同业拆借利率一般是货币市场中最主要的基准利率。同业拆借市场利率之所以能够成为市场基准利率的重要前提之一，就是它的利率形成机制是高度市场化的，因此它能够灵敏地反映同业拆借市场上资金供求的动态变化，并且成为中央银行货币政策操作的中介指标。

但我国同业拆借市场形成之后，同业拆借利率一度被货币当局严格管理，直至1996年全国银行间统一拆借市场成立后，同年6月1日中国人民银行才取消了银行间同业拆借利率的上限限制，此后2007年1月4日中国人民银行推出了报价制基准利率——上海银行间同业拆放利率，简称Shibor。

但是由于我国现有利率结构不合理，在货币市场的利率体系中市场化的利率与管制利率同时存在（尽管货币市场中大多数的利率品种都已经实现了市场化），于是造成了我国的同业拆借利率还未成为货币市场基准利率，未能充分实现其市场参照功能，这也反映出我国同业拆借市场与发达国家同业拆借市场的差距。

四、监管体制不完善

同业拆借市场是一个无担保的信用交易市场，因此对其的监管要求更高，但我国对同业拆借市场的监管体制不健全已在一定程度上制约了我国同业拆借市场的有序、健康发展，其问题主要表现在两个方面：

一是缺乏有效的监管框架及专业监管人员。目前我国对同业拆借市场的监管主要以中国人民银行的行政性监管为主，而中介机构的监管和交易成员的自律性监管机构尚未形成。不仅如此，当前中国人民银行分支行监管货币市场的岗位，基本上都设在货币信贷管理处，专门从事对同业拆借市场监管工作的人员紧缺

与此同时，2004年中国人民银行进行职能拆分时绝大部分的监管人员被划进了银监会（局），这也加剧了同业拆借市场专业性监管人员不足的矛盾。

　　二是相关法律法规不健全。我国从1984年到现在有十几部法律、法规和相关管理办法对同业拆借市场作出过规定，但这些相关的法律法规却存在着以下问题：一是法律法规操作性差，如对于同业拆借市场中可拆借资金概念的界定，目前我国规定指的是市场参与主体手中的闲置资金，但对于什么是闲置资金却无进一步明确规定。而对于拆借资金的使用，现行法规也只做了泛泛规定，实际上给金融机构违规使用拆借资金留下了法律漏洞。二是管理政策缺乏前瞻性，政策间相互不衔接。

第四节　中国同业拆借市场发展前瞻

一、同业拆借市场的功能分析

　　1. 同业拆借市场为商业银行提供了头寸调剂和准备金管理的工具。一方面同业拆借市场为准备金不足的银行和其他金融机构提供了快速而低成本的弥补准备金的途径；另一方面它也为有超额准备金头寸的银行和其他存款机构提供了有利的投资机会，减少了资金的闲置，提高了资产的盈利水平。从而使得商业银行得以在不影响其支付能力的前提下，以较少的准备金量支持较大的信贷量，有利于实现利润最大化和风险最小化的经营目标。

　　2. 同业拆借市场利率能够及时反映货币市场资金供求变化。同业拆借市场利率因其由市场化的运作机制所形成，因而最能反映出金融机构头寸或银根的松紧程度，作为金融市场最重要的基准利率之一，这一利率的变化也成为央行调整货币政策的重要参考指标。

　　3. 同业拆借市场在央行货币政策的实施中发挥着核心作用。众所周知，一般性货币调控的"三大法宝"分别为法定存款准备金率、公开市场操作和再贴现率。而同业拆借市场及其利率作为中央银行实施货币政策的重要传导机制表现如下：当中央银行以抑制社会总需求扩张、通货膨胀作为当前货币政策的主要目标时，就可以通过调高存款准备金和再贴现率，在公开市场上大量卖出政府债券，使同业拆借市场银根抽紧，利率上扬，进而带动其他利率相应上升，通过利率杠杆达到抑制信贷需求、投资需求及消费需求，缓解通胀压力。如果中央银行将刺激社会需求，刺激就业和经济增长作为当前货币政策的主要目标时，则采取与之相反的操作过程。

4. 同业拆借市场为所有的货币市场交易提供了高效率和低成本的结算机制。除了保持商业银行的流动性外,存款准备金还是商业银行间清算的需要,准备金的清算功能最早产生于英国。

现在,在世界上许多发达国家,现金的流动都是通过银行与其他金融机构在中央银行的准备金账户进行转账清算的。不同银行和金融机构之间资金调拨也大都是通过它们在中央银行的准备金账户进行结算。即使使用私人银行机构经营的电子支付系统,在交易各方结清债权、债务后,最终净额的支付也必须通过各银行和非银行金融机构在中央银行的准备金账户来转账。同业拆借市场已成为各金融机构从事各项货币市场交易的清算途径。

二、中国同业拆借市场在金融体系中的作用

1. 中国同业拆借市场早期功能的异化。在同业拆借市场发展的不同阶段,其主要功能有所不同。我国同业拆借市场发展初期功能并不是短期融资和流动性管理,相反,它成了将资金从国有银行拆出,以用于中长期信贷市场的渠道。因此可以说早期的同业拆借市场实质上担当了部分资本市场的功能。

如前所述,1985年,中国人民银行正式允许专业银行彼此间拆借资金。在早期的同业拆借市场中,国有金融机构资金充裕,面对经济发展对资金的渴求以及货币当局信贷资金计划的约束,基于自身利润最大化的需求,通过拆借这种方式,以便绕过货币当局对贷款规模、投向及方式的种种限制。中国同业拆借市场发展的初期,由于缺乏其他货币市场与资本市场工具,拆借主要不是准备金管理的工具,而是成为调剂金融机构间中长期资金余缺的手段。

1993年前后,同业拆借市场的操作一度出现极大的混乱,主要表现为信托投资公司从商业银行拆入资金,并将拆入的短期资金进行证券投资和房地产投资,此举直接导致当局对拆借市场的清理,综上所述,我国的同业拆借市场从一开始便显示出与市场经济国家极不相同的异化特征。事实上在相当长的时期中,同业拆借市场作为一种"准"正规金融活动,同时承担了货币市场和资本市场的功能。应当说,这种状况是在政府对全社会金融活动进行严格控制的背景下,市场力量努力冲破金融管制的反映(李扬,彭兴韵,2001)。

2. 中国同业拆借市场功能的初步发展。1996年7月1日起,中国同业拆借市场推出了1天(隔夜)的拆借品种,自此交易期限结构有了极大的改变。自1997年开始,隔夜拆借和7天拆借稳步增加,后者已成为当前拆借市场的主导品种。而长于7天的其他拆借活动不断下降,特别是30天及以上的拆借如今已经基本达到了可以忽略的地步。

同业拆借市场中交易期限结构的短期化充分说明，随着资本市场和货币市场的进一步规范化，随着两大市场之间的进一步协调，中国的同业拆借市场已经摆脱了诸如为经济发展筹集长期资金等的责任，成为金融机构调节头寸、取得短期收益、平衡风险的重要场所。

此外，中国同业拆借市场发展还反映在同业拆借利率机制方面。2007年1月4日，中国人民银行正式公布报价制基准利率——上海银行间同业拆放利率。2007年8月6日《同业拆借管理办法》实施后，拆借利率波动加大，同业拆借利率经历了多次快速起落，远高于之前的平均波动幅度，说明其敏感地反映了市场短期流动性变化，对于宏观调控政策、资本市场变化、社会公众预期等因素的反应更合理迅速，同业拆借利率作为货币市场重要信号的功能得到不断的完善。

三、中国同业拆借市场发展的展望

纵观各国同业拆借市场的发展历史，其发展模式大体有两种：一种是基于市场需求和市场调节机制的"自然演变"式，如美国等多数发达国家，此模式虽需时较久，但一般都能保持较稳定、持续的发展态势；另一种是在市场基础尚不完善的情况下，政府采用各种有效措施来积极培育同业拆借市场的"政府推进"式，如大多数发展中国家。由于我国当前货币市场的发展还不成熟，盲目遵循"自然演变"模式显然不可行，在中国同业拆借市场的建设中应该即发挥政府的主导功能，同时发挥市场自主功能。具体来说应在以下几方面着手：

（一）完善同业拆借市场交易机制

1. 交易主体应进一步多元化。目前我国同业拆借市场的成员已经涵盖了国内的所有银行业金融机构和绝大部分非银行金融机构，但对于外资的非银行金融机构却有严格的限制，同时对外资银行也并非全面开放。但事实上，交易主体是同业拆借市场交易机制的基础，只有参与主体更广泛，市场才可能具有高度的流动性，市场运行效率也能得到提高。

就目前而言，外资金融机构在国内经营需要大量的人民币支持，而它们的人民币资金来源有限，因此对进入同业拆借市场有强烈的需求；同时大量的小型金融机构、政府和企业在其他金融市场上无法得到的短期融资需求也应得到重视。因此我国未来的同业拆借市场应适应社会经济的发展需要，允许更多的金融机构直接或间接进入这个市场，在不断扩大同业拆借市场的规模和覆盖面的同时也能为完善同业拆借市场交易机制打下基础。

2. 扩大同业拆借市场拆借币种。同业拆借市场拓宽拆借币种有助于进一步活跃市场交易，扩大市场的深度和广度；同时，随着拆借市场外汇交易品种的增加，交易量的扩大，有利于培育国内外汇市场，为进一步发展外汇市场，调整外汇政策创造条件；同业拆借市场拓宽拆借币种能够增加市场需求，减轻人民币升值压力。拆借币种的多样化，必将增加交易主体对外币的需求；同业拆借市场外币价格的形成及趋势，将会对银行间外汇市场的价格产生影响，有利于进一步完善人民币汇率的形成机制。

3. 完善市场经纪人制度。货币经纪作为资金供求双方的中介人，对同业拆借市场起着润滑剂的作用，对小银行和非银行金融机构的需求更有举足轻重的作用。我国的货币经纪业务还处于启动阶段。货币经纪公司数量过少，在同业拆借市场中远远没有发挥出相应的效用。因此应进一步完善货币经纪人制度：首先，可以通过设立专门的同业拆借市场经纪人培训及考试等方法，培育我国自己的专业经纪人；其次，应进一步规范经纪人市场，培育自主经营、自负盈亏的同业拆借市场专业经纪机构，在保证其独立的法人资格的基础上，割断经纪公司与金融机构和地方政府之间的联系。

4. 健全代理行制度。目前我国同业拆借市场交易主体严重单一且不对称，大银行无论是交易金额和活跃度都远远超越其他中小银行和非银行金融机构，由此不仅造成供需双方信息严重不对称，一方面降低交易效率，另一方面又会使市场的资金价格偏离真实价值。因此应当鼓励大型商业银行利用其较高的信用和网点分布广的优势开展代理业务，一方面可以增强大银行的表外业务的收入，另一方面使中小金融机构进入同业拆借市场交易，活跃市场。

（二）完善监管机制

1. 加强监管合作，提高监管合力。我国目前金融业采用的是"三会一行"[①]的监管机制，而同业拆借市场目前是由中国人民银行集中统一管理的。但是由于目前市场中参与成员包括商业银行、证券公司等多种金融机构，因此对于同业拆借市场的管理也不可避免地需要各监管机构之间的合作。具体来说应由中国人民银行牵头制定颁布同业拆借市场的各项相关政策法规，同时积极加强同银监会、证监会以及保监会的协作，发挥中国银行业协会对同业拆借市场的自律性管理的作用，在此基础上形成共同协作又各司其职的良性合作关系，探索同业拆借市场的监管协调机制与定期工作通报机制，对高风险金融机构和具有系统性影响的金融机构联合实施动态监测和预警，加强信息披露和信用评估，提高监管效力，防范同业拆借市场风险。

---

① "三会一行"，指的是证监会、保监会、银监会及中国人民银行共同对我国金融业进行监管的机制。

2. 培育市场化主体，增强内部风险防控。市场化的主体是同业拆借市场健康正常运行的基础，只有市场主体具备真正的自律意识，有较强的风险控制意识才能从根本上杜绝非理性的竞争，促进市场的健康稳定发展。因此我国同业拆借市场交易主体应着力于完善金融机构企业制度。

首先，要健全公司治理结构，改革经营管理机制，明确银行所有者与经营者之间的责、权、利关系，建立起自主经营、自负盈亏、自担风险，自我发展的现代企业经营机制；其次，转变银行的经营理念，建立风险控制下，利润最大化的管理思路，从粗放经营向重效益的集约化经营转变；最后，政府应建立起市场竞争机制，严格市场准入和退出机制，在防范金融风险的基础上解除不必要的价格管制，使市场发挥作用。构建自身的内控机制，完善授权授信的管理体制，实现金融机构前台交易和后台监控的制度化。

（三）进一步推动同业拆借市场利率市场化进程

1. 利率市场化的含义。利率市场化是指中央银行放松对商业银行利率的直接控制，把利率的决定权交给市场，由市场主体自主决定利率，中央银行通过制定和调整再贴现率、再贷款率以及公开市场买卖有价证券等间接调控手段，形成资金利率，使之间接地反映中央银行货币政策的一种机制。简言之，利率市场化是指由资金市场的供求关系决定利率水平，使货币市场利率能够充分发挥利率的信号作用和杠杆作用。

2. 利率市场化改革的进程的设想。我国自2007年正式公布上海银行间同业拆借利率之后，同业拆借市场利率已基本实现了市场化。这为中国以利率作为中介目标的货币调控机制的改革奠定了良好的基础，今后应进一步理顺各类利率的关系，加强货币政策工具的传导效应。具体而言就是理顺中央银行的利率关系，理顺中央银行利率与商业银行利率之间的关系，理顺商业银行各类利率之间的关系，理顺商业银行利率与货币市场利率、资本市场利率之间的关系。

3. 改革存款准备金制度。存款准备金利率只是经济转型中的一个过渡性利率政策工具，是基于"统存统贷"信贷资金管理模式的管理制度。在发达市场经济国家，存款准备金更多的是作为央行为商行提供清算服务的保证金和商行缴纳给央行的风险保证金，因此中央银行对存款准备金一般不付利息或支付很低的利息。为顺应国际潮流，我国商业银行的存款准备金制度改革应从以下几方面着手：

一是完善中央银行的支付清算系统，改革商业银行总分行制，减少商业银行分支行因支付清算需要而保有超额准备金的动力，在此基础上，最终将法定准备金和超额准备金合并；二是逐步调低直至取消准备金利率，以促使商业银行减少超额准备金。增加其利用货币市场调节头寸的动力,同时通过降低商业银行准备金乃至取消商业银行在中央银行准备金存款的利率,也有利于完善中国货币政策的传导机制,使货币市场利率能够更好地传导中央银行货币政策的意图,从而为中国货币调控机制从以货币供应量为中介目标,向以某一货币市场利率为中介目标转变奠定基础;三是在条件成熟时,逐步取消法定存款准备金制度顺应国际潮流。

第四章

中国票据市场的发展

票据市场是以商业票据为媒介所形成的金融交易市场，是货币市场中与实体经济密切相关的子市场。票据除了具有结算、汇兑、支付等功能外，还具有短期资金融通的功能。中国的票据市场发展40余年，已形成了一定的规模和格局，也存在着诸多缺陷，这些问题的存在与中国商业信用的缺失、相关法律的缺陷、交易和运行机制的缺陷以及政府在市场管理方面的不完善有着直接的关系，这些因素不仅制约着中国票据市场的发展也对货币市场整体的协调发展和市场经济体制的健全产生不利影响。

第一节 票据市场运作概述

一、票据的定义及功能

（一）票据的定义

票据有广义和狭义之分：广义票据泛指一切有价证券和各种凭证，包括汇票、本票、支票、股票、仓单、提单、债券（政府债券、金融债券、公司债券等）等。狭义票据是指出票人无条件约定自己或委托第三者见票时，或者在确定的日期向持票人支付一定金额的有价证券。

根据《中华人民共和国票据法》（以下简称《票据法》）的规定，票据主要包括汇票、本票和支票等三大类。

汇票涉及出票人、付款人（债务人）和持票人（受款人）等三方基本的当事人，它是由出票人向付款人签发的要求即期或定期无条件支付一定款项给受款人的支付命令。按照出票人不同，汇票可分为银行汇票和商业汇票，前者是由银行签发并由银行担当付款人的汇票；后者则是企事业单位等签发的，委托付款人在付款日期无条件支付确定金额给收款人或持票人的一种汇票。根据到期日不同，商业汇票还可以分为即期汇票和远期汇票，由于承兑人主体的不同，商业汇票可以相应划分为商业承兑汇票和银行承兑汇票，前者是由银行以外的企事业单位等承诺支付的票据，后者则是由银行承诺支付的票据。

本票是由出票人签发的，承诺自己在指定日期或者见票时无条件支付确定的金额给收款人或者持票人的票据。在本票关系中只有出票人和持票人两个基本人，出票人即为付款人，自行承担付款，持票人即为受款人，到期接受付款。本票在本质上是出票人在一定时间、地点无条件支付一定款项的承诺书。因此本票同公司债券在性质上是一致的。根据出票人不同可分为银行本票和商业本票。商业本票是由工商企业或个人签发的本票，也称商业票据。我国《票据法》所称本票，是指银行本票。

支票是银行为付款人的汇票，就是出票人（即银行存款人）对银行（售票人）签发的，要求银行见票时立即付款的票据。

票据除按以上性质分类外，还可以按照有无真实的贸易基础分为交易性票据和融资性票据，交易性票据基于真实的贸易关系，一般为承兑汇票；融资性票据是依靠商业信用签发的短期融资工具，即商业本票，在国外也被称作商业票据。票据体系见图4－1。

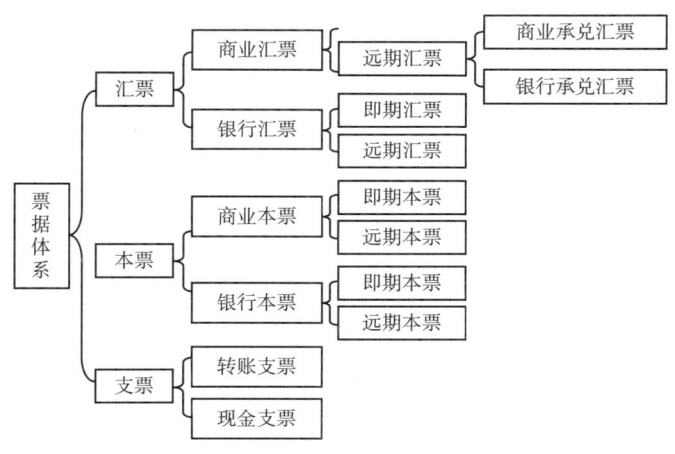

图4－1　票据体系构成

票据市场是短期资金融通的重要场所，广义上讲其交易工具应包括上述所有类型的票据，但在一般情况下，主要涉及的是远期商业本票和远期商业汇票两大类。

远期商业本票在国外称为商业票据，是指一种融资性的无担保证券。其发行人一般为信誉高、实力雄厚的大公司。由于发行期限非常短，投资者购买了商业票据后无须为流动性需要而进行频繁的交易，因此，商业票据市场一般只涉及公司发行的一级市场。

远期商业汇票市场则分为一级市场和二级市场。一级市场主要是商业汇票的承兑市场，通过承兑人对商业汇票的签章承诺，远期汇票作为一种由付款人和承兑人双重信用担保的凭证而产生。二级市场指的是商业汇票的交易市场，它涉及商业汇票的背书转让、贴现、转贴现以及再贴现等行为。所谓背书转让是指持票人通过在商业汇票背面以书面记载的方式，将汇票作为一种支付工具转让给另一方。在汇票付款人发生违约的时候，接受背书汇票的一方对背书转让的一方保持有追索权。贴现就是将未到期的商业汇票拿到银行变现的过程。而转贴现是指商业银行在需要资金时，将已贴现的商业汇票再向同业其他银行办理贴现的转让行为。再贴现则是指商业银行在需要资金时，将已贴现的未到期的商业汇票向中央银行贴现的票据转让行为。

（二）票据的功能

1. 支付功能。票据首先是一种支付手段，其支付功能是商业信用活动代替现金流通的一种体现。支付功能是票据的基本功能，是其他功能的前提和基础，企业利用票据的支付功能，解决经济循环中资金流的正常运转。

2. 流通功能。票据的流通功能是指票据可以通过背书转让充当信用货币进行流通的功能。从票据的产生看，它只是一次性付款的工具，不具有流通性，在背书转让制度产生后，票据才具有流通性。票据本身是权利的载体，由于债务具有可转让性，因而决定了票据的可转让性。

3. 结算功能。在商品交易活动中，票据作为货币给付的手段，可以用它在同城或异地的经济往来中，抵消不同当事人之间相互的收款、欠款或相互的支付关系，即通过票据交换，使各方收付相抵，相互债务冲减。这种票据结算的方式，和使用现金相比，更加便捷、安全、经济，极大地促进了国际贸易的发展。

4. 信用功能。票据是一种信用工具，票据的信用功能在商品和货币的交换活动出现时间上的不一致时，得以体现。例如远期汇票在商品赊销中的使用。票据信用功能的发挥需要良好的社会信用环境和相关法律法规的建立健全。

5. 投融资功能。就融资功能而言，随着票据市场的发展，一方面企业在流动资金不足时，常常通过签发商业票据得到短期资金，另一方面企业也可以通过出售持有的票据来获得资金，从而达到融资的目的。就投资功能而言，在发达国家（地区）的货币市场上，企业和个人可以直接或者通过货币市场共同基金间接地投资于商业汇票或者本票等工具，票据是货币市场中重要的投资对象。

二、票据理论制度的演变

在票据制度的发展史上,理论制度的演变实际上是"真实票据理论"向"票据无因性"原则过渡的一个过程。

"真实票据理论",也称"商业贷款理论",是传统的银行经营管理理论。该理论起源于18世纪英国经济学家亚当·斯密的《国富论》,主要观点是:为了保持充足的流动性并保证资金的安全性,商业银行只能发放短期的、自偿性流动资金贷款。所谓自偿性贷款是指工商企业用于购买原材料或库存商品,随着产销过程或商品周转过程的完成,从销售收入中产生自身偿还能力的贷款。为了保证贷款与商业周转或生产物资储备相联系,银行通常要求借款企业以真实票据作抵押,一旦企业不能偿还贷款,银行可以处理抵押的票据,以保证资金的收回。因此,这种理论又被称为"真实票据理论"。

无因性原则最早在罗马法学家萨维尼的著作《现代罗马法体系》中提出,起初主要指物权行为的无因性。由于现代票据制度是建立在票据流通基础之上的,没有票据的流通,就不会形成现代票据法律制度,因此形成了现代票据的主要特殊性质之一——"无因性"。所谓票据的"无因性",是指只要票据符合法定要件并依法取得,持票人就享有票据权利,至于票据行为发生的原因,既无须在票据上明确记载,持票人行使票据权利也不需要向债务人明示。可见,无因的"因"是产生票据权利、义务关系的原因,它在性质上属于包括原因关系在内的票据基础关系,一般包括出票人与付款人之间的资金关系或资金预约关系、出票人与收款人、背书人与被背书人之间的债权债务关系。票据法理论认为,票据无因性就是票据关系与票据基础关系的分离,即票据关系一旦形成其存在和有效与否,与基础关系的存在和有效与否无关。这就为融资性票据产生奠定了理论基础。

从票据法理的演变历史来看,大陆法系以法国法系为代表,以1807年《法国商法典》的有关规定和1865年《法国支票法》为基础,确立了票据关系与其基础关系不能分离、票据是证明其基础关系的契约的真实票据论特色。法国的这种旧票据主义对当时欧洲大陆各国票据法的制定与执行影响很大。希腊、波兰、土耳其、比利时、西班牙、葡萄牙、意大利等国都仿效法国票据法制定了本国的票据法。真实票据理论在西方发达国家早期的票据发展历程中发挥了重要的作用,建立在真实票据理论基础上的商业汇票有利于企业进行支付结算、融通资金,同时还可以增强票据流动性、降低风险。然而随着经济金融的发展,社会信用环境的改善,短期资金的供求不再局限于工商企业之间,依靠真实贸易背景的商业汇票有太多的限制,已经不能够满足短期资金供需双方的需要,真实票据理论的局限性也日益明显。在1844年英国关于银行立法问题的争论以及1845年、1847年解决英国支付危机的讨论中,真实票据理论遭到了严厉批判。尔后,这一理论就在理论界逐步淡出,在立法实践中被大多数国家摒弃。德国法系以1871年颁布实施的《德国票据法》和1908年《德国支票法》为基础,对票据的形式进行了严格规定,并将票据关系与其基础关系完全分离,首次在法理上确定了融资性票据的合法地位,随后以1882年《英国票据法》和1896年《美国统一流通证券法》为基础的英美法系也对票据关系与其基础关系的完全分离作了重申。1935年10月30日《日内瓦统一汇票本票法》实施以后,法国也以此为基础对本国票据法进行了修改,确立了票据无因性原则。至此,世界票据法理完成了由"真实票据论"到"票据无因性原则"(融资性原则)的演变。

目前,我国《票据法》规定的票据发行仍然沿用真实票据理论,该法第十条规定,"票据的签发、取得和转让,应当遵循诚实信用的原则,具有真实的交易关系和债权债务关系"。中国人民银行在票据的承兑(贴现)业务操作中,则将这一原则细化为承兑(贴现)申请人必须提交(与其前手的)增值税发票等足以证明该票据有真实贸易背景的书面材料。我国票据法中坚持票据的真实交易原则,是和票据法订立之前社会信用观念淡薄、信用秩序混乱的社会环境有关,在当时金融市场秩序未得到有效整治的情况下,坚持以真实的贸易关系为基础签发汇票还是有必要的。但是,随着社会信用体系的逐步健全,应该对商业本票的合法性进行立法规范,发展票据融资,充分发挥票据的功能。

第二节 海外票据市场的发展轨迹

一、英国票据市场

英国的票据市场是英国货币市场的主要组成部分,它以贴现市场为主,也是英国的中央银行即英格兰银行进行担保的唯一的货币市场,其历史悠久,起源于18世纪末。当时作为贴现行前身的票据经纪人起初只是在英国金融市场上买卖用于国内贸易的各种票据,后来,随着英国工业革命的兴起和对外贸易迅速发展,这些票据经纪人开始进行票据贴现业务。

英国的票据市场交易的工具包括商业性票据、短期政府债券和银行存款证等。其中商业票据又分为优良商业票据、银行承兑汇票、一般商业票据及其他票据。英格兰银行又将银行承兑汇票分为合格银行票据和非合格银行票据。合格银行票据是由英格兰银行认可的合格银行（一般是规模较大的英国银行或外国银行）承兑的汇票，这类票据可由贴现行向英格兰银行申请再贴现或者进行抵押贷款。非合格票据则是由规模较小的银行（即英格兰银行认可为合格银行以外的银行）承兑，英格兰银行对其再贴现申请要求通常不予办理。长期以来，贴现商业票据一直是贴现行的传统业务之一，商业票据在贴现市场上所占的比重在20世纪50年代只有6%，大大低于国库券的比重，不过经过几十年的发展，这一比重已经上升到90年代的70%左右。

英国票据参与者主要包括：贴现行、英格兰银行、清算银行、商人银行、证券经纪商号及承兑行等金融机构，这其中是以贴现行为主要交易主体。

英格兰银行作为中央银行，在票据市场中主要扮演着政府债券的发行代理人及贴现公司"最后贷款人"的角色，向贴现行提供再贴现和再贷款服务，适时介入市场并通过制定规则引导市场规范运行。

贴现行是英国金融体系中的独特机构，也是英国票据市场区别于其他国家票据市场的主要标志。贴现行在票据市场上居中心地位，也是唯一获得英格兰银行许诺作为其"最终贷款人"的金融机构。贴现行一方面从清算银行和其他金融机构取得活期贷款或短期贷款从事商业票据的贴现和买卖公债，成为票据市场的融资桥梁；另一方面将贴进的商业票据转售给商业银行或者向英格兰银行申请再贴现，成为中央银行与商业银行之间的缓冲器。目前伦敦贴现市场中共有7家贴现行，都是以有限公司的形式出现的。

商人银行即传统上的票据承兑行，主要是将自己的名字背书在票据上，利用自己良好的声誉为票据提供担保，保证票据到期一定能清偿。经承兑行承兑的票据不仅信用有了提高，而且更容易在贴现行获得贴现，同时贴现利率也比一般的商业承兑汇票低。

清算银行在英国零售银行中占据着主导地位，它一方面为贴现行提供有担保的活期贷款，满足贴现行开展业务的资金需求；另一方面也为工商企业提供贷款，多数是通过票据贴现方式，但现在有所改变。

在交易运行机制上，英国的贴现运行模式与其他发达国家有显著不同，简单来说：在贴现市场上，贴现行向商业银行借入短期资金，投资于短期票据或政府证券，其具体的操作过程是贴现行从一些商业银行购买商业票据，再将这些商业票据卖给一些手头有多余资金的银行或投资者。这些贴现行往往以低于借贷利率的价格买进商业票据，通过贴现率与借贷利率之间的微小利率赚取利润。由于贴现市场的交易额很大，因此其收益往往比较高。当贴现行需要资金时，它们可将证券或票据再卖给英格兰银行，或向英格兰银行再贴现或借贷。贴现行是英格兰银行作为最后放款者的唯一对象，英格兰银行对贴现放贷数量一般都能满足贴现行对资金的实际需要。所以说，英国贴现市场与平行货币市场的区别在于贴现市场的流动性有英格兰银行的保证。贴现市场通过获得英格兰银行的这种流动性保证反过来又保证了银行系统流动性的稳定性。在这种情况下，贴现行就成了票据市场的运行核心，贴现市场实际上也成为英格兰银行与其他商业银行之间的桥梁；同样英国贴现市场也就是英格兰银行向商业银行及其他投资者传导其货币政策的渠道。

正是由于英国贴现市场独特的运作过程，使其具有以下功能：提供资金融通机会，为短期流动资金投资提供出路，满足市场对短期资金的需要，帮助银行调节头寸，平衡市场银根和为英格兰银行实施政府的货币政策提供必要的场所等。

二、美国票据市场

美国的票据市场由银行承兑汇票市场和商业票据市场两部分组成。虽然市场的出现比英国票据市场形成得晚，但是经过多年的发展，已成为当今世界上最发达的票据市场之一，并且有着自己独特的运行特点。由于美国的国库券市场非常发达（它经营着几乎全部政府债券的交易），因此在票据市场上主要办理的是商业票据的承兑和贴现以及银行承兑汇票的贴现。

（一）美国银行承兑汇票市场

美国的银行承兑汇票是国际贸易中由进口商签发的付款凭证，目的是向进口商提供信用额度支持。这一市场是1913年根据美国《联邦储备法》的相关规定开展起来的。当时为了满足客户经营国内贸易和对外贸易融通资金的需要，在联邦储备银行积极扶持下，美国的银行承兑汇票市场获得了快速发展，在巅峰时期，它们为进出口融通几乎一半的资金。但自20世纪70年代后，联储认为承兑汇票市场已成熟到可以自己发展下去，于是逐步撤出对其的支持，此类交易开始下降，除80年代有短暂而微弱反弹外，美国银行承兑汇票市场逐步萎缩。

根据服务和用途不同，美国银行承兑汇票分为四种，即银行承兑的进出口贸易汇票、银行承兑的国内或国外运输汇票、银行承兑的国内或国外仓储汇票和银行承兑的国外银行签发的美元汇票。根据是否可以由美国联邦储备银行进行再贴现，银行承兑汇票又可以分为合格银行承兑汇票和不合格银行承兑汇票两种。合格银行承兑汇票可以由美国联邦储备银行进行再贴现，不需交纳准备金，例如，由银行承兑的进出口贸易汇票等；不合格银行承兑汇票不能从美国联邦储备银行获得再贴现，而且需要交纳准备金，例如，第三国承兑汇票和金融票据等。其中第三国承兑汇票是对外国货物运输或海外货物仓储提供融资的银行承兑汇票，包括银行承兑的国外运输汇票和银行承兑的国外仓储汇票。第三国承兑汇票是外国贷款人尤其是亚洲的进出口商利用美国的银行承兑汇票市场进行筹资的重要工具。金融票据由银行承兑，主要用来扩大发票人的短期信贷，与具体交易行为没有必然联系。

在美国发行的各类银行承兑汇票，期限通常是根据运输或货物的融资需要来决定的，一般不超过9个月，其中大多数期限为30～180天，其市场利率一般低于贷款利率。

就交易方式来看，美国银行承兑汇票市场采取场外形式的柜台交易方式，这是一个无形市场，市场参与主体有承兑银行、交易商和投资者。其中承兑银行是承兑汇票的付款人和承兑人，主要包括三种银行：一是商业银行，它们一般有自己的销售网络，不需要交易商的服务；二是地区性银行；三是外国银行的分支机构。承兑银行根据自己客户的利益来承兑汇票，并成为由它所承兑汇票的初级债务人。银行提供承兑服务的收益主要是手续费和承兑的折扣两种。另外，在美国银行承兑汇票市场上，大约有20家大银行作为交易商，例如，美林、雷曼兄弟等。这些公司在市场上起造市作用，买进卖出汇票，从中赚取差价。最后银行承兑汇票的投资者还包括：公司、其他金融和非金融机构、政府机构、个人以及各国中央银行，包括美国联邦储备银行等。

总的来说，美国银行承兑汇票市场的运行机制与其他国家的银行承兑汇票的运行机制并无太大差别。值得一提的是，美国银行承兑汇票作为一种货币市场工具，在过去很长一段时间以来都是作为美国联邦储备银行公开市场操作工具之一。但随着美联储对其支持力度的减少，现在美联储也相应减少了对银行承兑汇票的运用操作。

（二）美国商业票据市场

商业票据是一种以短期融资为目的、直接向货币市场投资者发行的无担保票据。目前美国的商业票据一般是由银行持股公司、信用较好的大企业和经营金融业务的非银行机构在公开市场发行的短期贷款期票。它是美国国内货币市场中主要的也是最古老的工具之一，是美国财务公司最主要的筹资方式之一。

在美国最初的商业票据是通过证券经纪人发行的，票据的发行人主要是纺织厂、烟草公司等工商业，购买者多为资金充裕的商业银行。19世纪中叶后，经纪人开始经营商业票据自营业务。他们从银行借入资金，买进商业票据，再以更高的价格卖出去，以赚取差价。市场最初都集中在纽约，后来逐渐向周边地区发展，到19世纪末就形成了美国全国性的商业票据市场。到了20世纪20年代，随着现代消费信贷,特别是汽车贷款的发展而产生的财务公司极大地促进了票据市场的发展。财务公司的主要业务是向零售商提供流动性贷款,或者收购零售商向消费者发放的分期付款信贷,以此获利。财务公司的主要资金来源就是依靠发行商业票据。最早发行商业票据的是美国通用汽车公司下属的财务公司——通用汽车票据承兑公司,之后大量的财务公司进入这一市场。

美国商业票据市场的真正繁荣是在20世纪60年代之后。当时美国经济面临通货膨胀,市场利率波动不定,而银行存款利率却因"Q条款"而受限,因此众多美国的企业和家庭将资产从银行转向金融市场以寻求更多的资产回报。由于商业票据的期限一般不长于70天,平均到期日在45天左右,因此对一些规模较大、信用质量很高的公司而言,商业票据是一个重要的、灵活的短期融资渠道,更重要的是相比银行贷款而言,商业票据的融资成本更低。在此背景下很多公司开始加大了商业票据的发行量。此后,随着这一市场的进一步发展,至20世纪80年代市场上出现了一种新的票据——信用支持票据,即中小公司或信用等级不高的公司借助于信用等级较高的公司给予的信用支持和资产支持票据(以高品质的资产为抵押,一般由非金融公司向商业发行主体SPV出售应收账款,SPV对该应收账款进行评估和设计,并以此为保证向社会投资者发行商业票据,这些一般不需要贸易背景)。此类票据与早期的商业票据单纯依靠商业信用的票据有很大的不同,由于有了资产为抵押,其信用增强,相应地,其利率也会相对较低。

目前美国的商业票据市场已成为仅次于国库券市场的第二大资金市场,也是国际上最大的商业票据市场,占据了全美国商业票据市场70%以上的份额,其中资产支持票据的发行规模更是不断攀升。根据美联储的统计,1995年发行在外的资产支持票据(ABCP)价值为1 010亿美元,总额占商业票据总额的15%,到2005年底,这一数据增加到9 260亿美元,年增长率约为25%,总额占比上升到56%,每年递增4.1个百分点。图4-2反映了美国市场现存ABCP的基础资产种类分布(截至2005年12月),可以看出,基础资产种类分布相当广泛。总体而言,住房抵押贷款、汽车贷款、债务抵押债券(Collateralized Debt Obligation,CDO)以及应收账款的比重较大。2006年底ABCP价值9 812.81亿美元,相应占比56.37%。

此外按照发行人的不同,美国商业票据市场的商业票据也可以分为金融性商业票据和非金融性商业票据两种。金融性商业票据的发行人主要从事商业、储蓄和质押业务、代理、金融租赁和其他商业借贷、担保背书以及其他投资活动。而非金融性商业票据的发行者,包括公共事业单位、交通运输业、制造业和工商企业等。2002年3月,美国商业票据市场上1.4万亿美元的商业票据,其中87%

属金融性商业票据，只有13%是非金融公司发行。

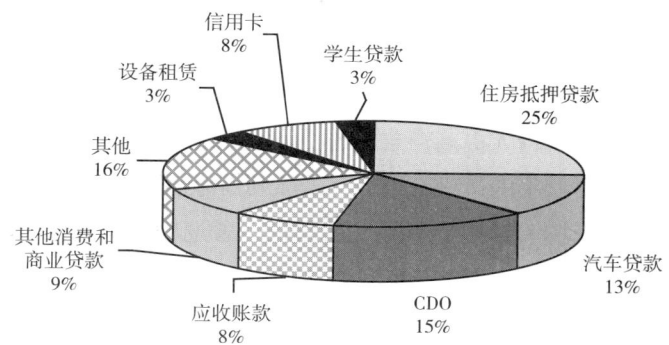

图4-2 美国资产支持票据（ABCP）基础资产种类及比例

资料来源：标准普尔（Standard & Poors）。

美国商业票据市场中的商业票据期限一般为1~270天，但绝大多数不超过30天，超过80天的更少。270天以上的商业票据，其发行需要向美国证券管理委员会办理登记，故发行量很小。通常情况下，商业票据的面额至少为10万美元。商业票据的利率有以下特点：一是随行就市。利率水平通常由市场供求情况、商业票据面值大小、期限、发行人资信、银行信贷资本以及交易费用等主要因素所决定；二是利率较低，通常低于银行贷款利率；三是报价以贴现方式为基础。

美国的票据市场属于兼营模式，没有票据专营机构，而是由银行和证券公司等机构兼营票据市场业务。商业票据的发行与销售可以直接发行（由发行人自己组织发行，采用这种方式的公司一般是金融性企业或自己有附属机构的企业。这种方式的好处体现在：一是可以节省发行成本；二是便于灵活调整发行的数量、利率和期限）或间接发行（由交易商代理发行）。就目前来看，美国的商业票据发行主要采用交易商代理发行。交易商在代理发行时，会先分析、考察和评估发行人的信用状况，再行定价，通常发行者的资格参考是由信用评级机构如标准普尔和穆迪公司的评估报告作出。因此这种间接发行的机制也有助于将一些信用较差的借款者摒除。由于商业票据的期限一般在270天以内，且信用等级较高，多数投资者是持有至到期，所以美国商业票据的二级市场并不活跃。其交易采用询价交易方式，是场外大宗交易市场，小额投资只能通过投资于货币市场共同基金来间接参与商业票据的投资。

与其他货币市场的交易工具相比，美国商业票据的优点是显而易见的：一是成本低，其发行成本通常低于银行短期借贷成本。据有关资料分析，美国公司利用商业票据集资，利息成本可以比美国优惠利率为基础的利息平均低2.3%，可以比URIBOR为基础的利息低0.67%。融资成本低已成为美国商业票据市场与欧洲货币市场能够抗衡的一个主要原因。二是资金来源多元化。借款人可以通过商业票据市场获得广泛的资金来源，避免过分依赖少数商业银行和投资银行，资金多元化是分散风险的一项重要保证。三是资金使用灵活。根据发行人和交易商的协议，在约定时期内发行人可以不限次数及不定期地发行，以满足自身短期资金需要。四是有助于发行人提高声誉。作为无担保借款，能够在市场上成功地出售商业票据是对公司形象的最好证明。五是商业票据不是以商品交易为基础而签发的，而是为了从市场上直接筹资签发的票据，普遍使用信用保证或资产保证的形式，因此受到许多财务状况好，信用等级高的公司的欢迎。

三、日本票据市场

同英美相比，日本的票据市场起步较晚。票据市场是日本短期资金市场的重要组成部分，其主要业务活动是票据贴现交易，对象也主要是各种商业票据和政府短期债券。

日本票据市场上主要有两种票据，分别是期票和银行承兑汇票，期票类似于英美国家的商业票据，是借款人开出的以自己为付款人，银行为收款人的一种票据，用于向银行申请票据贷款，银行以票据贴现的方式进行贷款。商业银行持有这种期票又可再向日本银行再贴现或贷款。期票一般期限为2周至9个月，企业发行票据之前必须由评级机构确认有无发行资格。日本国内市场的商业票据发行量增长十分迅速，自1987年11月建立以来，已逐步成为世界上第三大商业票据市场。在日本，企业发行商业票据是采用间接方式，即通过金融机构及证券公司销售，而在流通市场则是由指定的金融机构和短资公司经营，商业票据的主要投资者为商业银行，一般情况下占到50%以上，其次为投资基金、工商企业等。

日本票据市场中的银行承兑汇票是从事国际贸易的大企业签发并经其主办银行承诺兑付的商业票据，以日元计价。为了扩大本国商品的出口，增强国际贸易中的竞争力，日本实行"出口贸易制度"和"外汇期票借款制度"，使出口商能够及时获得承兑汇票贴现的优惠贷款，此举对日本的出口贸易增加作出重要贡献，但是随着商业票据的发展，日本的银行承兑汇票交易规模出现缩小的趋势。

与英美相比，日本票据市场有着以下特点：

1. 日本期票与银行的贷款管理密切结合。日本的期票属于无真实贸易基础的融资行为，一般由信用好的大企业在需要资金时签发。但其运作方式与美国不同，美国的商业票据是直接向投资者发行或通过经纪人向投资者发行，而日本则把票据的承兑与贴现作为贷款管理的主要内容，与银行的贷款管理密切结合。

2. 日本票据市场与其他各货币市场子市场的利率水平不一致。英美两国的货币市场中，由于各子市场相互联系，参与交易的主体同时在几个市场进行交易活动，中央银行直接干预较少，因而各子市场利率趋于一致。日本则不同，同业拆借市场、票据买卖市场的利率比较稳定，长期属于管制利率范围，利率缺乏弹性；而日元可转让存单市场、债券回购市场、日本银行承兑汇票市场的利率由市场供求关系决定，利率水平较高。造成这种现象的原因，首先是日本对货币市场各子市场的参与者有不同的要求和限制，货币市场交易主体一般不能同时在几个子市场进行交易活动；其次是日本中央银行对货币市场各子市场的干预程度不同。但是，随着日本金融自由化的进展和公开性的不断加强，货币市场利率趋于一致的趋势也正在增强。

3. 日本中央银行对票据市场的参与程度较高。日本中央银行通过再贴现传导货币政策的作用较为明显。中央银行一方面通过贴现市场，买卖各种票据，控制货币供应量；另一方面以再贴现为主要方式，对民间提供间接信用，促使以经营短期信贷为主的商业银行将票据贴现作为一种主要的放款形式。同时日本银行利用同业拆借市场利率与日本银行再贴现利率之间的联动关系，通过调低调高再贴现率，影响拆借市场利率的趋势，进而影响和控制经济运行体系中的货币供应量。

四、海外票据市场的经验总结

海外票据市场经过200多年的发展形成了完备的市场体系，在其发展过程中也有相似之处，值得我国借鉴。

1. 市场经济的充分发展。发达国家的票据市场都有良好的市场经济水平和健全的市场经济体制。除此之外完善的监管和相对健全的社会信用体制也是票据市场健康发展的良好保证。这是因为市场经济的充分发展才能形成有效运行的票据市场，同时也为央行通过再贴现等货币政策调节经济提供有效的条件。

2. 利率市场化，为央行货币政策的实施提供的市场基础。美国在1980年通过了《解除存款机构管制与货币管理法案》，该法案的主旨是修改或取消原有的利率限制，目前美国金融市场发展完善，利率市场化程度很高。英国则早在18世纪初期就形成了以英格兰银行贴现率为中心利率的集中控制利率体系。目前，英格兰银行既不公布贴现率，也不规定贷款利率，完全放弃了利率管制，彻底实现了利率市场化。

3. 参与主体多元化。发达的票据市场通常呈现出较高的开放性，既允许合格的外国金融机构、外国政府、企业和居民成为票据市场的参与者，同时也鼓励本国银行、金融机构、企业等积极参与国际票据市场的竞争。在美国，居民和非居民在票据市场上可以享有同等的待遇，所有合格的机构和个人都可以参与商业票据和银行承兑汇票的交易。英国和日本票据市场的交易机制则有所不同，它们都设立了专门经营商业票据的承兑、贴现机构，如英国的贴现所，日本的短资公司，也允许其他机构如商业银行、机构投资者入市交易，但都有较为严格的市场准入规定。这些专业中介机构促进了商业票据市场健康、有序的发展，提高了票据市场的运作效率。

4. 金融创新引致票据的多样化。发达国家票据市场的交易工具，基本上可分为融资类的商业票据和以真实贸易关系为基础的银行承兑汇票等两大类，而就现状来看商业票据市场发展的速度远远超过银行承兑汇票市场。不仅如此，随着市场经济的发展、票据市场的深化、信用健全和交易主体的融资需要，票据市场上为满足交易需要的票据品种和新颖的交易方式大量涌现。如美国用以提高票据信用等级的信用支持票据、资产支持票据；为方便发行主体筹集资金的"票据发行便利"；为加速票据在二级市场流通的票据拆分与整合的台湾票据市场的"电子支票"等。如此多样化的票据形式，不仅满足了不同投融资者的需求，吸引了大量的市场参与者，也促进了票据市场的进一步发展。

5. 风险防范和监管制度较为完善，保证了市场的规范运作。尽管各国由于金融法律环境及演进的差异，对商业票据的监管法律框架存在明显的差异性，但发达国家一贯注重对票据市场的监管，以美国为代表的市场主导型的国家一般将商业票据视为证券，由证券监管部门进行管理，如美国规范票据的文件是《1933年证券法》而监管部门则是美国证监会（SEC）；而英国的相关文件是1995年推出并于2001年修订的《证券公开发行管理条例》，监管部门是金融服务管理局。以日本为代表的银行主导型的票据市场，商业票据被视为货币市场工具，因此监管主体是央行——日本银行，而其依据的法律文件则是《证券交易法》。不仅是监管的法律主体明确法律依据完备，发达国家对票据市场发行主体、信用评级与信息披露、投资者行为等都有较完善的监管体制。特别是进入21世纪后，美国太平洋燃气和电力公司等能源企业违约事件爆发以后，各国更是加强了对票据市场的监管，尤其是对融资性的商业票据的信用评级、机构投资者投资行为的规范以及证券市场信息披露要求都更趋严格。这些措施都为票据市场的发展提供了有力的保证。

第三节 中国票据市场的发展运行轨迹

在中国使用票据的历史最早可追溯到先秦时期，完整意义上的票据则出现在唐宋时代，当时产生了纸币和票据，票据市场逐步发展至清末，资本主义国家将西方的票据制度引入中国，通过与外商银行的业务往来，旧中国的钱庄票据已开始向现代票据形式过渡，旧中国的票据市场已经有了规范的法律规定及票据交换所和多家票据承兑所，并形成了以上海市为中心的具有一定规模的票据市场。

但是新中国成立以后，"社会主义改造"的运动终止了票据市场在中国的发展。直到改革开放之后，我国才逐步开始对票据市场恢复发展。但是同发达国家不同的是，中国票据市场的主要品种是银行承兑汇票，这单一的发展模式显然是在我国商业信用极不发达、市场存在许多缺陷以及监管当局施加了过多限制的背景造成的。

一、我国票据市场发展的历史

（一）票据推广使用阶段（1982~1994年）

这一阶段，是新中国票据市场的探索和起步阶段，也是中国票据市场制度变迁的重要阶段。自1979年改革开放后，随着商品经济的发展，商业信用的重要性逐渐凸显，我国开始对票据市场进行建设，在此阶段主导力量是中国人民银行、中国工商银行和国有企业。

1981年，中国人民银行上海分行开始着手研究票据贴现问题，同年2月，洋浦和黄浦两区的办事处合作试行了第一笔同城商业承兑汇票业务。随后，中国人民银行上海徐汇区办事处和安徽某县支行合作试办了第一笔异地银行承兑汇票贴现业务。同年10月，徐汇区办事处和安徽天长县支行试办了跨省的银行承兑汇票的贴现业务。1982年5月，中国人民银行总行批复了上海市分行提出的关于恢复票据承兑贴现业务的请示报告，并在同年5月决定在重庆、沈阳、武汉等城市试行。1984年12月，中国人民银行在总结试点经验的基础上，颁布了《商业汇票承兑、贴现暂行办法》，并决定从1985年4月在全国范围内开展这项业务。

1986年4月，中国人民银行和工商银行联合颁布《关于实行商业汇票承兑贴现办法清理拖欠货款的通知》，来整治企业之间拖欠货款、占用资金严重的状况，并在北京、上海、天津、广州等城市开展商业汇票承兑、贴现办法清理三角债，同时允许各银行对工商企业进行票据的转贴现业务。同年，中国人民银行颁布了《中国人民银行再贴现试行办法》，正式开办了再贴现业务，以推动商业票据的推广和贴现业务的发展。1988年，中国人民银行改革了银行结算制度，取消了银行签发汇票必须确定收款人和兑付行的限制，允许一次背书转让，试办银行本票业务。

1989年4月1日，依据中国人民银行发布的《关于改革银行结算的报告》，制定了新的银行结算办法，确定了以汇票、本票、支票和信用卡为核心的"三票一卡"的银行结算制度，把商业汇票作为企业贷款清算的一种工具。到了 1990 年底，全国共签发商业承兑汇票 37.9 万笔，金额为 507 亿元；签发银行承兑汇票 57.7 万笔，金额为 1 716 亿元；银行办理承兑汇票贴现 24.8 万笔，金额为 804 亿元；银行间办理转贴现 1 159 笔，金融为 2.7 亿元；中国人民银行办理再贴现 3 万笔，金额为 187 亿元。整个票据承兑贴现市场，到 1990 年累计融通资金 32 167 亿元，相当于 1990 年国家银行贷款余额的 21.2%，相当于当年 GNP 的 18.2%。但是这种繁荣并不能掩盖信用秩序的混乱状况，在 90 年代初期，企业之间的三角债问题日益严重，为此 1992 年国家和中国人民银行投入了大量的清欠资金，但是效果不佳。在这一阶段，大家都认识到加强商业信用票据化和法规化的重要性。

1993 年 5 月中国人民银行发布了《商业汇票办法》对票据市场进行强制性制度改革。1994 年底，为了解决一些重点企业之间互相拖欠、资金周转困难的问题，有关部门提出在"五行业、四品种"（煤炭、电力、冶金、化工、铁道、棉花、生猪、食糖和烟叶）的购销环节使用商业汇票，开办票据承兑授信和贴现、再贴现。至此票据业务才真正开始有所发展。

（二）票据市场的制度建设阶段（1995~1999 年 9 月）

1995 年 5 月 10 日，八届人大第十三次会议通过了《中华人民共和国票据法》，并于 1996 年 1 月 1 日正式实施。该法的颁布和施行，对规范票据行为，保障票据活动中人的合法权益，理顺社会主义市场经济条件下的各种信用关系，促进票据承兑和贴现市场的健康发展，都具有重要意义。同年，中国人民银行颁布《关于进一步规范和发展再贴现业务的通知》，明确提出通过推广使用商业汇票改善金融服务的想法。此后 1997 年颁布《票据管理实施办法》《对国有独资商业银行总行再贴现办法》《商业汇票承兑、贴现与再贴现管理办法》，1998 年颁布《关于改进和完善再贴现业务管理的通知》。这一系列法律法规的制定标志着我国票据市场制度的完善。

（三）票据市场快速发展阶段（1999 年 10 月至今）

随着法律法规的不断完善，中国的票据市场也取得了快速的发展。商业银行对票据业务的重视程度明显加强，2000 年 11 月 9 日，国内首家真正意义上的票据专营机构——中国工商银行票据营业部在上海成立。此后，中国银行、中国建设银行先后成立"票据中心""票据贴现窗口"等。市场交易量急速上升，票据市场成为金融市场中成长最快的子市场之一。2000 年，全年票据累计签发量为 7 445 亿元，票据累计贴现 6 447 亿元，2008 年这两个指标值分别为 71 000 亿元和 135 000 亿元。2003 年 6 月 30 日，"中国票据网"作为全国统一的信息系统服务平台正式推出,为全国统一票据市场的发展提供了必要的平台,仅截至 2004 年底,票据网就已经拥有 1 027 家成员。2003 年 11 月 7 日,中国工商银行编制的"工银票据价格指数"正式对外发布,该指数的推出有利于全面、准确、及时反映票据交易的总体价格水平和变化趋势,有利于为中央银行和各商业银行、票据业务机构提供票据利率趋势信息,有利于推动票据市场实现集中交易。2005 年 7 月 8 日,中国农业银行票据营业部经中国证监会批准在上海正式开业,成为全国第二家票据专营机构,这意味着我国票据市场专营机构的雏形已经形成。

2005 年 5 月,中国人民银行在总结经验教训的基础上,颁布了《企业短期融资券管理办法》,重新启动了短期融资券的发行工作。只是我国短期融资券市场由于某些原因,并没有在票据市场上发行,而是由我国央行主管,并作为债券的一种在债券市场上发行,由证监会负责监察。本书之所以将短期融资券也算在票据市场的组成中,是因为短期融资券实际上就是国外的商业票据,是指在公开市场发售的,无担保的,短期可转让的信用期票。短期融资券市场的建立标志着我国信用票据时代的开端,拓宽了企业短期直接融资的渠道,为我国金融市场日后的创新发展打下了坚实的基础。

2005 年 9 月,中国人民银行发布《关于完善票据业务制度有关问题的通知》,规范了交易性票据的运作,明确了风险管理的侧重点,进一步增强了票据的融资功能,促进了票据的流通。2006 年 11 月,央行出台了《关于促进商业承兑汇票业务发展的指导意见》,也为商业银行票据业务新一轮业务创新创造了有利条件。2007 年 6 月底,支票影像交换系统在全国推广完成,实现了支票全国通用,便利了企事业单位和个人的异地支付活动。中国票据市场进入了稳健发展的新时期,在金融市场中的作用和地位逐步加强。

二、我国票据市场的发展现状

我国票据市场经过 40 多年的建设和发展,在市场规模和基础建设等方面都取得了较大的突破,其发展呈现以下特点:

(一)市场规模迅速扩大

中国票据市场经过近 40 多年的发展,尤其是近些年中国人民银行大力发展商业票据市场等一系列政策措施引导下,商业票据市场规模迅速扩大。从表 4-1 中可以看到,自 1995~2008 年,我国票据市场的交易规模从 3 836 亿元增长到 206 000 亿元,增长了 53.7 倍。商业票据累计承兑量和累计贴现量由 2 424 亿元和 1 412 亿元增加到 71 000 亿元和 135 000 亿元,分别增长 29 倍和 95.6 倍;

2008 年我国未到期承兑余额与贴现余额分别为 32 000 亿元和 19 000 亿元,与 1995 年相比分别增长了 36.99 倍和 126.67 倍。票据市场的整体运行趋势呈现出超常规扩张的趋势。

表 4-1　　　　　　1995~2008 年我国商业票据发展增长情况　　　　　　单位:亿元

年份	累计承兑		累计贴现量		交易规模		未到期承兑余额		贴现余额	
	金额	年增长率(%)	金额	年增长率(%)	金额	年增长率(%)	金额	年增长率(%)	金额	年增长率(%)
1995	2 424	278.75	1 412	200.43	3 836	245.59	865	—	150	—
1996	3 898	60.81	2 264	60.34	6 162	60.64	1 285	48.55	505	236.67
1997	4 600	18.01	2 740	21.02	7 340	19.12	1 335	3.89	581	15.05
1998	3 841	-16.50	2 400	-12.41	6 241	-14.97	1 595	19.48	547	-5.85
1999	5 076	32.15	2 499	4.13	7 575	21.37	1 873	17.43	552	0.91
2000	7 445	46.67	6 447	157.98	13 892	83.39	3 676	96.26	1 535	178.08
2001	12 699	70.57	17 645	173.69	30 344	118.43	5 110	39.01	2 795	82.08
2002	16 139	27.09	23 073	30.76	39 212	29.22	7 347	43.78	5 200	86.05
2003	27 700	71.63	44 400	92.43	72 100	83.87	12 800	74.22	8 167	57.06
2004	34 000	22.74	45 000	1.35	79 000	9.57	15 000	17.19	10 000	22.44
2005	44 480	30.82	67 508	50.02	111 988	41.76	19 574	30.49	13 837	38.37
2006	54 300	22.08	84 900	25.76	139 200	24.30	22 100	12.90	17 200	24.30
2007	58 700	8.13	101 100	19.07	159 800	14.80	24 400	10.36	12 800	-25.61
2008	71 000	20.70	135 000	33.60	206 000	28.91	32 000	30.90	19 000	50.40

资料来源:国家统计局、中国人民银行网站。

(二) 银行承兑汇票的功能异化

如前所述,我国票据市场中的工具主要是银行承兑汇票,但是由于市场存在诸多的缺陷以及监管当局的过多限制,我国企业普遍缺乏其他短期融资渠道,导致在发达国家中以真实贸易背景为主的银行承兑汇票在中国却逐渐变成了一种融资性票据。由于我国《票据法》规定,票据交易必须以真实贸易和债券债务关系为背景,银监局对于票据的交易使用有专门的监控,商业银行在办理业务时也根据规定审查增值税发票和合同。因此理论上讲,票据累积承兑额和增值税收入理论上应该存在较强的相关性。但是,自 1995 年以来我国票据累积承兑额的增长速度远远超过了增值税的增长速度。其中票据市场累计签发商业汇票与国内增值税收入两者之间的比例逐年上升,见表 4-2,由 1995 年的 93.15% 增加到 2008 年的

394.51%。究其原因就是因为大量融资性票据伪装成有真实贸易背景的票据获得商业银行的承兑和贴现在市场上流通。这不仅说明我国票据市场上银行承兑汇票功能的异化,也折射出我国票据市场上急需发展融资性票据的现状。

表4-2　　1994~2008年我国商业汇票累计承兑量与增值税收入比较　　单位：亿元

年份	累计承兑量		增值税收入		
	金额	年增长率（%）	金额	年增长率（%）	承兑/税收（%）
1994	640	—	2 308.34	—	27.73
1995	2 424	278.75	2 602.33	12.74	93.15
1996	3 898	60.81	2 962.81	13.85	131.56
1997	4 600	18.01	3 283.92	10.84	140.08
1998	3 841	-16.50	3 628.46	10.49	105.86
1999	5 076	32.15	3 881.87	6.98	130.76
2000	7 445	46.67	4 553.17	17.29	163.51
2001	12 699	70.57	5 357.13	17.66	237.05
2002	16 139	27.09	6 178.54	15.33	261.22
2003	27 700	71.63	7 236.54	17.13	382.78
2004	34 000	22.74	9 017.94	24.62	377.03
2005	44 480	30.82	10 792.11	19.67	412.15
2006	54 300	22.08	12 784.81	18.46	424.72
2007	58 700	8.13	15 470.23	21.00	379.44
2008	71 000	20.70	17 996.9	16.33	394.51

资料来源：中国人民银行网站、财政部网站。

（三）区域性票据市场已具雏形

目前全国票据业务逐渐向经济发达、业务基础好、辐射能力强、金融机构较多的大中城市集中,以大中城市为核心的区域性票据市场已初步形成。其中上海、沈阳、重庆、天津、长春、大连、青岛、南京、武汉、成都等中心城市不仅票据业务率先发展,而且操作规范,背书交易比例高,业务量已经占到全国的1/2以上。区域票据市场的形成,为缓解中小企业融资难发挥了重要作用,对中心城市周边地区的辐射和带动作用明显,也对全国商业汇票业务的发展也能起到积极的示范作用和辐射作用。

(四) 票据专营机构成立，市场主体竞争多元化

目前中国的票据专营机构可以定义为：经中国人民银行正式批准的，专门从事商业汇票买卖和咨询等业务的金融机构。2000年11月9日，经中国人民银行总行批准，中国工商银行票据营业部在上海成立，并成为国内首家真正意义上的票据专营机构之后，中行、建行也先后成立了"票据中心""票据专营窗口"。近几年来，随着政策面的宽松，票据市场的交易成员逐渐多元化，目前已发展为包括国有商业银行、股份制商业银行、政策性银行、城乡信用社、农村信用社、企业集团财务公司等金融机构和各类企业参与的有竞争性的市场。其中国有商业银行凭借强大的资金实力和市场规模，主要推行"专业化、集约化"的经营模式，致力于收益相对较低安全相对较高的转贴现市场和大型企业的票据贴现业务。而股份制商业银行和中小金融机构则充分利用经营机制的灵活优势，在票据承兑、贴现市场上表现活跃，不断进行票据业务创新。目前中国的票据市场上已形成了国有商业银行主导贴现市场，其他股份制银行主导承兑市场的格局。

(五) 票据市场利率趋于市场化

票据市场的再贴现是一国货币当局运用货币政策工具调节基础货币供给，实现宏观调控的一项重要工具。目前我国商业汇票贴现利率是由商业银行在再贴现利率基础上加点执行的。但自2001年9月以来，随着再贴现利率的上调，商业银行融资成本的上升迫使其逐步减少了对中央银行再贴现资金的依赖，商业汇票贴现市场利率不再以再贴现利率为参照系，而是与同业拆借利率之间表现出非常强的相关关系，我国票据市场利率随同业拆借市场利率同向变动，同业拆借市场利率在一定程度上决定了票据市场利率水平，票据市场利率趋于市场化。不仅如此，近年来电子票据业务的发展也为票据市场利率市场化提供了基础。2003年6月30日，中国票据网正式启用，为金融机构间票据转贴现，票据回购等业务提供报价查询服务，虽然该网暂时不能提供交易功能，但中国票据网的适时推出，对促进票据市场交易现代化建设，防范票据业务风险，推动利率市场化进程具有重要意义。

三、我国票据市场发展中存在的问题分析

当前，我国票据市场发展较快，在货币市场中的重要性日益提高，但相比发达国家来说，我国票据市场的交易额仍然偏小，2007年我国票据市场的交易额占货币市场交易总额的19.48%，而美国在2001年这一比例就达到80.54%。不

仅如此，即便相对于我国资本市场和其他货币子市场（如银行间同业拆借市场），商业票据市场发展相对滞后的问题也显得十分突出，具体表现在以下五个方面。

（一）票据的信用基础薄弱

票据是随着商业信用的发展而产生的，是商业信用的代表和载体。我国目前处于计划经济向市场经济转轨的过程中，信用规则还没有完全建立起来，很多信用关系需要重建和理顺，整个社会的信用意识和履约意识还比较淡薄。经济生活中缺乏信用规则的约束，失信行为比比皆是。信用制度的不健全和信用状况不佳是票据市场发展的最大障碍。

另外，我国缺乏信用评级机构。为投资者所普遍接受和认可的信用评级机构的存在，是票据市场建立特别是商业票据市场的建立重要条件，这是投资者投资选择的重要依据。我国信用评级制度不完善，评级机构的体制和组织形式不符合中立、规范的要求，这必然影响票据业务的发展，不利于票据市场的建立和进一步完善。

（二）市场主体缺位

目前我国的票据市场以商业银行和部分大中型企业为主体，大量的中小企业和非银行金融机构参与程度十分有限，所占市场份额较小。这种集中于持票人与银行之间的承兑和贴现以及商业银行与中央银行之间的再贴现的垂直交易结构，降低了票据市场的流动性水平。根据金融市场微观结构理论分析，较低的流动性会导致实际交易难度增加和执行成本（即隐性成本）上升。

现代西方的票据市场中，市场主体多元的特征明显。除了银行和企业以外，还包括个人、非银行金融机构（如财务公司、保险公司信托公司等）、信用评估机构、交易中介机构（如英国专门的贴现所、承兑所等）、票据交易商、经纪人（如美国的波士顿公司、摩根士坦利公司等）。而我国的票据市场缺乏中介机构及非银行金融机构，这种主体的缺位，导致票据市场发展的不配套，严重制约了票据市场的发展。

（三）交易品种单一

目前我国商业票据中银行承兑汇票约占整个市场交易量的95%以上，企业主要利用银行信用进行融资，这不仅直接削弱了票据市场的市场功能，也导致了票据业务过于集中于银行，使商业银行成为票据风险的最终承担者。因此商业银行和企业的行为对票据市场的运行特征产生了直接的影响。在宏观经济扩张阶段，票据市场随着企业资金需求的膨胀而快速膨胀，在宏观调控力度加大的情况下，商业银行出于调整贷款总量和结构、追求利润最大化的需要，办理票据业务大幅减少，导致了票据市场运行出现了超常规的大幅波动。

（四）票据市场法规滞后

《票据法》是我国管理和规范票据市场发展的基本法律准则，自1996年1月1日起实施。近年来随着经济金融环境的变化及票据市场的发展，已经显露出诸多局限与不适应性。如《票据法》第10条规定，票据的签发、取得和转让，应当遵循诚实信用的原则，具有真实的交易关系和债权债务关系。"真实交易原则"对于保护交易的安全性、防止票据欺诈具有重要意义，但却忽视了票据的融资功能，把融资票据排斥在商业票据之外，限制了票据市场的发展空间。而从世界其他国家票据市场发展进程来看，融资性票据所占比重不断上升已成为不争的事实。作为金融市场的一部分，票据市场最大的功能就是资金融通功能。我国《票据法》限制融资性票据发行和流通的规定已严重滞后于经济的发展状况。

此外，我国现有的票据法律法规之间也存在着冲突。例如与票据流通相关的三部重要的法律法规，即《票据法》《票据管理实施办法》《支付结算办法》之间，就存在着诸多不一致的地方，尤其是《票据法》和《支付结算办法》之间更是存在许多尖锐的冲突。二者的冲突主要表现在：票据记载事项更改无效规定不一致；解除付款责任的规定不一致；票据出票行为的规定不一致；接触付款责任的规定不一致；票据出票行为的规定不一致等。

（五）票据市场分割明显

我国还没有统一的票据市场，目前是形成了以各大中心城市为核心的区域性票据市场，由于各地经济发展水平不等、信用状况参差不齐、金融机构经营能力差异较大等多方面原因，造成各地票据业务发展水平不一。约有一半以上的票据交易集中在经济发展最为活跃，同时也是商品生产和销售中心的东部地区，中部和西部发展水平相当，东北地区的票据市场发展则比较缓慢。

不仅如此，虽然我国部分地区建立了专业票据机构，但受地域和规模的限制，各成体系。在目前票据业务的现代化程度较低的情况下，票据的签发、承兑、流通转让和查询、查复等多是采取手工操作，不能摆脱实物券的制约，业务处理手段和经营模式落后，无法形成统一的登记、保管和清算体系。这种落后状况也直接增加了跨区域票据交易的难度，信息的不对称，给商业票据的真实性查询带来很大的困难，也为票据诈骗留下了操作空间，加大了票据交易风险与交易成本。

第四节 中国票据市场运行的创新及发展

一、稳步发展中国票据市场的策略

新制度经济学根据推动制度变迁的动力机制方面的变异,一般将之区分为两种基本的模式:一是所谓"政府强制型"制度变迁,即主要由政府来提供制度变迁的诱因和动因,新的制度关系作为一个由政府单方导入的独立变量强制替代原有的制度关系;二是所谓"需求诱致型"制度变迁,即以原有制度结构下各经济行为主体的自我逐利冲动作为制度变迁的诱因和动因,逐渐推进新制度关系的形成和发育,并最终达到替代原有制度关系的制度变迁目标。中国商业票据市场发育中的种种问题是与目前由政府强制型制度变迁模式相关的。在这种模式下,市场的微观主体难以获得成长的动力和空间,合格微观交易主体的缺失一方面会导致政府宏观管理职能的缺失,另一方面也使得票据市场融资功能的缺失。因此,我国票据市场的创新和发展的关键是要实现从政府主导的强制型制度变迁向由市场主导的需求诱致型制度变迁转轨。放松政府对微观金融环境的管制,同时充分发挥市场微观主体的能动性,具体来说,票据市场的创新和发展应包括以下几个方面。

(一)正确定位票据市场的功能

中国票据市场建立之初是为了解决企业货款拖欠问题、方便企业之间的交易结算。因此强调票据的真实交易、债券债务关系使得市场功能更多地体现为信用结算功能,忽视了票据的融资功能和投资功能。事实上,虽然票据源于商品交易产生,但随着市场经济的繁荣而不断发展,现代的票据市场已不仅仅是企业融资的渠道和银行获利的空间,它也是政府实施货币政策的重要工具和手段,除此之外,票据市场作为金融市场的一个重要组成部分,其最终的作用是促进资源的优化配置。这就需要在发展和完善票据市场的功能的同时,建立良好的竞争机制,充分发挥市场的功能,实行优胜劣汰,摒弃国有银行大一统的格局,培育市场化的微观主体。因此正确定位票据市场的功能,实际上即是金融体制深化的过程,也是金融结构调整的过程,更是中国金融微观主体重塑的过程。

就票据种类而言,融资性票据是世界票据市场发展的潮流和趋势,从我国的现实条件来看,经济金融的转轨不仅创造了对融资性票据的现实需求也基本具备了发展融资性票据的外部环境,因此逐步发展融资性票据完善我国票据市场功能的有利保证。

（二）构建国家信用体系

票据作为经济活动中当事人之间债权债务关系的一种证明和约束，本身就是伴随商业信用而产生的一种信用工具，其生存和赖以发展的基础就是信用制度的建立和完善。为了加强我国的信用制度和票据市场，需要建立国家信用管理体系，这包括以下措施：

1. 建立起开展信用管理的联合征信的法律体系，修改相关法律法规，以法律规范信用的公共信息、征信数据的取得和使用程序。

2. 建立起一个公正权威的企业信用咨询和公告系统，及时为票据市场主体提供各种有效的咨询服务。该系统可将那些到期不能偿付票款的企业及时向社会公告，进而使其难以在票据市场上继续进行短期资金融通。票据市场主体还可根据系统公告的有关信息，确定票据的买卖价格。

3. 制定适合我国国情的法人及个人信用管理法律制度。充分利用计算机技术和网络技术，以政府为主导，联合公安、法院、工商、税务等部门，以人民银行信贷登记系统为基础，完善征信数据体系的建设。

4. 通过建立权威的信用评估机构，完善信用评级制度，负责审核票据市场主体的信用等级。票据发行者入市前必须经过严格信用评估。只有具备较高信用等级、恪守信用的企业才能向市场提供合格的票据。通过资信评估有效的防范和化解票据市场的风险。

（三）发展票据市场工具，扩大交易品种

鉴于我国社会信用环境现状和票据市场的实际情况，要积极稳妥地发展票据市场工具，现阶段应把重点放在商业承兑汇票的推广使用上。应按照先交易性票据、后融资性票据，从以商业汇票（银行承兑汇票和商业承兑汇票）为主、逐步推出本票（商业本票和银行本票）业务的顺序安排，发展票据市场工具。

1. 稳步拓展商业承兑汇票业务。在银行承兑汇票发展的同时，积极培育商业承兑汇票的市场参与者，使企业真正成为票据市场第一主体，以此加快商业信用票据化的进程。可选择一些优质行业和优秀企业作为突破口，对其开出的商业承兑汇票采用信用方式给予贴现或者在企业出现临时支付困难时，向企业提供短期贷款资助；另外政府部门应对商业承兑汇票的签发和流通给予大力支持，规范商业承兑汇票的评级制度、审批制度、公告制度和监测制度等；最后央行则可以通过加大对商业承兑汇票的再贴现促进商业承兑汇票的发展。

2. 积极进行票据业务创新。从国外的经验来看，发达国家票据市场的交易

工具种类繁多，既有交易类的，也有融资类的，包括各种商业汇票、商业本票、银行汇票、银行本票、国库券、大额定期可转让存单、金融债券、商业融资票据、企业债券及其他短期债务票据等。而我国票据市场上的工具品种相当贫乏，尽管近年来，我国的多家商业银行推出了一些票据创新业务，但就票据种类而言，仍然只有交易性票据，且主要是银行承兑汇票，以本票为主的融资性票据受到限制。在现有法律法规框架下，短期内我国票据业务创新的主体仍应以商业银行为主，应鼓励各商业银行建立差异化竞争战略，在完善现有票据创新业务的基础上，还应该积极研究对现有票据的再造、重组和创新安排，如票据回购、票据质押、第三方担保贴现业务、共担利息贴现等，一方面通过票据产品创新满足市场的不同需求，帮助企业规避风险获取利润；另一方面通过创新服务提高银行的竞争能力。

（四）加强相关法律法规体系的建设，完善监管制度

首先，要统一我国票据市场中的各种管理准则，对《票据法》《支付结算办法》《商业汇票承兑、贴现与再贴现管理暂行办法》《贷款通则》中关于票据的规定相互衔接起来，明确规定各类业务操作的实施细则，保持法律规定的协调性。其次，要尽快修订完善《票据法》，加强其适用性与前瞻性。应该配合票据从单一的结算工具向支付、信用、结算、融资等多功能演变的现实状况，从法律层面建立票据的无因性原则。放开对真实贸易背景的规定，认可融资性票据的法律地位；同时针对当前电子技术的发展趋势，改变现行对票据签章的硬性规定，为电子票据的开展留下法律空间。最后，根据经济发展需要建立新的法律法规指导市场交易，约束市场主体行为。例如，考虑到现在的社会信用体系还不健全，有必要制定专门的信用法律法规，提倡诚实守信，严惩失信行为；针对票据专营机构的出现，制定相应的法律法规以规范其市场准入及经营运作等。

此外，鉴于我国票据市场发展不完善的现状，在近期内政府不仅不能退出市场，反而应当更有效率地介入其中，以强化监管责任。这要求政府一方面建立健全市场的准入与退出制度、责任追究制度及对违规行为和重大案件的通报制度，加大监管力度，切实防范风险；另一方面改进监管方式和手段，由行政监管为主逐步过渡到充分利用法律手段和行业自律的市场化监管，建立起政府监管、法律约束和市场主体自律两个层次的监督、管理与控制机制。

（五）建立全国统一的票据市场，扩大票据市场规模

鉴于各地经济发展状况不一，票据市场发展情况参差的现状，建立全国统一的票据市场必须分阶段进行，当前应进一步完善以现有的全国银行间同业拆借网络平台为基础建立起的"中国票据网",完善该系统票据查询系统、交易系统和登记结算系统。一方面利用该系统为票据交易双方提供基础的信息查询,包括票据供求情况查询、票据真实性查询、票据市场报价查询、企业签发票据及履约情况查询、承兑行资信查询等服务;另一方面通过信息的全面公布促使票据需求双方集中进行票据的网上交易,通过登记结算系统及时地进行支付结算,登记交易信息并提供交易信息查询服务。

客观说,虽然电子票据已经产生,但要全部取代纸质票据还需要相当漫长的过程。目前票据交易的电子化仍需分阶段实施:首先,应该简化票据交易手续,提高票据交易查询的效率以及交易票据的移存和保管等问题,尤其是跨区域票据交易;其次,是实现商业银行内部票据交易的电子化;最后,建立全国票据市场电子交易系统,实现从票据签发至最终付款全过程的电子化。而在两者共存时期,中国人民银行在搭建电子票据服务平台时,应配套出台相应的政策措施,方便电子票据与纸质票据之间的转换。比如,为了解决票据质押虚增负债率的问题,可以考虑开办一种类似票据置换的业务:企业将收到的纸质票据转让给银行,银行给企业开出对应的电子票据,银行可单独办理纸质票据托收并将托收回款用于电子票据的到期付款。

建立统一的票据市场体系中还应当包括中介机构服务体系的建立。要建立起我国权威性的资信评估体系或制定一套信用评级通用办法,对发行票据的企业进行资信评估,对发行的商业汇票评定等级,以此作为市场准入的条件。要建立全社会征信体系,联合已有的个人征信系统和企业征信系统,将票据交易信息及时登记到公开的信用查询系统,以方便交易双方的资信查询,提高市场交易效率。建立有效的担保支撑系统,为企业发行商业承兑汇票及融资性票据提供有效的担保。

二、融资性票据在中国的发展

票据按签发时有无真实商品交易背景,可分为交易性票据和融资性票据。所谓融资性票据,主要是指市场主体之间在没有真实贸易背景情况下,纯粹以融资为目的,凭发行主体本身信誉向其他市场主体发行的商业票据,广义上包括国库券、银行汇票、银行本票、商业汇票、商业本票及大额定期存单等。狭义的融资性票据指的是工商企业凭自身信誉向其他市场主体发行的商业票据。

在当今海外发达国家的货币市场中,真实票据理论早已被抛弃,公司企业凭借自己的信用来发行商业票据,已成为基本的票据融资形式,它是20世纪70年代以来在西方国家中较为流行的短期融资工具。与较早期商业汇票不同的是:商业票据可以无任何贸易背景,仅凭公司的信誉签发,是一种纯粹的融资性票据。英国、美国、日本、德国等国家的融资票据业务和市场都已经迅速发展并日趋成熟,其中最为突出的就是美国的融资性商业票据市场和欧洲的融资性商业票据市场。

我国自 2004 年后,央行逐步放宽了现行票据制度的边界,允许符合条件的证券公司、企业在银行间债券市场向合格机构投资者发行短期融资券,尽管该类融资券被定义为"还本付息的有价证券",但就其实质而言,就是一种融资性的无担保商业本票,类似于国外的商业票据。

(一) 我国融资性票据发展的现状

我国短期融资券的发行,始自 20 世纪 80 年代末。1988 年以前,我国一些地区的企业为弥补短期流动资金贷款的不足,尝试在本地区发行短期融资券。1989 年,为了支持企业的发展,拓宽企业合理的资金融资渠道,中国人民银行下发了《关于发行短期融资券有关问题的通知》,以文件的形式肯定了各地发行融资券的做法,并统一上收了分行审批各地融资券发行额度的权力,由总行在年初一次性下达总额,分行在总行下达的额度内审批单个企业发行额度和发行利率。至此,全国范围内除允许企业发行长期债券以外,也开始允许企业发行短期融资券。

但是由于 1993~1994 年我国出现了乱拆借、乱提高利率和乱集资的"三乱"问题,各地均出现超规模发行债券现象,个别地区更演变为以高利率集资,到 1997 年一些地区企业债券和短期融资券不能按期兑付的情况逐渐暴露出来。如广东省 1992~1997 年发行各种企业债券 260 亿元左右,经中国人民银行批准的只有 184 亿元 (其中短期融资券 67 亿元),到期未兑付余额近 30 亿元,占当年债券余额的 18%。在企业债券交由国家计划改革委员会统一管理后,国家除审批部分企业发行 3 年以上的长期债券以外,中国人民银行未再审批短期融资券的企业逐渐退出了市场。

近年来,随着我国金融工具创新步伐逐步加快,除了证券公司债券、商业银行次级债之外,具有商业票据特征的短期融资券也得到了发展。2004 年 10 月 18 日,中国人民银行发布了《证券公司短期融资券管理办法》,标志着中国短期融资券市场萌芽的出现。2005 年 5 月,中国人民银行推出了短期融资券,其实质上是凭发行人自身信誉发行的融资性无担保商业本票。短期融资券的推出是我国金融深化的重要标志。

此次推出的短期融资券与之前的短期融资券有较大的区别,主要表现在:一是短期融资券的发行方式是在银行间债券市场公开发行,发行主体是国内一般非金融企业,只要求一个会计年度盈利。发行对象为银行间债券市场的机构投资者,不向社会公众发行。二是短期融资券实行"备案制",不需要发改委的审批，比企业债的"审批制"有了进步，这是我国直接融资领域根本性突破。三是需要进行信用评级，目前信用风险将成为短期融资券定价的主要依据之一，不需要强制性担保。四是利率不受限制，由市场参与方自行决定。直接突破了原来企业债管理办法中企业债券的利率不得高于银行相同期限居民储蓄定期存款利率的40%的规定。五是强制信息披露，关于信息披露的做法，与股票发行类似，是直接融资的典型特征。

自我国企业短期融资券产品推出以来，发行企业家数和发行量稳步增长，截至2007年末，共有435家企业发行短期融资券585期、发行量7 692.6亿元，余额为3 203.1亿元。从发行的企业行业颁布情况来看，占据发行行业基本为工业、公用事业、消费品行业和信息技术行业，发行量最大的是基础工业发行总额为3 238亿元，次之为公用事业发行总额为3 144亿元，信息技术行业和消费品行业的发行额分别为757.5亿元和549亿元。从发行利率来看，总体来说短期融资券的发行利率低于1年期贷款基准利率。以发行期限长短来划分，我国目前的短期融资券主要有四个品种：3个月、6个月、9个月和1年期，其中又以1年期品种为主。这类短期融资券持有者主要以商业银行为主，以2007年为例，我国各家商业银行持有的短期融资券占当年余额的71.36%。除此之外，基金、保险公司也持有大量的短期融资券。

（二）我国发展融资性票据的必要性

尽管我国的票据法明文规定了票据的真实贸易背景，从法律规范上对融资性票据进行了限制，但是除了2005年后正规金融市场中发行的短期融资性票据之外，大量披着"真实贸易背景"外衣的商业汇票实际担负着融资性票据的功能。目前我国票据市场中存在的融资性票据主要有两种：一是短借长用的融资性票据。这种票据有真实的交易关系基础，但交易的期限要远远长于票据的期限，在一定的周期内，票据所对应的交易合同或增值税票是固定不变的。这种融资性票据的目的就是用来替代原有的借入资金、降低融资成本，具有一定的合理性。一些周期长、需要资金多的项目，如水利工程、高速公路、铁路建设和一些大企业的固定投资项目的部分资金来源就是通过票据融资实现的。二是纯融资性票据，没有固定的用途。这种资金的融通通过其他合法的途径很难获得实现，票据的真实交易背景根本不存在，或即使存在也不会去履行，只是以之为借口获得承兑票据以便于融资。严格来讲，以上两种票据在我国目前的法律环境下，都是不合法的。

上述不合法的票据融资行为，恰恰反映出我国票据市场交易工具的匮乏和大量融资需求的存在，因此适时推出并发展我国短期融资性票据市场，将对完善金融市场体系、疏通货币政策传导通道、扶持大型企业参与国际竞争、促进金融机构转化经营机制，以及解决中小企业融资难等问题起到重大的意义。

1. 有利于完善货币政策传导机制。金融是现代经济的核心，中央银行进行宏观金融调控主要是利用货币政策操作的，其中作为中央银行三大货币政策手段之一的再贴现利率政策是在票据市场上完成的。毫无疑问，一个有着广泛的参与者，交易工具丰富并且交易活跃的票据市场是再贴现政策得以操作和发挥作用的基础。目前我国中央再贴现调控方式之所以较为弱化，一个重要的原因就在于缺乏票据贴现市场的基础。因此，加大票据市场的发展力度，使企业融资更多地通过市场进行，有利于中央银行通过调节货币市场资金供求来影响货币市场利率，从而直接影响企业融资成本及投资行为；另外也可以一定程度上改变我国以银行间接融资为主的融资体系，在货币政策信贷传导机制没有根本改变的同时，增强市场传导机制的效能。

2. 有利于促进储蓄向投资的转化，提高资金的配置效率。储蓄顺利转化为投资，是经济增长的基本条件。从我国金融体系的实际运行来看，我国储蓄率极高，但储蓄转化为投资的通道不畅，表现为融资模式过度依赖间接融资，缺乏直接融资渠道。一旦银行惜贷和慎贷，银行系统就会出现了大量的存差，同时由于银行信贷偏向于国有企业，而国企的资金利用效率较差，因此，我国出现了严重的储蓄不能有效转化为投资的现象。短期融资券作为一种重要的直接融资手段和有效的融资安排，它直接将资金持有人（储蓄方）和资金需求方（投资方）联系起来，能够有效地打通储蓄与投资之间的通道，提高资金的配置效率，从而实现宏观经济的高效运转，充分发挥出我国高储蓄率的优势。

3. 有利于建立诚信规则，塑造良好的信用环境。商业信用票据化，使商业信用关系上升为票据信用关系，增加票据信用形式在社会信用中的比重，通过票据的特殊规定性和票据法律法规的特别规范，会加强债权保护机制，强化债务监管机制，硬化信用约束，规范社会信用秩序。

在发达国家的票据市场上，只有实力雄厚、信誉良好的公司才能进入融资性票据市场发行商业票据进行融资，因此票据的发行和受市场追捧程度本身就是公司实力、信誉的最好证明。目前我国的社会信用环境出现一定的恶化，融资性票据业务放开将在一定程度上降低企业的融资成本，增强企业融资便利，而且也能建立起一种对企业信誉的激励机制。

4. 有利于改善中小企业融资难的问题。有资料显示，我国工商注册登记的中小企业占全部注册企业总数的九成以上，其产值占我国工业总产值的60%以上，吸纳了近90%的就业人口，但中小企业融资难的问题始终无法解决，在我国现行金融体制下银行贷款被大企业垄断是现有条件下银行的理性选择，单纯依靠道义劝说银行增加中小企业的贷款是低效率和不可持续的。引入短期融资券，有助于中小企业融资环境的改善，拓宽中小企业融资渠道。一方面，引入短期融资券，可以将高资信度的大型企业推向市场融资，这样，银行出于资产运用和增值的压力，必然要逐步转向中小企业客户；另一方面，通过完善法律法规，引导中小企业规范经营、改善自身经营条件和经营业绩，鼓励这部分符合条件的中小企业发行企业债券和短期融资券，从而拓宽其融资渠道，不失为解决当前中小企业融资难的一个新思路。

5. 有利于促进商业银行的业务创新和体制转型。商业银行开办融资性票据业务，首先，可以为银行带来多种业务收入，实现经营多元化，提高盈利能力；其次，可以分散风险、优化商业银行资产结构，改变当前我国商业银行的资产业务主要集中于贷款，风险过于集中的局面，银行持有信用等级较高的各种票据有利于降低其风险资产比率，进而提高其资产充足率；再次，可以促进商业银行向综合经营及向金融控股公司转化，根据现行《短期融资券管理办法》和《短期融资券承销规程》的相关规定，商业银行可以申请从事短期融资券承销业务。这意味着商业银行首次合法介入承销这一投行业务领地，我国商业银行向金融控股公司方向的转型和发展，将有助于提高商业银行的竞争力，有助于提高我国金融业的综合实力。

（三）短期融资券市场发展展望

融资性票据是世界票据市场发展的潮流和趋势，随着世界经济金融的发展，西方国家早已抛弃真实票据要求，企业凭借自己的信用度来发行商业票据已成为基本的融资形式。而从中国现实条件来看，在短期融资券推出前，无论是显性还是隐性，我国债券市场的所有产品可以说都是以政府信用为担保发行的。无担保信用产品的缺失，不仅不符合金融市场发展的规律，而且也不利于我国经济的市场化进程。随着我国经济金融的转轨，以融资性票据为代表的信用工具具有了现实的需求和基础。短期融资券产品的推出几年来，运行平衡、交投活跃、规模迅速扩大。不容忽视的是作为一种新的金融创新产品，该市场也存在着诸多的缺陷与不足，在对金融市场带来积极影响的同时，也会带来一定的风险，比如随着发行规模和参与主体范围的进一步扩大，潜在的违约风险可能逐步暴露。

因此为了维护该市场的持续健康发展应采取以下措施：一是突破真实性票据的理论束缚，完善有关法规；二是加强社会信用建设，建立权威的信用评估体系以及票据信用披露机制；三是丰富票据市场交易工具的种类，组建专业票据公司；四是在票据市场上推行做市商制度；五是加强票据业务监管，形成票据市场主体准入和退出制度。

第五章

中国银行间短期债券市场的发展

中国银行间短期债券市场成立于1997年6月,该市场包括商业银行、农村信用联社、保险公司、证券公司等众多参与主体,依托于全国银行间同业拆借中心和中央国债登记结算公司的运行平台,进行债券买卖和回购的交易。这些年来,作为金融机构流动性管理的重要场所,银行间短期债券市场在规范中发展,市场基础设施建设日臻完善,交易网络不断延伸、交易成员大幅增加、交易也日趋活跃,已经成为我国债券发行和流通的主要场所,对促进我国经济金融发展起到了非常积极的作用。

第一节 中国银行间短期债券市场发展的历史沿革

一、中国债券市场发展概述

我国债券市场的形成是以1981年《中华人民共和国国库券条例》获得通过,财政部开始恢复发行国债开始的。但从法律意义上说,我国从1981~1987年并不存在真正的债券市场。这是因为在这一阶段,我国还没有合法、成型的债券交易机制和场所,债券发行几乎完全依靠行政摊派方式,而政府甚至明确将私下的国债交易界定为非法行为。直至1988年,财政部允许国库券在国内61个城市分两批试点流通,中国债券流通市场才正式产生。最初的国债交易以柜台交易为主,国债服务部和证券公司是主要的中介机构。

1990年12月,上海证券交易所成立并开办国债业务,场内债券交易由此产生。由于场内集中撮合竞价的交易方式方便高效,全国的柜台交易价格逐步向上海证券交易所成交价靠拢,大部分国债现货交易逐步转入场内,于是上海证券交易所就成为最主要的国债交易场所,深圳证券交易所则是在1993年才开办国债业务。1992年之后，全国还陆续成立了几家非交易所性质的集中性交易市场，当时比较有影响的包括武汉证券交易中心、全国证券交易自动报价系统（STAQ）、天津证券交易中心等。后来，这些市场因为国债回购中的违法违规等问题先后被关闭。此后的几年内，国债交易全部在沪深交易所进行。

1997年6月，为了整顿证券交易所市场的秩序，防止信贷资金流入股市，保证资本市场乃至整个金融市场的健康发展，中国人民银行根据国务院有关指示，要求商业银行退出证券交易所的国债市场，同时于该年6月16日开始组建全国银行间债券市场，银行间债券市场成为商业银行专门从事债券交易的场所。这个市场通过全国银行间同业拆借中心的交易系统进行询价和交易，属于场外债券市场。在管理层的政策支持下，银行间债券市场的规模逐年扩大，逐渐发展成为国内托管量最大的债券交易市场。本章中所提到的"银行间短期债券市场"即指此市场。

银行间短期债券市场因为其建立之初仅允许银行类金融机构进入且只能从事国债和政策性金融债的交易而得名。银行间短期债券市场的首批成员为国有商业银行、全国及区域性股份制商业银行和部分城市合作银行共计31家。银行间短期债券市场由两家中介机构进行日常交易的管理，一是全国银行间同业拆借中心（习惯称为"前台"），主要为市场参与主体提供询价交易的平台；二是中央国债登记结算有限责任公司（习惯称为"后台"），主要为市场参与主体提供债券登记、托管、转托管和结算业务服务以及代理债券本金、利息的兑付。这两家中介机构一方面为银行间短期债券市场成员提供债券交易的软、硬件系统，并要维护交易系统的正常运行；另一方面要维护市场纪律，保证交易主体间债券交易的公平、公正和公开，保证各类信息披露的高透明度和广泛共享性，并在一定程度上代替中国人民银行履行部分监管职能。

银行间短期债券市场参与主体必须将所拥有的债券全部托管于中央国债登记结算有限责任公司，并通过依托于同业拆借中心建立的专用网络平台进行债券交易，然后通过中国人民银行的电子清算系统进行资金清算和划拨，通过中央国债登记结算有限责任公司的债券簿记系统进行债券的结算和转托管。该市场运作各主体结构关系见图5-1。

2002年6月，4家国有独资商业银行获准在部分地区进行指定国债的柜台交易试点工作。商业银行记账式国债柜台交易业务的开办，意味着在消失多年后，债券柜台交易市场重新出现。

综上所述，中国债券交易市场形成了"两个类型、两个中心、三个场所"的结构体系。"两个类型"，是指债券交易市场分为场内市场和场外市场。场内市场包括上海证券交易所和深圳证券交易所，市场参与者既有机构也有个人，属于批发和零售混合型的场内市场。场外市场包括银行间短期债券市场和商业银行国债柜台市场,前者的参与者限定为机构,属于场外债券批发市场;后者的参与者限定为个人,属于场外债券零售市场,是场内批发市场的延伸。"两个中心",是指场内债券交易的绝大部分集中在上海及深圳证券交易所,场外债券交易的绝大部分集中在银行间短期债券市场,二者是中国债券交易市场的两个中心场所。"三个场所",是指上述四个市场的债券,分别由三种不同的机构负责登记、托管和结算。上海、深圳证券交易所的债券由中国证券登记结算公司上海分公司和深圳分公司负责登记、托管和结算;银行间短期债券市场是由中央国债登记结算公司负责登记、托管和结算;国债柜台市场则实行二级托管制度,一级托管在中央国债登记结算公司,二级托管在商业银行。另外,在沪深交易所市场挂牌的债券可以相互转托管,可以跨市场转入银行间短期债券市场,但不能反向转回;在银行间市场交易的债券只能托管在中央国债登记结算公司,不能转入交易所市场,但是可以通过商业银行进入国债柜台市场。因为没有建立统一的债券后台登记托管系统,交易所债券市场和银行间债券市场并存,相互分割。

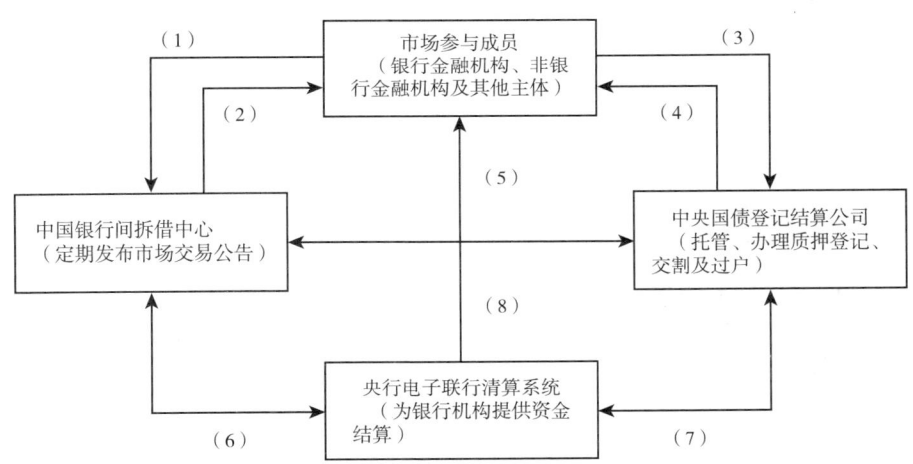

图 5-1 银行间短期债券市场交易运作主体结构关系

注:(1)市场参与主体申请加入银行间同业拆借中心,取得交易资格。(2)中国银行间同业拆借中心为资格成员提供交易信息系统平台,负责日常运作管理工作。(3)市场参与主体在中央国债登记结算公司登记,办理债券托管手续。(4)中央国债登记结算公司依据同业拆借中心提供的交易合同,为托管成员办理债券质押登记、过户手续。(5)中国同业拆借中心与中央国债登记结算公司实时进行交易信息、结算的联系沟通。(6)中国银行间拆借中心向央行定期提供市场交易情况数据,便于中国人民银行对市场参与成员的监控。(7)中国人民银行清算系统与中央国债登记结算公司进行信息沟通,实现债券质押登记、交割与券款划付同步进行。(8)中国人民银行通过电子联行清算系统,为系统成员进行资金划拨、清算。

二、中国银行间短期债券市场的参与主体与组织结构

(一) 市场参与者

中国银行间短期债券市场的参与者包括两类：一类是可以直接进行交易的市场成员；另一类是通过债券结算代理银行间接进行交易的非市场成员。

银行间短期债券市场建立之初的参与者只有 16 家商业银行。此后，主管部门逐步放开市场准入限制，市场成员的类型和数量不断增加。1998 年中国人民银行批准外资银行、保险公司等机构加入银行间短期债券市场；1999 年中国人民银行又相继批准了农村信用联社（283 家）、部分投资基金（20 只）和证券公司（7 家）入市交易；2000 年，财务公司和金融租赁公司获准入市；2001 年中小金融机构可以通过债券代理业务入市；2002 年 4 月投资者入市由核准制改为备案制；2002 年 10 月企业等非金融机构法人通过债券结算代理业务入市。非市场成员机构、非金融机构通过结算代理业务进入了银行间债券市场，改变了银行间短期债券市场参与者的构成，使一个统一的、包含各类型机构投资者的场外债券市场框架基本形成。到 2005 年底，在中央国债登记结算有限责任公司开户的结算成员单位已达 5 508 户，市场成员已涵盖商业银行总行及其授权分行、保险公司、证券投资基金、证券公司、农村信用联社以及外资银行、外资保险公司等众多类型的金融机构。

(二) 债券托管制度

中国银行间短期债券市场的债券登记、托管、结算和兑付业务由中央国债登记结算有限责任公司承担。中央国债登记结算公司托管的债券有国债、政策性金融债、特种金融债和企业债四种，获准参与全国银行间债券交易的机构，须在中央国债登记结算有限责任公司开立账户并成为中央国债登记结算公司的结算成员。

1997 年 6 月商业银行从证券交易所撤出后，按照中国人民银行的要求将其所持债券托管至中央国债登记结算公司，这是最初的托管债券。此后，随着银行间债券市场债券发行数量的增加和市场成员的增加，债券托管量逐年增加。2008 年银行间债券市场的债券托管总额达 15.1 万亿元，共结算 104.6 万亿元。

(三) 债券回购交易方式与结算制度

中国银行短期间债券市场的可交易券种是国债和政策性金融债（见表 5-1），

交易方式为现货和回购交易两类。其中回购交易又分为封闭式回购和买断式回购两种。

表 5-1　　　　　　　　　中国银行间短期债券市场债券品种

品　种	包含内容
国　债	记账式国债、特种定向国债
金融债券	政策性金融债券、商业银行次级债券、特种金融债券、非银行金融机构债券、证券公司债券
公司债券	企业短期融资债券
资产证券化债券	信贷资产支持证券 ABS、住房资产支持证券 MBS
票　据	中央银行票据
其他债券	国际开发机构在国内发行的人民币债券（泛亚债券指数基金 PAIF）

封闭式回购是指资金融入方将所拥有的债券抵押给资金融出方，按债券面值或面值的一个比例（通常小于或等于100%）获得资金，并约定一个使用期限和利率，在该期限内，所用于抵押的债券被中央国债登记结算公司予以冻结，融资双方都无权动用，当回购期满时，资金融入方将资金还给资金融出方并按约定利率支付使用期间的利息，同时资金融出方向中央国债登记结算公司传送指令将抵押债券解冻。封闭式回购交易中采用将债券予以冻结的方法，这有效防范了抵押权人挪用债券的风险，但是并不有利于债券的流动性。

买断式回购交易是为了解决质押债券的流动性问题，由中国人民银行和中央国债登记结算公司于 2004 年 5 月 20 日推出的，它是指资金融入方将国债卖给资金融出方的同时，交易双方约定在未来某一日期，卖方再以约定价格从买方买回相等数量的同种国债。这样，在本次债券回购期间，资金融出方可以将自己所持债券与在回购交易中所购进的债券进行统筹计算用于交易，而只需保证本次回购交易期满之时有足额债券予以交割即可，这最大可能地盘活了交易双方的资金，使债券流动性得以充分发挥。

中国银行间债券市场最初是以自营交易模式为主，这是因为银行间债券市场成立初期主要是商业银行类金融机构进行债券交易，这一类市场成员普遍具有较强的资金实力和较高的市场参与意识，能积极进入市场进行交易以盘活债券资产和融通资金，因此自营交易占了主体。

但随着市场扩容，越来越多的中小金融机构和非金融机构进入到中国银行间债券市场，它们通常表现出资金和债券数量有限、专业人员缺乏、参与意识淡薄以及信用等级较低、不为市场广大成员所熟知等特征，这些方面的局限性都制约着它们在市场寻找交易对手完成交易行为的能力和积极性。为了消除这种市场主体庞大而交易行为却相对集中于少数成员的不和谐现象,中央国债登记结算公司开始推出债券结算代理业务,即中小金融机构和非金融机构可以通过签订代理协议的方式委托某一家商业银行为其代理行,代理其参与银行间债券市场交易。从2001年6月起,中央国债登记结算公司开始陆续为部分经中国人民银行审核同意的商业银行开放为中小金融机构提供债券结算代理业务服务的渠道。2002年10月中国人民银行公布了39家开办债券结算代理业务的商业银行,允许其与非金融机构委托人开展债券逆回购和现券买卖业务。

债券结算代理业务的开办对中国银行间短期债券市场的发展有着深远意义,首先,它使部分规模较大、交易活跃的商业银行进一步拓展了业务领域,开辟出新的盈利空间;其次,它使农信社等中小型金融机构能够以便捷和低成本的方式进入银行间债券市场,为其改善资产结构及提高流动性管理水平提供新的途径;最后,它使非金融机构通过结算代理业务进入了银行间债券市场,改变了银行间债券市场参与者的构成,使一个统一的包含各类型机构投资者的场外债券市场框架基本形成。

银行间债券市场交易方面的另一个创举是开通了国债的柜台交易。国债主要分为记账式与凭证式两种,前者是一种无纸化债券,主要在银行间债券市场和证交所市场面向金融机构投资者发行,后者是一种记名式、有书面凭证的"债券储蓄存单",主要是面向社会公众个人和机构投资者发行。在2002年6月以前,社会公众个人和机构投资者的国债投资主要是购买凭证式国债。凭证式国债不能转让和交易,只能提前兑付,这严重影响了其流动性和投资人的营利性,不利于提高投资人的积极性。2002年6月,中国人民银行批准国有商业银行部分网点试开办国债柜台交易业务,社会公众通过商业银行的柜台可以进行记账式国债投资。国债柜台交易的推出有助于拓展债券发行渠道,有利于满足社会公众个人和机构投资者对债券投资的需求,拓宽其理财投资的渠道,打通了社会公众间接进入银行间债券市场的通道,拓展了银行间债券市场的覆盖空间。

除了交易方式的变革,银行间债券市场的交割结算制度也发生了不小的变化。债券交割最初采用的是"T+1"交割制度,为了防范结算风险,"T+0"交割制度为越来越多的市场成员所采用。

(四)债券现券买卖的净价交易与结算制度

2001年1月17日,财政部、中国人民银行、证监会两部委就试行国债净价交易的有关事项联合发文。同年3月29日中国人民银行出台了《关于落实债券净价交易工作有关事项的通知》。中央国债登记结算公司和全国银行间同业拆借中心如期完成了债券簿记系统和债券交易系统的净价结算功能开发、技术测试和业务测试工作。2001年7月4日全国银行间债券市场正式开通债券买卖的净价交易。所谓的净价交易是指在现券交易时，以不含应计利息的价格（净价）报价并成交的交易方式。在现券交易中，将债券的净价和应计利息分解，净价仅反映本金价值的变化；而应计利息则根据票面利率按天计算，债券持有人享有持有期间的利息收入。在净价交易方式下，由于债券交易价格不含应计利息，其价格形成及变动能够更加准确地体现债券的内在价值、供求关系和市场利率的变动趋势。并且，由于国债的利息收入一般都享有免税待遇，因此净价交易也有利于国债交易的税务处理。

在净价交易中，交易时采用净价，结算时仍然采用全价。全价、净价和应计利息三者关系是：

$$全价 = 净价 + 应计利息$$

从2001年下半年至今的现券走势来看，净价交易在一定程度上促进了现券交易的活跃，债券净价走势也更好地反映了市场利率的变化情况。

（五）做市商制度的双边报价制度

中国银行间短期债券市场在交易制度上除了是一对一的询价报价外，为了活跃市场交易，还采取了双边报价商制度，即交易商可以在债券交易时同时连续报出现券买、卖双边价格。2000年4月30日，中国人民银行发布《全国银行间债券市场债券交易管理办法》，明确金融机构经批准可开展债券双边报价业务。2001年7月25日，中国人民银行批准了9家银行为银行间债券市场的双边报价商。2002年5月，《中国人民银行与双边报价商融券业务操作规则》出台，允许双边报价商为了双边报价的目的向中国人民银行借入债券。实践证明，在双边报价商的推动下，银行间债券市场的流动性得到一定程度的提高。目前，在市场上15家做市商中有13家银行和国泰君安证券及中信证券2家证券公司。

（六）中央银行在银行间债券市场的公开市场业务操作

中国人民银行的公开市场业务于1998年5月恢复，银行间债券市场一直充当这项货币政策工具的操作平台。中国人民银行公开市场业务操作依托银行间债券市场，通过与商业银行等机构进行债券交易，吞吐基础货币，实现货币政策目标。中国人民银行公开市场业务的交易方式包括封闭式回购和现券交易两种。封闭式回购含正、逆两种，而现券交易目前仅限于中国人民银行现券买断一种。公开市场业务运用的债券是国债和政策性金融债。公开市场业务操作每周一次，通过招标方式进行,包括数量招标方式和利率招标方式。

中国人民银行从 1998 年开始建立公开市场业务一级交易商制度,选择了一批能够承担大额债券交易的商业银行作为公开市场业务的交易对象。现有公开市场业务一级交易商 40 家。

第二节 中国银行间短期债券市场运行的作用及问题

一、中国银行间短期债券市场的作用

(一)融资功能

中国银行间债券市场成立以来市场规模不断扩大,交易量屡创新高,目前不仅吸纳了境内所有类型的金融机构参与市场,而且已经成为国内证券投资机构不可或缺的短期融资平台。根据目前披露的信息显示,券商等证券投资机构利用银行间市场进行短期融资日显活跃,2007 年度中国银行间同业市场交易量和交易活跃前 100 名排行榜中,不少证券公司榜上有名。同年中国银行间债券市场债券回购成交金额达到 91.12 万亿元,同比增长 68.5%。其中证券投资机构交易量为 1.4 万亿元,同比增长 221.99%。

截至 2007 年 6 月末,中国银行间债券市场机构投资者达 6 644 家,其中金融机构 2 051 家,非金融机构法人 4 593 家。可交易品种也涵盖了国债、中央银行票据、金融债券、企业债券、企业短期融资券和资产支持证券等工具。其中 2003 年和 2005 年在银行间债券市场首次公开发行的中央银行票据和短期融资券更是对我国债券市场发挥了积极的作用。在当前国债规模偏小的情况下,作为中央银行的主动负债工具,中央银行票据已成为中央银行在公开市场上宏观调控采用的主要手段之一,中央银行票据的不断增发有效控制了基础货币的增长,而企业短期融资券的推出则进一步拓宽了企业融资方式,截至 2007 年 8 月末,短期融资券共发行 6 423.8 亿元,银行间债券市场已经成为除股票市场外企业直接融资的又一新的途径。

(二)价格发现功能

中国银行间短期债券市场经过 10 年的发展已经成为我国债券交易最主要的市场,该市场多元化的交易主体和巨大的成交量为我国债券资产的定价提供了便利。市场中各个期限的债券品种构建了银行间短期债券市场的利率期限结构,为

其他债券的定价提供了参考。同时，不同的参与主体以及不同类型的发行人所发行的不同债券产品，构造出了中国最丰富的、最完整的定价体系。目前，中国银行间债券市场的利率期限结构包括了1天、7天、14天、21天、1个月、2个月、3个月、6个月、9个月、1年、2年、3年、5年、7年、10年、15年、20年、30年等18个期限，构造的收益率曲线更是多种多样，如国债收益率曲线、金融债收益率曲线、即期收益率曲线、远期收益率曲线等，对各类债券资产的流动性溢价、信用风险溢价等都提供了定价的基础，促进了各类债券的价格发现。

（三）流动性管理功能

中国银行间短期债券市场的发展，为商业银行及时调节资产构成、优化资产配置提供了空间。商业银行提高其债券资产的比例，可以降低过高的贷存比，从而改善银行的资产质量，并且也可以降低商业银行过高的超额准备金水平。此外，中国银行间短期债券市场为商业银行资产配置的均衡，特别是资产流动性的提高和资产风险的分散提供了有效手段。商业银行通过债券回购交易，可以实现短期资金融通；利用债券远期交易，可以规避其债券资产的市价波动风险；通过发行资产支持证券，盘活银行的存量信贷资产。不仅如此，商业银行投资持有的企业债券和短期融资券这部分投资相当于替代了部分企业贷款，可以降低商业银行贷款的流动性风险。

中国银行间短期债券市场也为中国人民银行管理整个金融体系的流动性提供了参考和便利。首先，该市场的利率水平是金融市场资金供给状况的最直观的反映，是中国人民银行观测市场流动性状况的重要指标。其次，中国人民银行通过银行间短期债券市场进行公开市场操作，能够更加灵活地进行货币供应的调节，避免了货币政策可能带给金融体系的剧烈震荡，同时中国人民银行还能通过该市场来观测货币政策的效应，为进一步的决策提供依据。

（四）风险管理功能

我国传统的商业银行发展战略主要以存贷款为核心。但这种战略发展模式，具有风险较高、收入结构单一、流动性较差的特点。而银行间短期债券市场的发展，使得商业银行把战略发展的重点，从传统的存贷款业务转向金融市场业务，实现了资产和收入结构的多元化。其中，债券业务的资产负债管理功能、收益提升功能和风险管理功能逐步显现出来。以债券市场为主的资本市场业务的快速发展，使得大中型企业客户在更大程度上依赖发行债券等直接融资渠道，获取短期流动资金或长期项目资金。而以承分销为代表的投资银行业务和资金投资业务，面临着日益广阔的发展空间，成为商业银行在金融市场快速发展和信贷稳步增长下的重要利润来源。同时，商业银行通过发行次级债、金融债等品种，还提高了资本充足率，满足了监管要求，为股份制改造和上市创造了有利条件。

另外，在利率市场化改革的背景下，商业银行的业务运营模式也面临变革。商业银行通过银行间债券市场的货币和债券工具创新，达到提高风险控制能力和盈利能力的目的，提高流动性风险管理水平。通过在银行间短期债券市场进行主动负债，如发行次级债券、大额可转让存单、金融债券等方式，可以锁定商业银行的负债期限，减少或消除流动性风险敞口。在信贷风险控制操作上，商业银行还可以通过资产证券化，将较长期限的资产，特别是信贷资产以证券化的方式，通过市场进行销售，从而降低商业银行整体资产的余期，优化存量资产结构。

国际商业银行发展的经验表明，低资本占用资产的增加和中间业务收入的增长是银行持续发展的关键。因此，商业银行以银行间短期债券市场为依托，逐步增加低风险、低资本占用的债券资产占比，并通过银行间债券市场的产品设计、承分销等多种业务，进一步提高中间业务收入，形成规模和效益的可持续性增长。

二、中国银行间短期债券市场存在的问题分析

我国银行间债券市场自建立以来，取得了长足的发展，但也存在着以下一些问题：

（一）市场管理体系建设的欠缺

在1997年中国银行间短期债券市场成立初期，从防范金融风险的角度出发，在设计银行间债券市场的总体架构时，侧重于建立一种协调与管理关系，以便于各部门相互监督、相互制约。在管理体制上，具体表现为：由中国人民银行货币政策司负责制定市场的业务管理规则和总体发展纲要，借助中国外汇交易中心的交易网络系统完成前台债券交易，通过中央国债簿记系统完成债券的登记、过户和托管，利用中国人民银行资金清算系统完成交易双方的资金清算。上述多头监管的管理体制涉及的主体相对独立，对市场发展的认识存在一定程度的差异，在制度制定、技术提供、资源开发、研究和利用等方面难以形成连续、有效的政策合力支持，导致了诸如：债券发行对象单一、管理制度不严、信息披露不及时、信用观念缺失等现象的发生。

例如，由于银行间短期债券市场是在中国人民银行行政领导和政策指导下组建起来的，但是日常业务管理的事务由全国银行间同业拆借中心和中央国债登记结算公司负责。银行间同业拆借中心和中央国债登记结算公司各自开发建立了一套交易系统，前者负责维护的是询价交易系统（前台），后者维护的是债券簿记

系统（后台），在银行间债券市场的日常交易中这两套系统是相互独立的。市场成员先在询价交易系统报价或查询报价，然后寻找交易对手谈判以实现交易。在交易双方缔结合同（成交通知单）后，就可以凭着此成交通知单进行资金划拨和债券交割了，而债券交割这一过程就要在中央结算公司管理的债券簿记系统上完成。在实践操作中，前后台之间除了后台交易要根据前台的成交通知单所载内容进行数据填充外并不具有约束性的联系，这样，在后台填写有关债券交割条件时，只要在形式上是符合逻辑的，而且交易双方填写的内容又是一致的，债券簿记系统就会让该笔交易指令通过并匹配成功。

但是在这种情况下，有可能产生前后台合同内容的不一致，导致给交易双方带来结算风险。由此可见，银行间债券市场前后台之间在业务联系上具有松散性缺陷，这不利于银行间同业拆借中心和中央国债登记结算公司在对市场运行和管理上发挥合力，难以起到优势互补作用。

（二）市场主体建设的不完善

从货币市场发展的经验来看，作为一个典型的场外市场，银行间短期债券市场应该是一个向不同需求的机构投资者开放的公开市场，参与主体应当包括所有金融机构、非金融的企业和居民个人以及非居民，也就是说，所有愿意进行债券投资的法人和自然人都能参与进来。

我国银行间债券市场目前的市场主体包括了财政部、中国人民银行、政策性银行、商业银行为代表的几乎所有类型的金融机构、非金融机构企业法人和居民个人，但是还未包括非居民。其中财政部是国债的发行主体，中国人民银行是作为中央银行在银行间债券市场操作公开市场业务，政策性银行是政策性金融债券的发行者，其他机构投资者可以是债券的发行人同时也是参与市场债券交易的主体，居民个人则可以通过国债柜台业务进入银行间债券市场的"散户"。

乍一看，我国银行间债券市场几乎吸收了国民经济的所有微观主体，但是从市场的实际运转来看，众多的成员都是市场的不活跃者，一二级市场的业务量几乎集中在不到5%的成员身上，且主要的机构投资者存在同质化严重的问题，以自营投资为主的机构占了多数，缺乏投机性机构的参与。商业银行单独一类机构投资者债券托管量比重就达到了68.95%。券商和基金等投机性色彩较强的机构投资者在整个市场中不占主流，整体规模偏小，这种缺乏投机机构的债券市场持有者结构放大了债券市场的筹资功能，弱化了其配置风险的作用。带来的负面效应是市场买方垄断、流动性和活跃性缺乏，市场中的金融创新推广缓慢。

另外，缺乏债券经纪商、信用评级等中介机构也是银行间债券市场的一个突出问题。对于以询价交易为主要交易方式的银行间债券市场而言，客户资源非常重要，但每家机构投资者的客户都不可能无限丰富，本身询价交易成本高，经常会出现成交价格非最优的情况。发达国家债券经纪商起着活跃债券市场、提高交易效率的重要作用。经纪商可以帮助市场机构在最短的时间内以最小的成本和对手达成匿名交易，提高市场的流动性，有助于帮助和扶持弱势机构交易，弥补了做市商制度的不足。为了解决银行间债券市场流动性不足的问题，银行间债券市场于2001年推出了现券交易双边报价商制度，中国人民银行和中央国债登记结算公司经过遴选后确定了以南京市商业银行为代表的一部分成员成为现券双边报价商，希望双边报价商成为交易中介，在部分程度上起到做市商的作用，为以后推出做市商制度做好前期准备，但是由于金融机构投资偏好的趋同性强、中央银行对双边报价商的政策支持不足等原因，双边报价商并没有在实质上起到做市商的作用。银行间债券市场交易仍然呈现出"冷热不均"的局面，即较少的交易成员完成了极大份额的债券交易，为数众多的其他成员业务却寥寥无几。

除此之外，中国大多数信用评级机构受行政干预多，评级缺乏统一的规范，可比性差，专业人才缺乏。同时评级机构缺乏对发债主体的信用级别进行持续跟踪评定制度，不能及时改变债券信用级别。由于设立门槛过低，导致评级机构相对过剩，形成过度竞争局面，造成评级结果的失真。因此其独立性、权威性、公正性难以保证，其公信力有待增强。这说明，我国银行间短期债券市场的市场主体建设还存在很大的不完善性。

（三）市场交易工具和品种单一

首先，就交易债券的性质而言，我国银行间债券市场的主要交易品种是国债和政策性金融债，而次级债、企业债仅占较小的比重。国债和政策性金融债的优点是发债主体资信好、债券信用等级较高，因而成为众多投资者的首选投资品种，但正因为二者风险较小，存在收益率相对较低的缺点。由于目前我国银行间债券市场主要集中的是低风险、低收益债券，而缺乏收益及风险都相对较高的债券品种，所以债券产品单一化现象严重，产品之间明显缺乏层次，难以满足债券市场不同层面的交易需求。

其次，从交易债券的品种期限上考察，目前中国银行间债券市场发行的债券中以5~10年的中长期债券所占比例居高，占总债券数量的50%左右，缺少作为提高流动性工具的1年期以内的短期国债。由于商业银行持有债券的期限结构不合理，交易主体投资动机的趋同性使债券在银行间债券市场上的流动性明显较低。而相比在证券交易所交易的债券,既有中、长期债券,也有相当数量的短期国债,从而可以有效地避免交易主体投资动机的趋同性,提高了债券市场的流动性。

最后,就现有业务品种来看,银行间债券市场债券交易的主要方式是债券回购和现券买卖,其中债券回购包括封闭式回购和买断式回购。债券回购业务更多起到的是调剂投资者临时性头寸余缺的作用,而现券买卖则更多地被投资者用来寻找价格差异以获取收益,即利用不同交易对手所掌握的债券信息不同步和行情判断不一致的机会,通过低买高卖获取差价收益。随着市场主体范围的扩大,不同层次的机构投资者对于交易方式的需求越来越呈现出多样性的特点,现有的交易方式已经不能满足这种多样化需求。从国外场外债券市场的发展趋势来看,银行间债券市场既要有投资工具也应有投机工具,以便不同偏好的投资者均能寻找到交易机会,然而,我国银行间债券市场缺乏可以用来进行对冲交易的工具。投资者无法有效进行套期保值交易和投机交易,参与主体之间资金供求的趋同性,最终导致了我国银行间短期债券市场的流动性较差问题。

(四) 市场分割影响了资金配置的效率

统一的债券市场并不意味着交易方式、交易场所和托管系统的统一,交易方式和托管系统只是技术层面的问题。发达国家的债券市场也分场内市场和场外市场。统一的债券市场应当是指交易主体可以在遵守规则的前提下,根据需要自由地选择交易场所和交易方式,资金可以自由地在不同的市场间流动。但是,目前在我国,债券市场主要分为银行间债券市场和资本市场(证券交易所市场)相对独立的两个部分,它们之间相互独立,尚未实现资金的双向自由流动。

银行间短期债券市场尽管集中了国债发行量的绝大部分以及全部的政策性金融债和金融机构次级债,但是银行间债券市场交易主体的趋同性却导致该市场流动性不足的问题极为突出。相对而言,资本市场却呈现出另一种问题:即债券品种不足,该市场上流通的国债相比于银行间债券市场来说数量非常有限,并且没有金融债,只有一些企业债券。为缓和矛盾,银行间债券市场推出了债券代理结算业务,初衷即是通过代理业务引进非金融机构投资者进入银行间债券市场从事债券交易,改变交易主体趋同的问题,但是由于企业法人交易的不活跃,对于该问题的解决没有起到太大帮助。

虽然我国现有体制下两个市场的独立有利于控制商业银行资金的风险,提高银行监管的便利性,但是却将货币市场和资本市场之间的内在联系人为地切断了,这种设计阻碍了债券市场的流动性和资金的转换,造成了交易的信息不对称和供求不对称,随着市场的发展,反而增加了金融业的整个监管成本。

第三节 中国银行间短期债券市场的完善与发展

一、完善我国银行间债券短期市场的制度和理论基础建设

中国银行间债券市场发展至今,最基础的几部规则已经基本形成,分别是《全国银行间债券市场债券交易管理办法》《银行间债券交易规则》《银行间债券交易结算规则》《全国银行间债券市场债券回购主协议》等。但是随着市场规模和范围的扩大,这种缺乏全局性和前瞻性的做法显然已经严重滞后,当前需要建立根本性的、综合性的上位规范来统领和指导各具体规范。具体来说应包括以下措施:

1. 制定和完善相关的法律法规,保证银行间债券市场的规范、健康和可持续发展。鉴于目前国家法律、条例对该市场的支持较为滞后,可以考虑把银行间债市纳入《中华人民共和国证券法》(以下简称《证券法》)的法律规范范畴,在《证券法》中明确这一债券场外市场的合法地位,加强政府强制性法规对场外债券交易的监管力度,尤其在信息披露、交易透明度等方面。同时,还要考虑制定一个《债券场外市场管理法》,在不违反《证券法》的前提下,从较高层面为市场搭建一个完整的框架,同时就目前相关法规进行梳理,对一些定义不清、规则模糊的条款进行调整和编改。

2. 建立一套完整的市场准入退出机制。准入退出机制包括:一是为银行间债券市场制定明确的准入标准,即规定各类不同企业必须达到一个什么样的最低要求才能够申请进入,如规定成员应建立针对债券交易的内部管理制度,配备相应数目和素质的业务人员等。二是对于市场行为不规范、内部控制管理制度出现漏洞而不及时修订以致发生严重违规操作或交易失误、因业务人员主观故意造成交易对手损失的市场成员采取暂停交易资格限期整改,直至取消银行间债券市场成员资格。

3. 完善信用评价机制。首先,要大力培育针对该市场的信用评级机构。在引进国际权威评级机构的竞争的同时,允许中外资中介服务机构合作或重组,逐步培养出一批具有国际声誉的中国自己的大型评级公司。其次,要建立债权人监控下的信用评级制度。改变目前由债券发行主体自行选择信用评级机构的现状,由投资者为发行主体选定评级机构,以降低发行主体与信用评级机构"串谋"的可能性,同时要按照独立、公正、中介、监督的原则建立评级机构竞争淘汰的机制,以保证评级的客观公正。最后,要落实信用评级机构的责任。各家资信评级机构应向监管部门提交所评级公司资信级别的依据报告,落实信用评级机构的责任追究制。

二、建立高效统一的市场管理机构

市场管理的优化首先在于具备一个信息掌握充分、措施齐全、运转高效的管理机构。银行间债券市场目前的多头管理模式已逐渐不适应市场的发展,因此可以考虑对目前的管理体系进行重建。

1. 对银行间债券市场前后台交易系统进行升级改造,逐渐消除两套系统之间的差异性,尤其利用目前券款对付(delivery versus payment,DVP)清算方式,即一手交钱,一手交货方式,使前后台成交通知单的形成同步,最终使两套系统统一起来。

2. 在交易系统统一的基础上,对现有的两个中介管理机构业务进行重组,将同业拆借中心所管辖的有关银行间债券市场的业务向中央结算公司转移,在中央结算公司内部新设一个机构负责对询价交易过程和成交进行监控,最终对市场的日常管理统一到一个中介机构身上。

3. 明确界定中国人民银行与银监会对银行间债券市场的有关管理职能,避免交叉管理。可以考虑将我国证监会定位为债券市场的政府监管与执行主体,中国人民银行与财政部仅负责国债政策与国债发行。由证监会下设专门债券市场监管部门,改变发改委、财政部、中国人民银行与证监会等多家监管主体的权力分割局面,减少因监管职能重叠与摩擦导致监管效率的降低。

4. 基于债券场外交易的特点,可借鉴美国和俄罗斯的经验,成立"中国债券交易商协会",作为一个非营利组织和行业自律组织,实行会员制,协助主管机关管理债券市场,完善银行间债券市场微观结构,提高市场绩效。

三、进一步发展和完善我国银行间债券市场的参与主体

1. 鼓励更多的资信优良的机构在银行间债券市场发行债券。在债券发行制度完善、风险防范体系健全的前提下,应当允许更多资信优良的金融机构和企业法人在银行间债券市场发行次级金融债券和企业债券,增加债券的发行主体,吸引更多的机构通过发行债券融资,改变管制过度导致信用风险缺失和国家信用主导市场的局面。具体而言,要大力发展公司债、次级债券、资产证券化债券等非公部门债券,同时还要从产品本身的特点出发,大力推广浮动债券、选择权金融债券、本息拆离金融债券等。

2. 建立完善的做市商制度,增进银行间债券市场的流动性。要在银行间债券市场中,鼓励具备一定实力和信誉的债券经营法人作为特许交易商,不断向公

众投资者报出某些特定债券的买卖价格、双向报价并在该价位上接受公众投资者的买卖要求,以其自有资金和债券与投资者进行交易。

在这一过程中,做市商首先应当用自有资金购买一定的目标债券,并承诺维持这种债券的不中断交易,然后根据其在市场交易中的信息优势,报出债券买卖价格以供投资者买卖,并通过不断买卖来维持市场的流动性,其本身则通过买卖的差价来获得利润〔从国外经验来看,在场外市场交易方式中,做市商扮演的就是主要角色,其主要作用是保证市场在交易时间内有连续的双边报价,以满足市场流动性的需要。做市商制度也因此得名,它最早起源于英国股票批发商的柜台市场,发展于美国纳斯达克(NASDAQ)股票市场的交易方式,其具有增强市场流动性、稳定证券价格、提高投资者交易效率的优点,并且有利于分散市场风险〕。

2000年,在中国人民银行推动下,全国银行间拆借中心开发了双边报价系统并投入运营,中国农业银行、中国银行、北京市商行、南京市商行等金融机构开始对一些债券交易进行双边报价的尝试。2001年上半年,中国人民银行批准中国工商银行、中国农业银行、中国银行、中国建设银行、光大银行、北京商行、南京商行、武汉商行、烟台住房储蓄银行9家商业银行成为银行间债券市场首批双边报价商,享受规定的权利,承担规定的义务,以维持市场流动性。2009年,双边报价商队伍又扩大到中国银行、中国建设银行、中国农业银行等20家金融机构。

四、积极有序地拓展我国银行间债券市场交易工具

金融创新是金融市场发展最主要的推动力,作为金融市场重要子市场的银行间债券市场,其发展同样离不开金融创新的推动。如何通过金融创新培育更多的金融产品,提高市场交易效率和流动性,将是未来银行间债券市场发展的重要方面。银行间债券市场金融创新应集中在以下几方面:

1. 增加短期债券品种。短期债券充足有利于活跃现券交易,为中央银行公开市场操作提供更多的流动性手段。

2. 引入债券利率衍生工具,适时开办债券远期交易和国债期货交易。债券衍生工具对于规避市场风险、发现价格以及提高流动性都具有非常重要的意义。债券远期交易可以有效地衔接债券发行和交易过程,充分发挥价格发现功能,为市场参与者提供良好的避险工具,有助于市场流动性和有效性的提高。国债期货交易除了与远期交易同样具有的价格发现功能之外,更是为市场成员提供了良好的投机工具,适合市场成员利用其进行对冲交易。同时国债期货交易的推出,可以促进国债流通市场的活跃,进而有利于国债一级市场的发展。

3. 借鉴北美和欧洲部分国家的经验,引进物价指数债券等新型金融工具。

物价指数债券作为债券品种和金融市场工具可以消除价格中的通货膨胀风险贴水，进而降低通胀风险，帮助宏观经济管理当局甚至投资人了解市场对通货膨胀的预期，有助于建立按照实际价值交易的资产市场，降低筹资成本等。

五、逐步建立全国统一的债券市场

债券市场的分割不利于我国金融体系的发展，作为事实上跨越了货币市场与资本市场两个市场的我国银行间债券市场，随着其深入发展，越来越要求一个统一债券市场的形成。要建立统一的债券市场，关键是要实现债券在两个市场的连通和自由流动。目前我国银行间债券市场是债券市场的主体部分，大部分国债和所有的政策性金融债、次级金融债都在这个市场发行和流通，而资本市场（证券交易所市场）则只有少部分国债和企业债券的发行和流通，债券市场的分割导致了银行间债券市场缺乏流动性，而交易所市场则缺乏债券品种。要消除债券市场分割给金融体系发展带来的不利影响，需要做到以下几点：

1. 统一两个市场的债券托管制度。银行间债券市场的债券全部集中托管于中央结算公司，交易所市场的债券则托管于交易所的债券托管系统，两个市场目前只能单向转托管，即只允许交易所的债券托管到银行间债券市场，反向则不行。因此，可以首先改变单向托管的制度安排，实现双向转托管自由进行，待时机成熟后将债券全部托管于中央结算公司，实现债券的统一托管。

2. 统一两个市场的债券交易方式。银行间债券市场的询价式交易和交易所市场的撮合式交易各有优点，可以考虑在建立健全做市商制度的基础上逐步统一两个市场的交易方式，即推出一批信誉良、实力强的做市商，然后在两个市场统一实行询价式交易，这样既有利于提高市场流动性，又有利于市场成员在交易对手的选择上具有一定的主动权，可以更好地防范风险。

3. 建立统一的市场监管体制。在明确市场监管部门与主体利益彻底脱离，以保证债券交易公平、公正的原则下，明确界定各管理机构的监管职能。统一的债券市场应由证监会和中国人民银行共同实施监管。证监会负责制定统一的交易规则、交易办法，对债券托管结算制度作出规定，中国人民银行负责对金融机构的投资业务进行监管，同时在统一的债券交易规则框架下，制定公开市场业务规则，并组织好公开市场操作。

随着两个市场参与主体的扩大和相互渗透，债券品种的丰富和交易工具的创新，可以逐渐实现银行间债券市场与交易所市场投资者和投资工具的同一性，从而促进两个市场的融合，形成一个统一的债券市场。

第六章

中国货币市场基金的发展

第一节 海外货币市场基金发展运行概况

一、美国货币市场基金的发展沿革

（一）历史发展简述

美国货币市场基金出现在社会民众对国家宏观经济、金融机构信心下降时期，即经济滞胀严重的20世纪70年代。当时美国政府为了调节经济，于1970年，取消了"Q条例"（为了限制商业银行的恶性竞争，美国国会对商业银行存款利率规定了上限，这就是所谓的"Q条例"）中关于10万美元以上存款利率最高限额的规定。为争得储蓄大户，各商业银行和储蓄机构都竞相提高大额存款的利率，从而产生了对小户不利的利率歧视。

1971年，华尔街两名证券商鲁斯·本特和亨利·布朗正式创立了货币市场基金。货币市场基金的最初目的很简单：集中小储户的零散资金，以"大户"的姿态在金融市场上出现，以获得与"大户"相同的利率收入。

1971年货币市场基金的出现极大地改变了当时的经济状况。一方面，货币市场基金将社会上的零星资金汇集成规模巨大的资金池，投资于货币市场工具，这就使得中小投资者可以间接进入货币市场，分享短期国债、商业票据、银行承兑票据及可转让定期存单等流动性强的货币市场工具的收益，从而为个人投资者从货币市场获得高于"Q条例"的收益打开了道路；另一方面，货币市场基金作为一种基金，它属于信托业务，可以不受"Q条例"的限制与约束，从而可以按照基金运营的效果提供收益。

货币市场基金诞生后，对美国基金市场产生了重要意义。MMF的总资产从1977年的不足40亿美元，一下膨胀到1982年的2 300多亿美元，总资产在规模上超过了股票和债券共同基金。到 2004 年,这一数字已经达到惊人的 1.8 万亿美元,占据美国共同基金市场整体资产的 25%,一度超过了美国居民储蓄存款的规模。

(二) 美国货币市场基金的特点

1. 业务灵活而多样。投资者要进入货币市场基金,一般只需交 1 000 美元,就可开立账户,买入基金的股票。基金的股票可以在市场上出售,基金也有义务按票面价值加上(或减去)营利(或亏损)回购基金股票。投资者出售基金的股票就等于退出了基金。在 1982 年,一些商业银行与一些货币市场基金达成协议,商业银行提供一种"货币基金平衡流动"业务,这种业务使得货币市场基金投资于大额可转让存单(最小面值为 10 万美元)更加容易。这种灵活多样的经营方式,极大地增强了货币市场基金的吸引力。

2. 低风险经营。投资对象集中于低风险、高流通的证券,满足了广大"风险厌恶者"渴求安全的强烈欲望,这是货币市场基金长期生存发展下去的最深刻的社会根源。美国货币市场基金主要涉足的三类证券(可转让大额存单、商业票据和国库券)的共同特点:一是成熟期短,最长不超过 1 年,最短的为隔夜商业票据和 1 周期的国库券;二是风险极小,其中国库券被称为无风险债券,其他两种一般也都由信誉极佳的大银行、大金融公司所签发,几乎也属于无风险债券。

3. 兼具投资中介和储蓄中介的特点。货币市场基金具有投资中介机构的某些特点,它通过发行"股票"来集中资金,然后投资于其他证券资产。货币市场基金的股票可以转让进行交易,投资者共享营利共负亏损。但货币市场基金又不同于股票市场基金,这是因为:一是货币市场基金的投资被严格限定在"准货币"证券的范围内,成熟期最多不超过 1 年;二是基金账户的所有者可以用开出支票或电话通知基金管理者的方式,把基金转让给第三者,而股票共同基金则不是如此。

货币市场基金也具有储蓄中介的特点,客户可以随时提取资金,或对其账户开出支票以偿还债务或购买商品,因此在理论上许多人又把它归入存款机构类。但货币市场基金与一般的储蓄账户也有很大区别的:一是它不属于联邦储备委员会的管辖,不受联邦存款保险公司的制约,没有存款保险的规定,也没有法定准备金的要求。虽然在 1980 年 3 月,作为卡特总统制止信用扩张、防止通货膨胀计划的一部分,当时的货币市场基金的新增部分也被暂时地要求在联邦储备银行保留 15% 的准备金,但在 1980 年秋季,随着里根总统的上台,卡特的计划随即取消,准备金的要求也自行废止。二是货币市场基金不从事贷款业务,只进行"投资",当它投资于可转让大额存单时,则有些类似于"再存款"。三是"股东"们共享投资的收益,同担投资的风险。

二、欧洲市场中货币市场基金的发展

欧洲货币市场基金是规模仅次于美国的全球第二大货币市场基金市场,其货币市场基金的发展历程在带有强烈区域化特征的同时,不同国家的差异较大,个性化特征也比较明显。从产生背景上看,欧洲货币市场基金的产生一方面是由于货币市场基金本身所具有的低风险、高流动性及收益稳定的特点,使其成为风险偏好较低的个人和机构投资者投资理财的良好品种,保证了货币市场基金在欧洲市场上的强大需求动力;另一方面,欧洲货币市场的形成促进了欧洲货币市场基金的诞生,由于欧洲货币市场的开放性、高流动性以及各种优惠政策使得投资欧洲货币市场成为海外投资者最佳选择,而货币市场基金则可以最好地满足海外投资的这种投资需求。

从欧洲货币市场基金的发展情况来看,欧洲货币市场基金具有以下几个主要特征:

一是从国别上看,欧洲市场上有货币市场基金的主要有五个国家(法国、卢森堡、意大利、西班牙和德国),其中法国和卢森堡规模最大,法国货币市场基金资产总额更是占据了欧洲货币市场基金的半壁江山。

二是欧洲地区货币市场基金的资产规模与市场份额均居全球第二位(美国居第一位)。据统计,2002 年底欧洲货币市场基金的资产总值已经达到 6 139 亿欧元,约占到其区域内所有基金资产总额的 20%。2004 年欧洲货币市场基金资产规模首次突破了 1 万亿美元,但与同期美国货币市场基金的约 2 万亿美元的资产规模相比,差距还是很大。

三是欧洲货币市场基金的资产规模呈稳步上升趋势,特别是 2000 年以后,上升的速度明显加快。截至 2004 年 10 月,欧洲管理的货币市场基金资产规模已经达到 9 928 亿美元,占全球货币市场基金资产的 31.07%,其中法国、卢森堡、西班牙市场上的货币市场基金资产规模分别为 4 330 亿美元、2 304 亿美元、687 亿美元。

四是欧洲地区货币市场基金的发展,在很大程度上依赖海外投资基金的参与,特别是澳大利亚、美国的投资者及离岸基金的积极参与。随着欧洲投资基金法律、监管、行政等区域性条款逐渐的一体化,特别是在欧元区货币市场的示范效应下,货币工具种类的丰富多样、投资范围与交易方式的灵活弹性、清算与结算技术的电子化改进、货币市场投资主体的日趋增多等有利因素的促进下,欧洲货币市场基金的发展将会更加迅速。

三、日本货币市场基金的发展

20世纪末以来，日本为了摆脱持续的经济停滞状态，长期采取了低利率政策，这为货币市场的发展提供了契机，因为同期的货币市场基金基本上能够保证0.01%~0.02%的收益率水平。因而相对于银行存款，投资于货币市场基金对于投资者来说是更为划算的选择。1992年5月，日本市场上出现了首只货币市场基金，一开始日本货币市场基金的最低投资额度设定为100万日元，在1993年下降为10万日元。经过短短几年的发展，日本货币市场基金的资产规模快速上升，2000年5月，货币市场基金的总资产已经达到当时储蓄存款的10%左右。到2002年，日本货币市场基金资产总额已经达到552亿美元，约占其国内基金资产总额的15%。

虽然日本货币市场基金发展迅速，规模日趋增大，但是其发展也受到了一些市场、法律等因素的影响。例如，日本货币市场发展不是很完善，货币市场工具不多。虽然近几十年来取得了长足的发展，但其发达程度与公开程度与欧美发达地区相比还有差距。这使得日本的货币市场基金在投资对象的选择上受到很大的制约，影响了其货币市场基金的发展。另外，相关的货币市场基金法律法规的缺失也影响了日本货币市场基金的良性运行。因而，日本货币市场基金要想取得更大的发展，还需要完善很多相关的配套设施。

四、海外货币市场基金发展对我国的借鉴

（一）市场结构完善和投资工具丰富是货币基金快速发展的条件

货币市场基金的投资领域是货币市场，投资组合对象是货币市场工具，因而货币市场的发展状况是发展货币市场基金的基础。如果货币市场工具过于单一，货币基金就无法发挥资产组合与投资多元化的优势，也就难以得到投资者的认同。美国货币市场基金所投资的货币市场信用工具主要有短期国库券、可转让存单、商业票据、回购协议、银行承兑汇票、联邦基金等。在这一点上我国货币市场可投资工具单一直接制约了货币市场基金的发展。

（二）多元化的市场参与主体，有利于提高货币基金市场的流动性

基金市场的活跃程度，很大程度上取决于市场参与主体的数量。在美国，货币市场基金的参与主体既有金融和非金融企业等机构投资者，也有个人及家庭，

而购买货币市场基金早已成为家庭理财习惯，被普通老百姓视为银行存款的良好替代物和现金打理的工具，享有"准储蓄"的美誉。

（三）利率市场化是货币基金发展的有效保证

20世纪70~80年代是美国货币市场利率波动较剧烈的时期，由于通货膨胀率的上升，最能反映资金供求关系的联邦基金利率到1980年时曾升至20%以上，远远高于管制利率水平，从而使得货币市场基金的收益与方便性得到明显体现，美国货币市场基金在几年内增长速度惊人。可见货币市场基金是利率自由化的产物。而货币基金的形成又为货币市场创造了一种新型的浮动利率工具，推动了利率自由化进程。

（四）完善的风险防范制度，确保基金市场的规范运作

美国投资基金是美国法规管理最严格的经济实体，投资基金不仅要对证券交易委员会、各级管理层、基金持有者公开披露其所有信息，增加透明度，而且其运作的全过程也要受到严格的监管。比如，美国的《1933年证券法》就要求基金公司向证券交易委员会提交有关基金所有情况的申报说明书以供备案，同时要求基金公司提供近期招股说明书，详细说明基金管理、投资策略、目标以及其他必要资料并且还对基金广告的类型和内容进行了限制。

第二节 中国货币市场基金发展的历史沿革

在国外，货币市场基金是随着短期证券市场与共同基金制度的发展而产生并逐渐兴盛起来的一种投资基金。它属于开放式的基金，同开放基金中的股票基金、债券基金以及股票、债券混合基金等资本市场基金相比，它主要是为众多的投资者提供安全的流动性管理手段，因此货币市场基金的投资工具和投资策略都更注重安全性和流动性。从发达国家货币市场基金的发展历史来看，其对一国货币市场发展的促进以及对提高经济整体效率都有重要的意义。

一、货币市场基金的含义

货币市场基金是指通过某些特定发起人成立的基金管理公司，通过出售基金凭证单位的形式募集资金，以货币市场工具为专门投资对象的共同基金，其主要投资对象包括短期国债、商业票据、大额可转让存单、回购协议、银行承兑汇票等。

依据不同的标准，我们可以将货币市场基金进行不同的分类：

按基金发起方式来分，货币市场基金可分为公司型与契约型。公司型货币市场基金是经由发行股份方式吸收大众资金，投资收益反映在累积的股份数上，而不是净资产价值上的变动，美国的共同基金多属此类。而契约型货币市场基金则是由投资人与基金管理公司及托管机构签订契约委托代为管理，投资收益体现在基金的净值上，如英国的共同基金即属此类。

按投资者属性来分，货币市场基金可以分为一般目的的基金，即基金的投资者主要是一般投资大众；以证券商为对象的货币市场基金，即承销商通过证券商及经纪商销售基金，经纪商再向社会大众销售；以法人为投资对象的货币市场基金：该基金资金主要来源于公司及银行信贷部。

按是否课税来分，以美国为例，其货币市场基金可分为：课税型政府债券货币市场基金：主要投资于短期美国公债及其他由美国联邦政府或旗下机构所发行或保证的短期金融债券；课税型非政府债券货币市场基金：主要投资于短期货币市场工具，包括大型银行所发行的定额存单、商业本票及银行承兑汇票，且平均到期日必须少于90天；国家免税货币市场基金：投资于市政府所发行之短期证券，其收益可免联邦政府税；州立免税货币市场基金：主要投资于由单一州政府发行之短期债券，居住于该州的居民就该基金的收益免收联邦及州政府所得税等。

二、货币市场基金的特征分析

作为一种专门投资于货币市场的共同基金，与其他基金产品相比，货币市场基金具有以下几个主要特点：

（一）货币市场基金一般为开放式基金，流动性强

货币市场基金自20世纪70年代在美国出现起，就形成了一种惯例性的规定，即允许基金凭证持有者据其持有的金额签发支票变现，犹如活期储蓄。不仅如此，投资者可以根据情况和自己的需要，随时注资或提取资金，而且通常没有提款处罚，因而是一种典型的开放型投资基金。货币基金之所以采取开放型，主要是因其投资的各种货币市场工具期限都较短，交易差价相对较小，收益波幅不大，因此为了提升其对市场的吸引力，必须提高其流动性。

（二）货币市场基金收益较为稳定

货币市场基金主要投资于期限较短的货币市场工具，相当部分具有准现金的性质，流动性非常高，而且货币市场基金的投资组合一般高度分散，变现能力强，

所以尽管货币市场基金不对投资人承诺本金安全，但其安全性并不输于银行存款。与股票债券投资基金相比，货币市场基金的收益比较稳定。所以货币市场基金较适合于那些风险偏好较小、流动性偏好较大的小额投资者或非营利性资产机构投资。

（三）货币市场基金风险较小

货币市场基金可以最大限度地实现规模收益，用汇集而来的大量小额资金集中起来统一投资到原本风险就较小的货币市场工具中去，通过规模组合的方式，使各种货币市场工具在流动性互补，从而使投资货币市场基金的风险降到最小。

（四）货币市场基金具有一定的支付功能

货币市场基金账户具有灵活的支付功能，在美国货币市场基金如同支票账户。投资者可以对基金资产签发支票，从而使得投资者既享受活期存款的支付便利，又享受了相对较高的利息收入。但是由于信用制度等多方面的原因，我国当前的货币市场基金的这一功能还没有得到很好的体现。

（五）货币市场基金投资成本较低

一般股权基金和债券基金的年管理费为资产净值的1%～2.5%。相比之下，货币市场基金不收取首次购买费，年管理费也只收取资产净值的0.2%～1%，同时货币市场基金的名义起点额或最小变动单位都很小，一般公众都可以接受，避免了只有机构投资者或富裕投资者才有能力参与到货币市场交易。同时，发行货币市场基金的多为股权、债券类基金的基金管理人，这些公司一般同时设有多种基金，当整个基金市场行情或某一两种基金行情发生变化时，投资者可把持有的股票基金或债券基金转向货币市场基金，反之亦可，而转换过程中不必缴纳转换费，因而投资调整的成本较低。从表6-1中可见，对比其他基金品种，货币市场基金的特征与优势更为突出。

表6-1　货币市场基金与股票型基金、债券型基金的特征比较

投资品种	安全性	收益性	投资成本
货币市场基金	本金相对安全	收益一般较股票型和债券型基金稳定，免征利息税	低（免申购赎回费用；管理费低）
股票型基金	风险高	收益不稳定，受证券市场影响大	高（有申购赎回费用；管理费高）
债券型基金	本金有可能损失	收益不稳定，受债券市场影响大	高（有申购赎回费用；管理费高）

资料来源：陈立：《影响未来的中国基金产业》，中国财政经济出版社2001年版。

三、中国货币市场基金运行发展过程

与欧美发达国家相比，我国货币市场基金还属于货币市场的新兴事物。2002年末至2003年初，国内几家基金公司开始酝酿向市场推出货币市场基金。2003年3月，招商基金试图将货币市场基金藏在其安泰系列基金之下，准备上市，尽管招商基金做了精心的准备，但其货币市场基金却意外没有获得最终批准。随后的大半年时间，招商基金管理公司、华安基金管理公司和博时基金管理公司对其基金产品的内容作了修改，直到2003年12月9日，中国证监会终于下达了批文，同意货币市场基金投入市场发行，标志着货币市场基金正式进入到我国的货币市场之中。华安基金公司所辖的"华安现金富利投资基金"于2003年12月14日正式向社会公众发售，而招商基金公司的"招商现金增值基金"和博时基金公司的"博时现金收益基金"也相继于2003年12月15日、16日正式发售。但当时由于受政策限制，3家基金都回避了国际通用的叫法，并不叫作"货币市场基金"，而以"现金基金"为名，因而被认为是"准货币市场基金"。此后长信、泰信、华夏和南方基金公司等基金管理公司都相继推出了自己的货币市场基金品种。至2004年上半年货币市场基金数额已达7只。

2004年8月，中国证监会和中国人民银行联合发布了《货币市场基金管理暂行规定》，该规定的发布规范了货币市场基金的名称、投资品种和剩余期限，同时也推动了货币市场基金的进一步发展。2004年第四季度，诺安基金管理公司推出诺安货币市场基金，这是《货币市场基金管理暂行规定》实施后第一只正式以"货币市场基金"命名的产品，紧接着银河基金管理公司、海富通基金管理公司分别推出银河银富货币市场基金、海富通货币市场基金。

2005年3月25日《货币市场基金信息披露特别规定》和《关于货币市场基金投资等相关问题的通知》发布并于4月1日起实施，使我国的货币市场基金业更加法制化、规范化。这些法律法规的施行可以进一步规范货币市场基金的投资运作，更好保护基金份额持有人的合法权益。

2005年8月，中国证监会向各基金管理公司、基金托管银行下发《关于进一步拓宽货币市场基金投资范围有关问题征求意见的通知》，就拓宽货币市场基金的投资范围，规范货币市场基金的投资运作，促进货币市场基金健康发展，征求业界意见，此征求意见稿有两则：一是《关于货币市场基金投资银行存款有关问题的通知（征求意见稿）》；二是《关于货币市场基金投资短期融资券有关问题的通知（征求意见稿）》。这两则征求意见稿规定：货币市场基金可以投资于现金、1年以内（含1年）的银行定期存款（含通知存款）及大额存单；货币市场基金可以投资于以下信用等级的短期融资券：一是采用国际评级标准、其信用等级不低于同一评级机构对短期中国主权债务评级的；二是采用国内评级标准，其信用等级为同一评级机构评级体系中的最高级的。此次扩大货币市场基金的投资范围将对货币市场基金收益产生积极影响，但对于基金的流动性却会产生负面影响。为此征求意见稿规定：货币市场基金投资于银行定期存款、大额存单的比例，不得超过基金资产净值的60%；货币市场基金投资于同一公司发行的短期融资券及短期企业债券的比例，合计不得超过基金资产净值的10%。

2005年9月22日，证监会发布了《关于货币市场基金投资短期融资券有关问题的通知》规定了货币市场基金投资的短期融资券的信用评级的标准、货币市场基金投资于同一公司发行的短期融资券及短期企业债券的比例及货币市场基金持有短期融资券期间，如果其信用等级下降、不再符合投资标准时基金管理公司应如何应对。2005年10月27日，备受各界关注的《证券法》修订草案三次审议稿于十届全国人大常委会第十八次会议表决通过，历时两年多的《证券法》修订终于画上句号。作为证券市场的基础性法律，这部法律已于2006年1月1日起施行。

2005年11月21日证监会发布了《关于货币市场基金投资银行存款有关问题的通知》，规定货币市场基金投资于定期存款的比例，不得超过基金资产净值的30%。货币市场基金投资银行存款时，应当与存款银行签订具体存款协议，明确存款的类型、期限、利率、金额、账号、对账方式、支取方式、账户管理等细则。为防范特殊情况下的流动性风险，定期存款协议中应当约定提前支取条款。

经过几年的发展，货币市场基金已经成为证券市场的重要机构、投资力量和广大投资者的重要投资工具，成为稳定证券市场上的一支重要力量，截至2009年6月，中国大陆货币市场中已有59只货币市场基金。① 货币市场基金总额已近1 600多亿元，2008年货币市场基金总额最高峰值达到3 891.74亿元（见图6-1），货币基金所倡导的价值投资理念越来越被市场认同与接受，对我国货币市场的影响日益扩大。

值得一提的是，2005年2月20日，由中国人民银行、中国银监会和中国证监会联合制定的《商业银行设立基金管理公司试点管理办法》（以下简称《管理办法》）公布实行。该办法鼓励商业银行采取股权多元化方式设立基金管理公司。这标志着商业银行设立基金管理公司试点工作正式进入实质性操作阶段。

---

① 中国基金网（http://www.chinafund.cn/）。

《管理办法》规定，试点初期，既可以募集和管理货币市场基金和债券型基金，投资固定收益类证券，也可以募集和管理其他类型的基金。随后，中国工商银行、中国建设银行和交通银行成为首批获准投资的商业银行。可以预期的是，这一举措实质上打破了中国银行混业经营的禁锢，必将对中国金融业产生深远的影响。

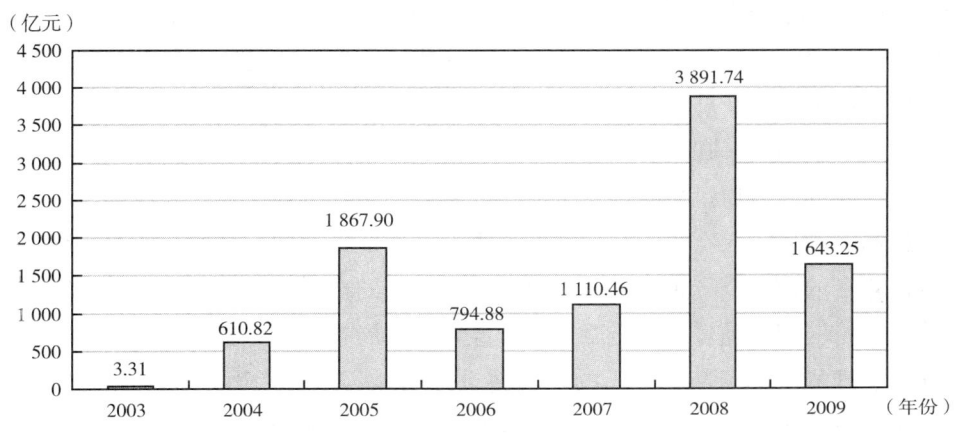

图6-1　2003~2009年我国货币市场基金资金总额

注：2009年数据截至10月23日。

资料来源：Wind资讯。

第三节　中国货币市场基金发展对宏观经济的作用

一、货币市场基金发展对金融机构产生的影响

1. 对商业银行经营运作产生的影响。货币市场基金相比于银行存款，在具有较低风险性的同时，具有较高的收益率。它的出现必将造成个人储蓄向货币市场基金的转移，即储蓄的分流问题。对于商业银行来说，存贷款业务是其基本业务，是其最基本的利润来源。货币市场基金发展带来的储蓄分流问题，一方面，会导致相当部分储蓄资金流出银行系统，给商业银行基础业务的开展带来巨大冲击，降低其基本业务交易额，减少其利润收入，同时还会造成商业银行的流动性风险，一些中小商业银行还可能面临能否持续生存和发展的危机。另一方面，这种储蓄分流作用，为储蓄资金提供了新的投资渠道，有利于消化了沉淀于银行的大量储蓄，也在一定程度上分散了银行经营范围狭窄而积累的潜在风险，有利于缓解银行系统存款数额过高以及增长过快的压力。

另外，货币市场基金使得商业银行收入来源多元化。我国货币市场基金的运作与商业银行的联系十分密切。现阶段我国各类货币市场基金的销售、赎回和资金清算都离不开银行系统服务体系的支持。商业银行充当货币市场基金的托管机构和销售代理机构之一，也获得了相应的托管收入和销售服务收入。因而货币市场基金的发展也为商业银行提供了进一步发展中间业务的良机，增加了商业银行中间业务收入的渠道，实现收入来源的多元化，改变以往过分依赖存贷差来赚取利润的局面。

值得一提的是，在现有法律框架下，商业银行介入货币市场基金的发起和管理，意味着其可以通过对附属基金公司的营运和管理得到比托管和代销更高的利润，提高非利息收入在收入结构中的比重，这无疑将有助于改变目前国有商业银行普遍存在的信贷资产过多和利差收入占比过高的现象，促使商业银行向现代化全功能银行转型。随着我国金融业混业经营的发展趋势进一步明确，商业银行在发起和管理货币市场基金方面的优势将更加凸显，其对货币市场基金业务的介入，也将有助于提高商业银行的整体经营水平和与外资金融机构竞争的能力。

2. 对基金公司经营运作产生的影响。在中国货币市场基金推出前，基金公司投资工具主要集中于资本市场中长期证券。而货币市场基金的出现，为基金公司开放式基金提供了一个新型的投资工具，有利于改变目前基金投资单一的状况，在丰富业务品种的同时有利于促进基金管理公司多元化经营，多种渠道增加利润来源。同时也有利于增大公司管理规模、提高人才的储备和运作的专业化。

二、货币市场基金发展对货币市场的影响

1. 促进货币市场的发展，提高了市场的流动性。中国货币市场自成立之日起，就是一个由特定机构投资者组成的批发市场，中小投资者因市场准入限制无法进入该市场，通过设立货币市场基金，吸引个人投资者和机构投资者参与到货币市场交易中去，不仅扩大了货币市场交易主体，丰富了货币市场的资金供给，促进了货币市场工具的流动性，也为各个货币市场短期金融工具的流通交易提供了强有力的投资基础。同时，货币市场基金不断地买卖货币市场工具、赚取利差，也活跃了二级市场的交易，增加了交易总量。

2. 缓解融资结构失衡问题，降低了我国金融体系风险。长期以来，我国融资体系中，直接融资比例偏低，而间接融资比例较高，贷款规模占 GDP 的比重远远高于股票和债券。而银行信贷规模上升的一个重要原因在于银行存款增长速度过快，过高的储蓄率使中国资金运用的效率大大降低，增加了金融机构资金运

作的压力。

货币市场基金的储蓄分流功能弱化了银行存贷款这种间接融资模式，强化了购买基金来投资短期证券的直接融资模式，有利于降低商业银行存款规模，尤其是居民活期储蓄存款，进而收缩商业银行的贷款规模，降低金融市场中间接融资比例，促使我国金融市场的直接融资比例的提高。可见，目前我国发展货币市场基金有利于完善我国融资结构，使直接融资和间接融资比例相协调，从而降低金融体系风险，促进整个金融市场的发展和稳定。

3. 丰富了共同基金市场。我国的基金业起步较晚，无论在数量上还是规模上都远远落后于银行、证券、保险业的发展，难以满足人们多渠道投资理财的需求。货币基金诞生后，普通投资者视其为一种方便、安全和流动性较强的投资工具，甚至将对货币基金的投资作为暂时流动性储备来看待。所以，货币基金从一开始就受到投资者的青睐，它不仅丰富了共同基金市场的选择，而且随着其自身资产规模积累的扩大，也大大带动了共同基金市场的迅速发展。

4. 促进了货币市场的创新。货币市场基金的出现本身就是货币市场金融创新的结果，而它的发展，将大大加快货币市场内部制度创新和产品创新的步伐，推进货币市场快速发展。

首先，货币市场基金利用共同基金的组织优势，广泛吸收社会资金进入货币市场，为各种货币市场工具的连续发行与流通交易市场的培育和发展提供强有力的投资者基础。其次，货币市场基金的产生将推进资本市场实施企业产权制度、组织方式与经营机制等制度创新。因为货币市场基金的诞生为证券中介机构创造了良好的短期资金头寸调剂市场，有利于机构在市场中开展以兼并收购为手段的公司治理结构改革。

5. 有利于推动中国利率市场化改革进程。利率市场化是中国金融改革的方向，按"先外币、后本币；先贷款、后存款；先长期、大额，后短期、小额"的中国利率市场化改革的总体思路，中国人民银行先后对我国外币存贷款利率、本币贷款利率及本币存款的利率进行了一系列的改革。利率市场化的难点在于存款利率市场化。货币市场基金具有"准储蓄"的特征，其利率水平也能较真实地反映当下市场供需双方的资金状况，这就为市场基准利率的形成提供了参考依据，也为中国最终完全实现利率市场化奠定了基础。

6. 有利于货币政策的顺利实施。宏观金融调控措施，特别是货币政策的执行，需要有一个发达的货币市场作为基础。发达的货币市场意味着有众多的参与主体，多样化的投资工具，只有这样，才能使货币政策信号的传递与影响具有足够的广泛性，才能起到对经济运行的调节作用。而货币市场基金的建立与发展，吸引了大量社会资金与公众进入货币市场，增强了货币市场的基础，确保了货币政策信号的传递,不仅如此,通过货币基金进入货币市场的投资者对货币市场的波动,尤其是利率的调整,同样具有灵敏的反应,这就强化了利率信号的调节能力。所以货币市场基金的发展有利于宏观金融调控政策的顺利实施。

三、货币市场基金发展对货币市场与资本市场连接的影响

长期以来,我国的货币市场与资本市场处于一种相互分割、相互分离的状态。而且两种市场的发展也不协调,尽管货币市场的发展早于资本市场,但其发展却严重滞后于资本市场,这种不均衡的发展态势显然不利于我国金融市场的良性运转。货币市场基金的发展可以有效地促进我国货币市场与资本市场的沟通,提高我国整个金融市场的效率。

1. 货币市场基金的发展,使得我国的基金管理公司可以同时向投资者提供两种市场的投资工具。而且投资者可以用非常低的费用,实现资金在货币市场与资本市场之间的转换,客观上加强了我国货币市场与资本市场的连通。

2. 货币市场基金的发展,也会带动我国资本市场的同步发展。这是因为资本市场的进一步发展,需要有高效的证券金融中介机构的服务,而证券金融中介机构客观上需要有灵活的融资空间,以支持其业务的开展。也就是说,资本市场的可持续发展,离不开货币市场的相应发展作为支撑。而货币市场基金的发展正是为证券公司等机构投资者在资本市场之外的货币市场上提供了短期融资渠道。这样,资金就可以通过证券公司等机构投资者注入资本市场,推动了两个市场之间的有效互动。

3. 货币市场基金的出现为我国的投资者提供了另一种"类似储蓄"的金融工具,对我国巨额的银行存款产生了一定的分流作用,使得原本为银行储蓄的一部分资金通过货币市场基金有效地进入资本市场,加强了两个市场之间的沟通,促进我国金融市场的发展。

第四节 中国货币市场基金市场的完善与发展

一、中国货币市场基金发展的问题分析

(一)缓慢的利率市场化进程,制约了货币市场基金的发展

从美国货币市场基金的发展历史可以看出,金融自由化过程中的市场利率与

管制利率的差异是推动货币市场基金发展的基本动力。在我国利率市场化改革过程中，货币市场中各个子市场的利率市场化进程不可能完全一致，管制利率与市场利率将会同时并存，二者之差将为投资者提供潜在的投资机会，这也是货币市场基金发展的基本驱动力。由于我国目前利率市场化还没有真正启动，清一色的管制利率无疑削弱了货币市场基金的运作空间和盈利空间。

（二）货币市场基金的支付功能未得到发挥

从海外成熟市场的货币市场基金的发展看，其受欢迎的主要原因是具有支付功能，也就是说它可以起到"第二支票"的作用，更具流动性和便利性。比如，可以即时赎回、即时到账，可以用基金账户签发支票、支付消费账单，有的还允许投资人直接通过自动还款机提取资金。我国货币市场基金的赎回资金到账可以达到 T+2，个别基金达到 T+1，由于基数很大，商业银行往往能够坐享其中的利息，同时却降低了货币市场基金的流动性，无法体现本该具有的"即时赎回、即时到账"优势。

（三）"分业经营"的现状限制了商业银行参与货币市场基金

货币市场基金的供给和需求，都与商业银行紧密相关。但在我国目前金融分业经营模式的限制下，目前的商业银行发行货币市场基金的试点进展缓慢。货币市场基金主要仍是以基金管理公司作为发起人，商业银行不能积极有效地参与进来。商业银行熟悉货币市场业务，具有丰富的客户资源、强大的销售能力和销售网络、良好的清算系统以及相关的专业人才储备；商业银行在货币市场基金的操作上，具有明显的优势。缺少商业银行的积极参与，货币市场基金很多优势就得不到发挥。一些货币市场基金发展较晚的国家，因为商业银行直接参与到货币市场基金的发展中，使得其货币市场基金在较短的时间取得了长足的发展。

例如，德国实际上一直到 1994 年才开始发展货币市场基金，但是在混业经营体制的强劲支持下，德国的货币市场基金保持了相当快速的增长趋势，到 2002 年货币市场基金的资产规模已经占到全部基金资产的 20% 左右，之所以如此，是因为其货币市场基金的发起人和管理人都是商业银行设立的投资公司。

（四）投资工具单一影响了货币市场基金的发展

相较美国金融市场上丰富的货币市场金融产品，如一年到期的商业本票、回购交易、可转让定期存单、短期金融债券等。我国货币市场投资工具相对单一。

我国货币市场的债券中，国债多，市政债券和企业债券相对较少；国债中长期国债多，短期品种相对较少。商业票据市场规模也不大，虽然收益相对较高，但仍是货币市场基金投资的禁区。显然货币市场工具的缺乏限制了货币市场基金投资组合的多样性，风险也难以分散，容易影响货币市场基金的经营业绩。不仅如此，我国货币市场中央行票据所占比重过大，不论是整个短期债券存量还是短期债券交易量，央行票据所占比率都很大。这使得基金在投资组合中过分依赖该品种，导致货币市场基金业绩过多取决于央行票据。

（五）货币市场清算机构和清算水平有待进一步提高

凡是发达的货币市场都有组织合理、高度先进的资金与有价证券清算结算系统。目前来看，中国缺乏的是银行间集中统一专门办理资金清算的清算银行，资金在途时间较长，资金清算效率较低，这对于货币市场的发展是极其不利的。我国尽管已建立了中央国债登记结算公司作为债券登记托管结算的服务机构，但该机构运作水平还有待进一步提高。目前货币市场的资金清算主要通过中国人民银行的电子联行系统进行，其清算效率尚不能满足发展货币市场的要求。因此，组建中央清算银行，真正为货币市场的发展提供应有的高效结算服务，才能为货币市场的发展提供更好的基础条件。

（六）货币市场基金的收益率吸引力不够

投资渠道的狭窄，尤其是限制不能投资于收益率相对较高的商业票据市场，降低了我国货币市场基金的收益，投资者的盈利空间确实有限。尤其是机构投资者，通过协议存款等方式完全可能超越目前货币市场基金的收益率。我国目前货币市场基金个人申购率非常高，也从另一个角度说明机构投资者并不认可目前货币市场基金的收益水平。投资组合平均剩余期限是影响货币市场基金业绩的重要因素，较长的平均剩余期限意味着更高的收益率。监管部门明确要求货币市场基金投资组合的平均剩余期限不得超过180天，这迫使这些货币市场基金调整持仓品种，导致收益率的进一步下降。

（七）信用制度建设的滞后，限制了货币市场基金的发展

发展货币市场基金需要依靠完善的信用制度为基础，而我国在信用制度的缺失已明显制约了货币市场基金的发展。这一方面表现在，由于我国信用制度的缺失，导致我国到现在还没有形成全国统一的票据市场交易市场，使得我国货币市场基金少了一种重要的投资品种；另一方面，对货币市场基金来说，最

为重要的功能就是其现金管理功能,因而货币市场基金对流动性的要求非常高。而由于我国个人信用制度建设滞后,导致支票业务无法开展,严重制约了我国货币市场基金现金管理功能的发挥,大大降低了我国货币市场基金对投资者的吸引力。

二、中国货币市场基金发展的政策建议

(一) 进一步发展和完善我国货币市场

加速货币市场的发展也是货币市场基金演进的内在要求。基于我国货币市场的基本状况,考虑从以下几方面发展货币市场:

1. 拓展和丰富货币市场的投资工具。其一,扩大短期债券的供给。我国应扩大短期国债的发行规模,改进国债发行结构,增加短期国库券的发行比例,同时增加地方政府债券的发行。加快发展利率水平较高的企业短期融资券、资产支持证券、住房抵押贷款证券等品种,拓展货币市场基金的投资空间。其二,扩大银行大额存单的发行种类和数量,发展大额可转让存单市场,并进一步鼓励和发展金融创新行为。

2. 实现货币市场基金的交易主体多元化,加强货币市场的组织体系建设。首先,市场流动性的加强离不开交易主体数量的增加和投资活动的活跃。应允许更多的证券公司、信托公司、财务公司、基金管理公司以及大企业和公众个人进入到该市场,参与货币市场工具的投资与交易,增加货币市场的流动性。其次,继续完善做市商和市场经纪商机制。吸引合格的证券公司加入做市商行列。我国做市商制度开始于2001年,近年来由于受市场环境等诸多因素的影响,基本处于止步状态,活跃市场的功能日渐萎缩。2004年,中国人民银行新增的6家做市商中包括两家证券公司,此举被认为是打破目前做市商机构格局单一、促使做市商队伍结构更加合理的一次尝试。今后应此基础上进一步发展做市商制度,以弥补银行间市场投资模式过于单一的缺陷,使更多的投资者通过做市商和经纪商方便快捷地进入货币市场,以活跃二级市场的交易结算,提高市场流动性。

3. 加快市场的清算结算系统建设。一个高效率、一体化的支付清算系统是货币市场快速稳定发展的必要条件,它不仅可以满足市场交易主体交易的及时性需要,并且可以保证中央银行货币政策得到贯彻落实,降低货币政策时滞,而且可以提高货币市场运作效率。因此建立和完善统一、高效、安全的支付清算系统,已经列入中共十六届三中全会通过的《中共中央关于完善社会主义市场经

济体制若干问题的决定》。目前中国人民银行的清算中心已迁址上海,并着手建设"全国清算中心",说明建设我国的"清算银行"已迈开一大步。另外对于债券的结算工作,中央国债登记结算公司虽作了一个很好的设施铺垫,但还需要进一步提高其市场权威性和运作效率。

(二) 保障商业银行发起和管理货币市场基金的规范发展

《商业银行设立基金管理公司试点管理办法》的出台,实质上已经打破了目前我国金融业分业经营的限制。但随之而来的就是,如何规范和健康地发展由商业银行发起和管理的货币市场基金。在现有法律法规框架下,商业银行建立的基金管理公司应该严格按照"法人分业"的原则,与其出资设立的基金管理公司之间建立有效的风险隔离制度,防止业务交叉和关联交易。同时仅以出资额对所设立的基金管理公司承担有限责任,并通过基金管理公司的股东大会依法行使股东权利,避免越过股东大会、董事会干预公司的经营管理。

(三) 建立健全货币市场基金法律,规范货币市场基金操作

货币市场基金在我国发展时间不长,其规范地发展,有赖于货币市场基金的监管以及相关法律问题的建设。2004年8月,证监会、中国人民银行发布《货币市场基金管理暂行规定》,其后《关于货币市场基金投资等相关问题的通知》《货币市场基金信息披露特别规定》《商业银行设立基金管理公司试点管理办法》等法规条例相继出台,但相关的法律如投资顾问法、投资人保障条例以及中外合作基金管理条例等配套法律都还没有明确。

为了保证我国货币市场基金良好的发展势头,应当尽快起草和制定《货币市场基金管理法》,形成一整套发展货币市场基金的法律体系。以法律形式对货币市场基金的发行方式、投资范围、运作机制、收益分配、托管方式和风险防范提供制度保障。同时加强对发行货币市场基金的基金管理公司的经营规范性管理,严格审核基金从业人员和高级管理人员的任职资格,加强货币市场基金的信息披露制度。

(四) 构建科学合理的协同监管体制

由于货币市场基金运行的独特性,我国货币市场基金按《货币市场基金管理暂行条例》的规定应当由中央银行和证监会共同监管。但是在实际运行过程中,为加强对货币市场基金的监管,中国人民银行和证监会还需要同财政部、保监会等监管机构进行协调。这样监管工作就需要兼顾多个部门,较为复杂,处理不好容易造成监管真空或多头管理。因而如何将中国人民银行、证监会、银监会

和保监会多方结合起来,构建科学合理的协同监管体制是对货币市场基金监管提出的新要求。中国人民银行应加强对货币市场基金在全国银行间市场交易、结算活动的合规性检查;证监会应根据证券信托法规,对基金管理公司的公司治理结构、投资运作和信息披露进行严格管理,防止基金管理公司设立和管理货币市场基金的违规行为;银监会和保监会应加强对参与货币市场基金的机构投资者投资行为的管理。同时还要发挥各行业协会的自律作用,以形成全面、系统的货币市场基金监管体系。

第七章

中央银行货币政策调控分析

第一节 货币市场与货币政策操作

一、西方货币政策传导机制有效性理论

货币政策传导机制理论是在货币供求理论的基础上，探讨货币供求改变后对社会就业、产量、收入及物价等实际经济因素产生影响的方式、途径和过程的学说。它着重分析了在货币政策措施实施后，货币供给量的变动如何诱发和影响微观经济主体的消费和投资行为，从而导致社会总供给和总需求发生变化，并实现货币政策最终目标的整个过程。综合西方各学派的观点，在宏观经济运行中，代表性的货币政策传导机制理论主要有三种：即资产结构调整效应的传导机制、财富变动效应的传导机制、信用供给可得性效应的传导机制。

（一）资产结构调整效应的传导机制

资产结构论者认为，在总资产额一定的情况下，各种资产在总资产中所占的比重主要取决于各种资产的市场行情、资产的特征（收益率、风险程度等）以及资产持有者的偏好因素。在现实生活中，每一个资产持有者都有符合自己意愿的资产组合，如果中央银行通过货币政策工具的运用导致社会货币供给量的增减，必将打破资产持有者原有的资产结构的均衡，使其不得不进行重新资产结构调整与资产选择以恢复原有的流动性、营利性和安全性的均衡状态。资产持有者这种资产结构的调整行为通过相应的传导途径，必将在不同程度上影响金融资产的价格与收益，从而影响投资需求和消费需求，进而影响整个社会的实物经济活动，最终达到货币政策预期的调控目标。

(二) 财富变动效应的传导机制

财富变动效应表明中央银行货币政策操作导致货币供给量的增减会对人们所拥有的财富发生影响，进而影响人们消费、投资支出的变动和实体经济。它是通过以下途径来实现的：

1. 商品市场。当随着社会货币量的增加，各经济主体的财富相应增加，使之会觉得比以前更富有，从而改变了经济主体的支出意愿，往往相应增加消费等支出，会引起社会总需求中的需求增加，则国民收入增加。

2. 资本市场。在资本市场上，货币供给量的变动一方面对资产的需求产生影响；另一方面货币供给量对金融资产的供给也会产生影响。因此，货币供给量变化引发的财富变化，既改变了对资本市场的金融资产和金融机构贷款的需求，也改变了资本市场和金融机构可贷资金的数量。在供给和需求两方面合力的作用下，资本市场失衡，影响资本存量，进而影响资本的价格以及市场利率。资本价格和市场利率的变化，又必将影响投资需求，从而影响到国内生产总值规模。

(三) 信用供给可得性效应的传导机制

所谓信用可得性，就是指一定时期内整个社会可能提供的信用总量。该理论认为，货币政策通过两条途径作用于实际经济活动：一是货币政策通过利率结构变动来影响金融机构的流动性及贷款规模，进而影响整个社会的信用供给可能性和流动性；二是通过利率结构变动来影响个人和企业的流动性和支出规模。其作用原理见图7-1。

从这些货币政策传导机制理论中，可以得出关于货币政策传导机制一些共同性的东西：一是货币供应量改变后，对金融市场上的利率会产生影响，同时对有价证券的价格也会产生影响；二是正是由于利率和金融工具价格的变化，企业家的投资意愿和居民个人的消费欲望和资产选择就会相应改变；三是当社会投资和消费规模发生变化后，国内生产总值自然会发生相应的变化，国民经济活动由此受到调控作用的影响。货币政策传导机制的一般模式见图7-2。

二、货币政策传导机制的相关内容

货币政策传导机制能否有效地贯彻中央银行的意图、实现货币政策的最终目标，不仅取决于货币政策传导机制自身的构成和规范程度，也取决于传导机制所处的外部环境。

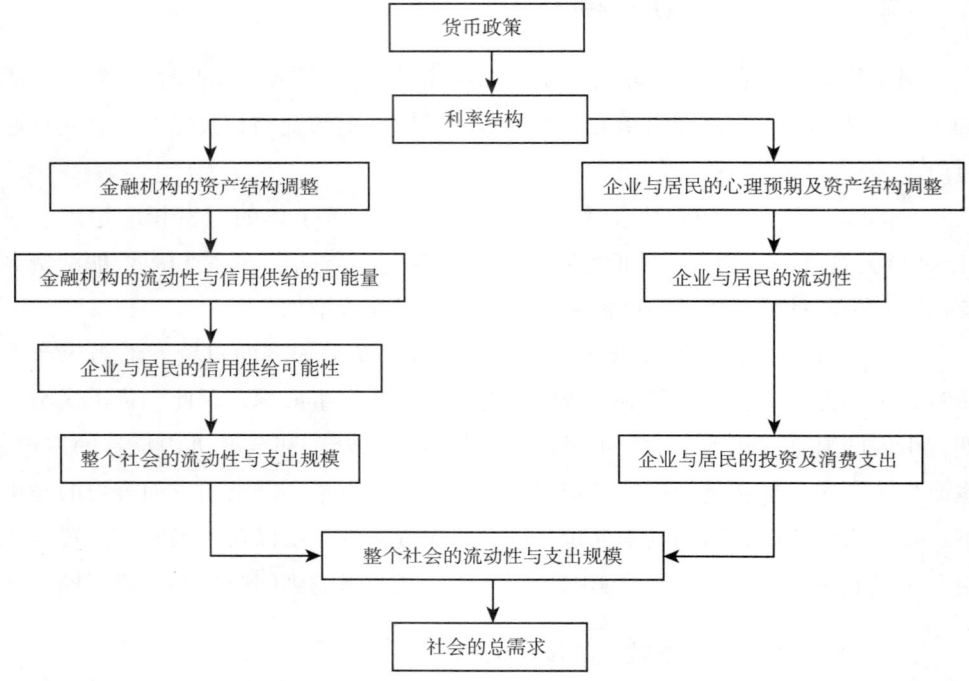

图7-1 货币政策的信用供给可得性效应的传导机制

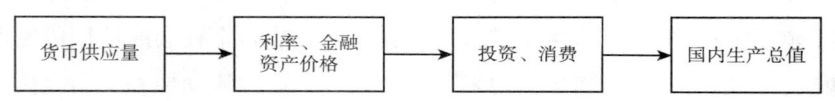

图7-2 货币政策传导机制的一般模式

（一）货币政策传导机制的构成要素

货币政策传导机制的构成包括以下内容：

1. 货币政策传导机制涉及的要素。这主要包括：货币政策工具、货币政策中介目标和最终目标的选择与控制、政策工具与中介目标的相关性、中介目标与最终目标的联系等。

2. 货币政策传导过程。货币政策作用和传导过程包括机构传导和经济变量传导。在市场经济环境里，中央银行货币政策传导的主客体可以表现为：中央银行—金融机构、金融市场—企业和居民。在市场经济条件下，金融市场是衔接中央银行行为—商业银行行为—企业和居民行为的导体。也就是说，正是金融市场通过价格信号（利率、汇率）和供求关系把中央银行行为、商业银行行为和居民行为联系在一起，中央银行货币政策一旦实施，就能通过这个统一体把货币政策意图逐级由金融体系传递和扩散到实际经济体系，最终将其导入投入和产出活动，从而影响到整个国民经济活动。

3. 货币政策传导的内容和形式。货币政策的传导是以货币存量的形式，在货币供应量的变化作用于国民经济活动的过程中，涉及各种经济变量，其中主要是价格和产量因素。货币量的增减会影响到社会借贷资金市场价格的变化，整个社会的社会有效需求相应改变，从而引起价格和产量的变动。因此，从货币政策传导内容来看，是以社会产量和价格的变动来实现的。

（二）货币政策传导机制的外部环境

西方市场经济国家的货币政策传导之所以具有调控机制灵敏、有效的特征，主要原因是在于拥有货币政策发挥作用的纯市场化的经济环境，而一个健全的经济外部环境必须具有以下几个基本条件：

1. 中央银行的相对独立性。只有中央银行超然于政府，能够不受各级政府的行政干预，独立地针对整个经济发展状况制定出货币政策进行宏观调控，才能保证货币政策的正确性、独立性和长期性。才能使货币政策传导机制从调控主体开始就较为准确、有效。

2. 法制健全，调控主客体的法律意识和经营行为都很规范。顺畅的货币政策传导机制，必须以有效的法规进行规范约束。由于传导机制环节多，如果没有完善的法规来管理调控对象，则任何一个环节的违规都可能导致整个传导机制的扭曲和变形，进而影响整个货币政策调控的实现。

3. 具有发达的货币市场。货币市场是中央银行运用间接性货币政策工具调节基础货币和金融机构流动性的重要场所，为中央银行实现货币政策间接调控提供了基础性的条件。"间接"的主要含义是：调控者不再直接面对和操纵调控对象而是作为市场参与者，运用经济手段和市场交易工具影响市场参数（如价格和流量等），并以此来引导同样作为市场参与者的调控对象，使其通过交易活动追求自身利益最大化的行为同货币当局的调控方向变动一致，从而实现中央银行的政策意图。

货币政策间接调控就是在设定的货币政策目标下，中央银行通过市场机制运用诸如存款准备金政策、再贴现政策、公开市场业务等货币政策工具达到控制货币信用规模、稳定币值、发展经济的目的。从各国货币政策实施的情况来看，货币政策效应的传递需要以金融市场（主要是货币市场）作为依托，依靠它与实体经济的联系，进一步使货币政策效应扩展到整个宏观经济中去。

4. 具有真正商业动机的市场主体。这表现在市场中有着能适应市场经济要求、具有财务硬约束、以利润为导向的交易主体。货币市场各类参与主体必须总是把利润最大化放在交易活动中的首位，把它作为参与市场活动的动力和目标。

交易双方在利益机制驱动下，依据市场行情理性地决定自己的行为去获利。否则，利益机制对金融市场中缺乏商业动机的市场参与主体的影响、调节作用将十分微弱，金融市场的运转必然是呆滞的，这将影响到中央银行货币政策工具对市场实施的调控效能和货币政策传导机制的顺畅。

（三）货币政策传导的作用时滞

货币政策能否取得预期效果，固然与中央银行决策的正确与否、与被调控对象对中央银行政策的配合程度等因素有关，但也往往受制于货币政策自身传导机制是否顺畅，即通常所说的货币政策时滞问题。货币政策的制定、实施、传导、生效都包含着时间因素，货币政策时滞是指货币政策从研究、制定到实施后发挥实际效果全过程所经历的时间。货币政策时滞分为内部时滞和外部时滞两部分。

1. 内部时滞。内部时滞是指作为货币政策操作主体的中央银行从制定政策到采取行动所需要的时间。从经济形势发生变化，中央银行认识到应当调整政策到着手制定政策再到实施政策，每一步都需要耗费一定的时间。内部时滞又可以细分为认识时滞和决策时滞两种。

（1）认识时滞。这是指从确有实行某种政策的需要，到货币当局认识到存在这种需要所需耗费的时间。譬如说通货膨胀已经开始，客观上需要实行紧缩银根的政策。但中央银行要认识到有实行这种政策的必要，需要一定的观察、分析和判断的时间。这段时滞之所以存在，主要有两个原因：一是搜集各种信息资料需要耗费一定的时间；二是对各种复杂的社会经济现象进行综合性分析，作出客观的、符合实际的判断需要耗费一定的时间。

（2）决策时滞。这是指制定政策的时滞，即从认识到需要改变政策，到提出一种新政策所需耗费的时间。中央银行一旦认识到客观经济过程需要实行某种政策，就要着手拟订政策实施方案，并按规定程序报批，然后才能公布、贯彻。这段时滞之所以存在，是因为中央银行根据经济形势研究对策、拟订方案，并对所提方案做可行性论证，最后审定批准，整个过程的每一个步骤都需要耗费一定的时间。这部分时滞的长短，取决于中央银行对作为决策依据的各种信息资料的占有程度和对经济、金融形势的分析、判断能力，体现着中央银行决策水平的高低和对金融调控能力的强弱。

2. 外部时滞。外部时滞是指从货币政策付诸实施到主要经济变量（如产量、价格）达到预期目标的时间过程，外部时滞也称为"效应时滞"。外部时滞较为客观，它比内部时滞相对地不易受中央银行的控制，是一个由社会经济结构与产业结构、企业行为等多重因素综合决定的复杂变量。

外部时滞的长短，主要取决于下列因素：

(1) 社会公众的市场行为。包括社会公众的预期状况及其变化、投资者和消费者对市场变化及信息的反应速度、经济信息的传递快慢以及社会公众对政策变动的敏感程度。

(2) 商业银行的市场行为。这包括前述的商业银行体系是否以利润为导向、运营状况是否健康、商业银行的业务活动对政策行动的反应等。

(3) 货币政策调控方式及货币政策力度的大小。一般来说,强硬的直接控制手段的外部时滞比间接控制手段要短些,尽管这种方式对经济金融运行的冲击力度过大,其副作用也是十分明显的。同时,如果中央银行的货币政策措施实施力度较大,则时滞效应会短些;反之,时滞效应会延长。

(4) 经济发展水平及社会就业状况。当一国经济发展水平较低,社会上存在有较多的闲置资源,货币供应的产出时滞就可能会短些;当生产发展到一定程度,某些关键性生产要素处于"瓶颈"状态时,货币供应的产出效应可能会延长;当社会充分就业达到以后,则货币供应的外部时滞效应可能会无限期地延长,同时表现为价格水平的上扬。

(5) 金融市场的发达程度。发达的金融市场能够提供比较准确的经济信号,降低中央银行的信息成本,并提供了多样化的调控工具,能够减少货币政策措施可能带来的震动,缩短时滞。

三、货币政策中介指标的选择

货币政策中介指标是指受货币政策工具作用、影响货币政策最终目标实现的一系列传导性金融变量指标。由于货币政策最终目标是一个长期的、非数量化的目标,它只为中央银行制定货币政策提供指导思想,中央银行需要通过货币政策工具的操作在一定时间内才能实现,并且需要长时间的观察和调整。因此,必须有一些短期的、数量化的、能够运用于日常操作的,并且能够直接控制的指标,作为实现货币政策最终目标的中介。所以,中介指标是中央银行的货币政策对宏观经济运行产生预期影响的连接点和传送点,在中央银行货币政策传导过程中起着承上启下的作用。

经济学界通常把货币政策中介指标分为两类:一类是近期指标,也叫操作目标;另一类是远期指标,称为中间目标。一般来说,近期指标是中央银行直接作用的对象,中央银行对它们的控制能力较强,但离货币政策的最终目标较远;远期指标是中央银行货币政策间接作用的对象,中央银行对它们的控制力较弱,但离货币政策最终目标较近,与最终目标的相关性较强。

货币政策最终目标的统计资料需要较长时间汇集整理,这需要中央银行能够及时收集到货币政策实施后相关经济指标的变化情况。因此，建立货币政策中介指标（包含着操作目标和中间目标两部分）的意义在于：及时测定和控制货币政策的实施程度，使之朝着正确的方向发展，保证货币政策最终目标的实现。因为，最终目标的统计资料需要较长时间汇集整理，而中央银行需要经常收集有关经济指标，作为确定政策实施过程和效果的指标，货币政策中介指标中的中间目标就是在一定时间内（如6个月）所应达到的数值。当中央银行的货币政策工具无法直接作用于中间目标时，操作目标则弥补了这一缺陷。操作目标作为每日每周的短期指标，是中央银行日常货币政策的调控对象，能够将政策工具与中间目标有效地联系起来。因此，只有将这两类指标有机地结合起来，才能充分发挥货币政策的效力，以实现其最终目标。

（一）货币政策中介指标的选择标准

各国中央银行在选择中介指标时，会根据各国经济、文化、历史状况等实际情况进行取舍。但能够充当货币政策中介指标的金融变量必须符合下列标准：

1. 可测性，是指中央银行所选择的金融控制变量，必须具有明确而合理的内涵和外延，使中央银行能迅速而准确地收集到有关指标的数据资料，同时便于进行定量分析，便于进行科学预测。

2. 可控性，是指中央银行通过各种货币政策工具的运用，能对该金融变量进行有效的控制和调节，能较准确地控制金融变量的变动状况和变动趋势。

3. 相关性，是指中央银行选择的中介指标必须与货币政策最终目标有密切的相关性，中央银行通过对中介指标的控制和调节，就能够促使货币政策最终目标的实现。

总的来看，各国根据自身经济及金融环境不同，经济管理体制、金融市场的发育程度及中央银行实施货币政策工具的不同，选择作为货币政策中介指标的金融变量就不同。例如，在计划经济体制占主导地位的国家，中央银行往往使用一些最能进行计划控制的金融变量作为货币政策的中介指标；而在较多引入市场机制的国家，中央银行的中介指标通常是一些比较灵活、便于用经济手段进行间接控制的金融变量。但就目前大多数国家的实际情况看，各国中央银行货币政策中介指标的选择，都体现出引入间接调控和加大市场机制分量的趋势。

（二）货币政策操作目标

操作目标是中央银行通过货币政策工具的运用可以直接控制并影响中间目标的变量。中央银行可选择的操作目标有以下几种：

1. 存款准备金。中央银行以存款准备金作为货币政策的操作目标，是因为准备金与货币政策工具和货币政策中间目标之间有着直接的联系。无论中央银行运用何种政策工具,首先将改变的是商业银行准备金规模,而后对中间目标和最终目标产生影响。也就是说,变动商业银行的准备金是中央银行货币政策传导过程的必由之路。通常,商业银行系统存款准备金的增加,将使其信贷规模缩减,社会货币供应量减少;银行准备金的减少,则意味着银根的放松,货币量的增加,从而对社会经济活动会产生不同的影响。中央银行可以依据不同的经济活动情况,通过改变银行系统的准备金规模,执行相应的宏观调控政策。

存款准备金作为货币政策操作目标,也存在一定的局限性:例如,尽管存款准备金的可控性程度很高,但是,对于存款准备金总额中的超额准备金部分,中央银行是难以控制的。因为超额准备金的多少,直接决定于商业银行自身的资产负债比例结构、业务活动规模和对经济形势的预测,在这方面将影响中央银行对它的调控。

2. 基础货币。基础货币是指由中央银行创造的,处于流通领域的现金,以及商业银行持有的准备金(包括商业银行的库存现金和在中央银行的准备金存款)的总和。作为中央银行的负债,基础货币数量的统计资料较容易收集,中央银行可以对已发行的现金和它持有的存款准备金进行直接而准确的控制,而基础货币与中间目标(如货币供应量)之间又有着密切的联系,即基础货币增加,货币供应量也随之增加,社会总需求也相应增加;反之,基础货币减少,货币供应量就相应减少,社会总需求也减少。中央银行通过对基础货币的调控,能够影响到货币总量、市场的利率以及整个实体经济活动,进而影响到货币政策最终目标的实现。这样,基础货币与货币政策最终目标的相关性也较强。所以多数学者认为,基础货币是一个良好的货币政策操作目标。

3. 短期利率。短期利率通常是指货币市场利率,它是反映和影响社会货币需求与货币供应的一个重要指标。短期利率的可测性、可控性都较好。中央银行是通过公开市场业务,调节市场的资金供求,或通过再贴现利率这一基准利率的变动来影响货币市场利率。同时,中央银行通过改变准备金率、再贴现率和公开市场业务手段的运用,可对商业银行的准备金产生影响,改变货币供应量,从而影响短期利率水平。根据市场分割原理,若短期利率降低后,部分资金会流入资本市场,使资本市场的供求状况发生改变,从而降低长期利率,并最终对社会经济活动产生影响。因此,各国的中央银行在进行宏观调控过程中,都比较注意观察市场利率的变动情况,并把货币市场利率作为重要的参考依据。

(三)货币政策中间目标

作为中间目标的金融变量主要有货币供应量和长期利率。

1. 货币供应量。货币供应量作为货币政策中间目标曾经为大多数国家实施货币政策时所采用。这是因为：（1）货币供应量的增减变动能够为中央银行有效控制。货币供应量是基础货币与货币乘数的乘积，虽然中央银行不能完全控制货币乘数，但可以对其施以重要影响。因此，货币供应量的可控性和可测性都比较强。（2）货币供应量作为货币政策的中间目标，不易将政策性效果与非政策性效果相混淆，有利于中央银行的正确判断。货币供应量作为内生变量，它的变动是顺循环的，即经济高涨时，银行体系超额储备会降低，增加贷款规模，使货币供应量增加；反之，经济低迷时，货币供应量将减少。货币供应量作为政策变量，它与社会总需求是正相关的。当货币流通速度为常值时，货币供应量增加，社会总需求增加，货币供应量减少，则社会总需求减少。货币供应量的变动能直接反映出货币政策的导向。货币供应量作为货币政策的中间目标的缺陷在于其相关性方面。货币供应量分为若干层次，每个层次货币量只同宏观经济某些指标高度相关，不确定性强，特别是随着金融创新活动的加强，某些未被纳入货币量范围的金融资产对社会总供求产生较大影响。20世纪80年代以来，货币供应量与收入、价格之间的相关程度有进一步减弱的趋势。

2. 长期利率。这是指资本市场上中长期债券的利率。长期利率作为货币政策的中间目标的优点是：（1）中央银行对利率有着直接或间接的调控权，具有一定的可控性。（2）便于中央银行观察和收集市场利率的水平和结构，具有可测性。（3）中长期利率变动对实际经济活动中投资和储蓄的变动有着显著的影响，与货币政策最终目标的相关性较好。但是，也存在以下缺点：（1）中央银行调控的只是名义利率，在物价波动的情况下，随着名义利率与实际利率的偏差加大，带给商品生产者、经营者的信息可能会发生扭曲。（2）影响利率变化的因素十分复杂，并非完全由货币供应的松紧所决定。例如，预期的利润率和通货膨胀的变化。（3）利率自身既是一个经济变量，也是一个政策变量。作为经济变量，其变动与经济周期是顺循环的，当经济繁荣时，资金需求增加，利率提高；经济低迷时，利率下降。作为政策变量，利率与货币供应呈反方向变化，因此，以利率作为货币政策的中间目标，容易使政策性效果与非政策性效果混杂在一起，从而使中央银行无法确定货币政策是否奏效。

（四）我国货币政策中介指标的选择

1. 信贷规模指标。信贷规模指标指的是中国人民银行为控制社会货币供应量而对存款类金融机构设定的一种季度性或年度性的贷款计划指标。由于在我国"大一统"式的金融体制下，一切信用高度集中于中国人民银行，贷款是投放货币和企业获得信用的唯一途径。因此，长期以来，我国中央银行一直将贷款规模作为控制货币信用总量以及固定资产投资规模的理想操作变量。中国人民银行对贷款量指标的调控包括总量和结构调控两个方面。总量调控表现在：通过运用信贷计划管理手段，对银行体系的贷款规模进行直接控制。结构调控表现在：（1）按照国家定期公布的产业政策，对国家优先发展的部门、行业优先提供信贷支持，对国家限制发展的部门、行业则限制其贷款。（2）在评定企业信用等级的基础上，实行奖优罚劣，择优扶持。从而达到调节信贷结构，控制信贷资金投向与规模的目的。随着我国金融体制改革的不断深化，我国的金融经济环境发生了很大变化。金融机构的多元化构成、银行金融资产多元化以及金融机构融资渠道的多样化逐渐削弱了信贷规模控制的效果，信贷规模指标越来越背离社会货币与信用供给总量规模。我国从1998年1月1日起，取消了对国有商业银行贷款规模的限额控制，开始正式编制基础货币规划，根据货币供应量目标和经济运行趋势，确定基础货币量，以达到宏观调控的目的。

2. 货币供应量指标。中国人民银行从1996年开始，正式将货币供应量纳入货币政策的中介指标体系。随着1998年国有商业银行信贷规模管理的取消，货币供应量逐渐成为我国中央银行主要的货币政策中间目标（基础货币和存款准备金则是主要的货币政策操作目标）。在货币供应量的各层次中，M_1具有突出的意义。作为现实购买力，M_1反映着社会总需求的水平。控制住M_1，就能对消费物价和生产资料价格施加重要影响，因此，M_1成为一国经济周期波动的先行指标，对国民经济的影响具有直接作用。在货币供应层次中的M_2，由于居民储蓄存款的比重占了一半以上，从长期来看，M_2的持续增长将构成通货膨胀压力，M_2作为货币政策中间目标，对于制定中长期货币政策具有重要意义。因此，在目前我国的经济金融条件下，中央银行应以控制M_1层次的货币供应量为主，而以M_2作为中长期监测指标。

四、货币市场在货币政策传导过程中的作用

（一）货币市场是中央银行实施货币政策的基础性操作市场和传导渠道

货币市场作为一国金融市场的重要组成部分，是中央银行同商业银行及其他金融机构的资金连接渠道，是国家利用货币政策工具调节金融活动的杠杆支点。从中央银行进行宏观调控的"三大法宝"具体的运作过程来看，任何一种间接货币政策工具都很难在货币市场缺位的条件下充分发挥。

1. 存款准备金政策工具作用原理。中央银行提高或降低存款准备金率，会

造成商业银行的超额储备规模减少或增加，减小或增加其信贷规模和能力，从而引起社会货币供应量减少或增加。同时，商业银行的超额储备的减少或增加又会导致银行间同业拆借市场利率的提高或下降，进而会引起市场利率的提高或下降并因此改变投资主体的投资和消费规模，影响国民收入变化。

2. 再贴现政策工具作用原理。中央银行提高或降低再贴现率，会改变商业银行向央行的融资成本，形成商业银行超额储备规模相应地减少或增加，进而会引起社会货币供给量的减少或增加。同时，由于商业银行的超额储备的减少或增加，将会引致银行间同业拆借市场利率的提高或降低，加上宣示效应的作用，将会引起市场利率的提高或降低并将影响到社会投资和消费规模。

3. 公开市场业务政策工具作用原理。中央银行若在市场上买卖有价证券，会造成商业银行的超额储备增加或减少，信贷规模的扩张或收缩，货币供给量的增减。同时，商业银行同业拆借利率会相应降低或提高，进而会引起市场利率水平的降低或提高，从而对社会投资及消费行为产生影响。

由此看来，中央银行运用间接性货币政策工具进行宏观调控时，必然会引起商业银行的存款准备金、社会货币供给量和货币市场上的利率信号的波动，并进一步引起相关经济指标的改变和经济活动的调整。

中央银行一般性政策工具"三大法宝"的具体实施，都需要依赖货币市场的存在与发展。首先，法定存款准备金政策的实施是和货币市场中的同业拆借市场相辅相成的，拆借市场的运行为中央银行的监测和调整准备金率提供了基本条件。其次，只有具备了发达的票据市场，商业银行的资金运用才会在较大程度上依赖票据贴现这一渠道，中央银行才可能通过调整再贴现率来引导市场利率，调控社会货币供给量。最后，中央银行的公开市场操作正是通过在货币市场上买卖信用工具来完成向社会吞吐基础货币，达到调控货币量目的的。

没有货币市场的存在，这些政策工具的实施将无从谈起，没有货币市场的高效运转，中央银行的调控意图就难以通过货币市场供求关系的变动和利率的波动来传导，货币政策工具的实施效果将大为下降。

（二）货币市场利率为中央银行宏观金融调控提供了监测指标和调控杠杆

货币市场中形成的利率具有"基准利率"的特征，它可以作为信用工具或银行存贷款利率确定的参考依据。货币市场中各种金融商品的价格不仅随货币资金的供求状况而灵活波动，而且市场上各种金融商品依据其信用风险也表现出明显的价格序列。

从货币市场的各个子市场的运行来看，货币市场与其他金融市场、货币市场各个子市场之间的紧密联系,使得货币市场成为各种短期金融产品价格的形成和相互影响的重要场所。因而货币市场的状况,通过市场信用工具收益率对市场条件变化的反应,提供了资金供求的信息,从而使货币市场利率被作为分析经济中运行状况和货币政策的指示器。同时,中央银行也正是通过货币市场的交易活动来扩张或收缩货币规模,将货币政策意图通过货币市场来贯彻实施,达到宏观调控的目的。

(三) 货币市场的发展状况影响着货币政策工具的选择和实施效果

各国货币政策工具的使用,必须结合本国货币市场的发展水平和结构特征来予以考虑。例如,美国之所以选择公开市场业务作为其主要货币政策工具,这和它具有发达的短期国债市场有直接关系。而英国长期以来选择再贴现工具则是源于其有着发达的贴现和再贴现市场。

货币市场中必须具备足够种类和规模的信用工具,货币政策工具的实施才会有弹性和操作的灵活性。而一个统一和发达的货币市场才能够保证资金迅速地流动配置,保证货币政策信号快速及时的传导。

因此,从各国货币政策实施的情况来看,货币政策效应的传递需要以货币市场作为依托,依赖货币市场与实体经济的联系,进一步使货币政策效应扩展到整个宏观经济中去。实践表明,一国货币市场越发达,货币政策的预期效应和实际效果才能越吻合,货币政策工具的有效性才越突出。

第二节 中国间接性货币政策工具在实践中的运用

1978年改革开放以后,尤其是进入20世纪90年代以来,中国人民银行传统信贷规模调控方式随着金融体系多元化格局的发展以及国内外汇占款货币供给规模日益增加而越发显现出它的局限性,我国也因此加快了货币政策宏观调控方式由直接调控向间接调控方式的转变。中国人民银行利用存款准备金政策、再贴现率、公开市场业务等间接性货币政策工具对基础货币进行调控,影响整个国民经济活动已成为一种必然选择。

一、存款准备金政策

我国的存款准备金政策在1984年开始实行,经过在实践中的不断完善,逐渐成为金融宏观调控的重要手段之一。存款准备金制度自1984年以来,经过了几次调整、改革。

1984年，中国人民银行核定了各专业银行一般存款的缴存比例，工、农、中、建各行吸收的存款按存款种类核定缴存比例，一开始准备金率被定在较高水平上。其中企业存款为20%、储蓄存款为40%、农村存款为25%。由于我国各专业银行资金自给能力很低，又担负着一定的政策性贷款任务，在这种情况下，迫使中央银行不得不以再贷款的形式返还。因此，中央银行于1986年将存款准备率下调至10%，1987年、1988年为了抑制信贷规模和经济过热，又重新调高到12%和13%。由于该存款准备金账户不能用于支付和清算，1989年，为了适应资金营运的需要，保证存款支付和资金清算，中国人民银行总行推行支付准备金（备付金）制度，规定各家专业银行按全国计算，支付准备金占各项存款的比例应逐步达到5%~7%。

从当时的情况看，我国的存款准备金制度，主要功能不在于调控货币总量，实际上是发挥着集中资金、调整信贷结构的作用。长期维持较高的准备金、备付金率和大量中央银行再贷款，严重扭曲了中央银行与商业银行之间的资金关系。同时，由于中央银行规定的备付金率缺乏硬约束，波动较大，使中央银行通过控制基础货币来调控货币供给量的操作难以准确进行。

从1998年3月21日起，中国人民银行宣布对我国存款准备金制度进行改革：一是将法定存款准备金账户和备付金账户合并为准备金存款账户；二是将法定存款准备金率从13%下调到8%，超额准备水平由各行自行确定；三是将原来上缴中国人民银行的财政性存款划为金融机构的一般性存款；四是降低中央银行对金融机构的存贷款利率。

这一改革将法定准备金改为由商业银行总行以法人为单位统一向中国人民银行缴纳，由商业银行按头寸需要自己管理用于清算的超额准备金（备付金），进一步提高了商业银行资金的使用效率和灵活性，它标志着我国的存款准备金制度越来越成为中央银行间接调控下的一项政策工具。值得一提的是，为了借鉴国际上依据金融机构风险状况区别对待和及时校正措施的做法，2004年4月中国人民银行推出差别存款准备金率制度来调控宏观经济。

差别存款准备金率制度的主要内容包括：一是确定差别存款准备金率的主要依据。包括：金融机构资本充足率，金融机构不良贷款比率，金融机构内控机制状况、发生重大违规及风险情况，金融机构支付能力明显恶化及发生可能危害支付系统安全的风险情况。二是差别存款准备金率制度实施对象。差别存款准备金率制度采取统一框架设计和分类标准，实施对象为存款类金融机构。三是确定差别存款准备金率的方法。根据资本充足率等四项指标对金融机构质量状况进行分类；根据宏观调控的需要，在一定区间内设若干档次，确定各类金融机构所适用的差别存款准备金率。四是调整存款准备金率的操作。中国人民银行定期根据银监会统计的金融机构法人上年季度平均资本充足率和不良贷款比率等指标,对金融机构存款准备金率进行调整。

把存款准备金率与银行资本充足率结合起来调控市场信贷,相对于单一的货币总量控制来说,这种制度的实施既可以起到对我国货币与信贷总量控制的作用,也丰富了货币调控手段;为完善货币政策传导机制提供了帮助。

截至 2015 年 2 月,中国人民银行根据经济形势,先后 50 次调整了针对吸收存款的金融机构存款准备金比率,在执行从紧的货币政策、配合国家宏观经济调控的实施方面发挥了一定的作用(见表 7-1)。

表 7-1　　　　　　　　　　我国存款准备金率历次调整情况

次数	时间	调整前	调整后	调整幅度
1	1984 年	中国人民银行按存款种类规定法定存款准备金率,企业存款 20%,农村存款 25%,储蓄存款 40%		
2	1985 年	中国人民银行将法定存款准备金率统一调整为 10%		
3	1987 年	10%	12%	2%
4	1988 年 9 月	12%	13%	1%
5	1998 年 3 月 21 日	13%	8%	-5%
6	1999 年 11 月 21 日	8%	6%	-2%
7	2003 年 9 月 21 日	6%	7%	1%
8	2004 年 4 月 25 日	7%	7.50%	0.50%
9	2006 年 7 月 5 日	7.50%	8%	0.50%
10	2006 年 8 月 15 日	8%	8.50%	0.50%
11	2006 年 11 月 15 日	8.50%	9%	0.50%
12	2007 年 1 月 15 日	9%	9.50%	0.50%
13	2007 年 2 月 25 日	9.50%	10%	0.50%
14	2007 年 4 月 16 日	10%	10.50%	0.50%
15	2007 年 5 月 15 日	10.50%	11%	0.50%
16	2007 年 6 月 5 日	11%	11.50%	0.50%
17	2007 年 8 月 15 日	11.50%	12%	0.50%
18	2007 年 9 月 25 日	12%	12.50%	0.50%
19	2007 年 10 月 25 日	12.50%	13%	0.50%
20	2007 年 11 月 26 日	13%	13.50%	0.50%
21	2007 年 12 月 25 日	13.50%	14.50%	1%
22	2008 年 1 月 25 日	14.50%	15%	0.50%
23	2008 年 3 月 18 日	15%	15.50%	0.50%

续表

次数	时间	调整前	调整后	调整幅度
24	2008年4月25日	15.50%	16%	0.50%
25	2008年5月20日	16%	16.50%	0.50%
26	2008年6月15日	16.50%	17%	0.5%（汶川地震重灾区法人金融机构暂不上调）
27	2008年6月25日	17.00%	17.50%	0.5%（汶川地震重灾区法人金融机构暂不上调）
28	2008年9月25日	17.50%	16.5%（除工商银行、农业银行、中国银行、建设银行、交通银行、邮政储蓄银行暂不下调外，其他存款类金融机构）	-1%
			15.5%（汶川地震重灾区地方法人金融机构）	-2%
29	2008年10月15日	16.50%	16%	-0.50%
30	2008年12月5日	（大型金融机构）16.00%	15.00%	-1%
		（中小型金融机构）16.00%	14.00%	-2%
31	2008年12月25日	（大型金融机构）15.00%	14.50%	-0.50%
		（中小型金融机构）14.00%	13.50%	-0.50%
32	2010年1月18日	（大型金融机构）15.50%	16.00%	0.5%
		（中小型金融机构）13.50%	不调整	—
33	2010年2月25日	（大型金融机构）16.00%	16.50%	0.5%
		（中小型金融机构）13.50%	不调整	—
34	2010年5月10日	（大型金融机构）16.50%	17.00%	0.5%
		（中小型金融机构）13.50%	不调整	—
35	2010年11月16日	（大型金融机构）17.00%	17.50%	0.5%
		（中小型金融机构）13.50%	14.00%	0.5%
36	2010年11月29日	（大型金融机构）17.50%	18.00%	0.5%
		（中小型金融机构）14.00%	14.50%	0.5%

续表

次数	时间	调整前	调整后	调整幅度
37	2010年12月20日	（大型金融机构）18.00%	18.50%	0.5%
		（中小型金融机构）14.50%	15.00%	0.5%
38	2011年1月20日	（大型金融机构）18.50%	19.00%	0.5%
		（中小型金融机构）15.00%	15.50%	0.5%
39	2011年2月24日	（大型金融机构）19.00%	19.50%	0.5%
		（中小型金融机构）15.50%	16.00%	0.5%
40	2011年3月25日	（大型金融机构）19.50%	20.00%	0.5%
		（中小型金融机构）16.00%	16.50%	0.5%
41	2011年4月21日	（大型金融机构）20.00%	20.50%	0.5%
		（中小型金融机构）16.50%	17.00%	0.5%
42	2011年5月18日	（大型金融机构）20.50%	21.00%	0.5%
		（中小型金融机构）17.00%	17.50%	0.5%
43	2011年6月20日	（大型金融机构）21.00%	21.50%	0.5%
		（中小型金融机构）17.50%	18.00%	0.5%
44	2011年12月5日	（大型金融机构）21.50%	21.00%	-0.5%
		（中小型金融机构）18.00%	17.50%	-0.5%
45	2012年2月24日	（大型金融机构）21.00%	20.50%	-0.5%
		（中小型金融机构）17.50%	17.00%	-0.5%
46	2012年5月18日	（大型金融机构）20.50%	20.00%	-0.5%
		（中小型金融机构）17.00%	16.50%	-0.5%

续表

次数	时间	调整前	调整后	调整幅度
47	2012年7月18日	（大型金融机构）20.50%	20.00%	-0.5%
		（中小型金融机构）17.00%	16.50%	-0.5%
48	2014年4月25日	下调县域农村商业银行人民币存款准备金率2个百分点，下调县域农村合作银行人民币存款准备金率0.5个百分点		
49	2014年6月16日	对符合审慎经营要求且"三农"和小微企业贷款达到一定比例的商业银行下调人民币存款准备金率0.5个百分点		
50	2015年2月5日	（大型金融机构）20.00%	19.50%	-0.5%
		（中小型金融机构）16.50%	16.00%	-0.5%

资料来源：中国人民银行网站相关数据（www.pbc.gov.cn）及历年中国人民银行货币政策执行报告。

二、再贴现政策

再贴现政策作为中央银行货币政策工具之一，主要是通过再贴现利率调整和额度控制来发挥调控作用。

1984年，中国人民银行发布了《商业汇票承兑、贴现暂行办法》和《中国人民银行再贴现试行办法》。1985年中国的银行业开始推行商业票据的承兑和贴现业务，不久中国人民银行开展了再贴现业务。随着《中华人民共和国票据法》的颁布实施，我国商业汇票承兑、贴现、再贴现业务得到了一定程度的发展。仅1996年，全国累计收到银行承兑汇票3 898亿元，中国人民银行累计办理再贴现1 358亿元。1997年商业汇票达4 500亿元，1998年9月以后，中国人民银行出台了一系列举措，如对部分省会城市中心支行和副省级城市中心支行再贴现规模予以倾斜，扶持金融机构票据业务窗口，扩大再贴现业务对象及范围，使我国票据业务飞速发展起来，1998年约达到6 000亿元。中央银行再贴现政策的实施，一方面可以通过影响商业银行借款成本，抑制商业银行的信用扩张，控制货币供给量；另一方面又可以按照国家行业、产业等政策要求，引导商业银行对不同种类的票据进行再贴现，从而达到调整结构的目的。

1995年以前，我国再贴现政策操作的重点是通过再贴现业务推动商业汇票的发展，利用票据的结算和信用双重功能帮助企业解决拖欠问题。1995年后操作的重点是通过中央银行确定再贴现率，影响商业银行资本金和借贷资金数额，进而影响商业银行的信贷扩张能力，发挥间接调控货币供给量的作用。

我国在1998年实行贴现、再贴现利率与贷款、中央银行再贷款利率脱钩，使再贴现利率首次成为独立的基准利率，贴现率在再贴现率基础上加点生成。随后三次下调再贴现率，对推动商业票据市场的发展起到积极作用。1999年以后，中央银行充分意识到票据市场的滞后已经成为货币政策发挥效应的制约因素，于是加大了对票据市场发展和培育的力度。1999年9月18日，发出《关于改进和完善再贴现业务管理的通知》，把推广使用商业汇票作为改善金融服务的重要措施，提出完善再贴现操作体系，加快发展一种以中心城市为依托的区域性票据市场，扩大再贴现的对象和范围，放松对再贴现额度的控制等政策意见。进入2000年后，中央银行再次强调了大力推广使用商业汇票对促进改善金融服务、健全信用制度，促进金融宏观调控方式转变的重要性，全国首家专业化的票据经营机构——中国工商银行票据营业部在此背景下开业，为提高交易效率，形成统一的票据市场，进一步发挥再贴现政策操作提供了广阔的空间。

但是，从总体来看，由于受到票据市场发展的影响，我国的再贴现业务发展的速度仍然较慢，再加上再贴现利率水平较高的状况一定程度上也抑制了商业银行机构从央行融资的需求，2008年中国人民银行办理再贴现业务仅为109.7亿元，不足当年我国货币市场交易规模的万分之一，使再贴现政策工具在我国中央银行货币政策调控中的作用效果甚微。

三、公开市场业务

我国的公开市场业务是从国内外汇公开市场业务起步的。从1994年1月1日起，我国对外汇体制进行了改革，实行了结售汇制度，建立了银行间外汇市场，并实现了人民币汇率并轨，在此基础上，我国中央银行于1994年在外汇市场开始了公开市场操作。1996年4月9日，中国人民银行又开始了以国债为操作工具的公开市场业务。由于受金融环境、市场条件和交易工具的限制，1997年停办。

1998年5月恢复公开市场操作，中国人民银行在货币市场上的公开市场业务力度不断加大。为了保证操作业务的规范进行，中国人民银行采取了一些具体措施：一是制定《公开市场业务债券交易操作规程》，明确了债券交易操作事项的请示及指令下达的程序，完善了内控制度；二是制订公开市场业务交易方案，对债券交易的对象、工具、方式、品种、规则及债券交割和资金清算等事项作了明确规定；三是增加了交易品种，以满足业务发展的需要。中国人民银行不仅增加了国债和政策金融债券的现券买卖品种，还进一步丰富了回购期限品种，取得了良好的效果。

此外，中国人民银行还定期向全国银行间同业拆借成员发布公开市场业务信息公告，公布债券交易价格的信息；倡导和鼓励一级交易商在银行间同业市场代理中小机构融通资金；货币市场利率（尤其是债券回购利率）对商业银行流动性状况和中国人民银行货币政策操作的灵敏度越来越强。1998年、1999年两年通过公开市场扩大基础货币投放累计2 600多亿元，2000年全年基础货币投放的52%是通过公开市场操作实现的。2000年公开市场操作回购交易中7天和14天利率的变动基本上可以反映中央银行对利率的调控意图。根据货币政策需要，随着公开市场利率逐月下调，年末略有回升的调整，同业拆借和债券回购的利率也呈同方向变化，因此该利率逐渐成为中央银行调控的重要政策目标。

2004年，中国人民银行为了更好地提升公开市场操作效率，对其中的操作技术又进行改进和创新：这包括有增加操作频率、调整中央银行票据交易时间［即将中央银行票据的交易流通时间由发行日后第二日（T+2）调整为次日（T+1）］并对公开市场业务系统进行了升级改造，开始以DVP方式进行债券、资金清算，大大提高了清算的安全性和时效性。

此外，中国人民银行还适时开发新的操作品种，2004年12月开始发行3年期中央银行票据并于年底开始发行1年期中央银行票据，进一步丰富了中国人民银行公开市场操作的方式和交易工具。

我国公开市场业务作为一种新的货币政策工具，越来越体现出它的主动性、灵活性和时效性的特点，对调整中央银行基础货币供应，扩大货币供给量发挥了重要作用，并初步形成了通过公开市场业务进行货币政策传导的机制。

第三节 中国间接性货币政策工具操作的问题分析

1998年后，我国初步形成了从中央银行到货币市场，到金融机构，再到企业的间接货币政策调控机制。但是，我国的货币政策传导机制尚在建立阶段，实际中仍存在许多问题，制约着我国货币政策传导机制和货币政策有效性的发挥。主要包括：

一、货币市场的发展尚不完善

通常来说，一个有效率的货币市场应该是一个具有广度、深度和弹性的市场，其市场容量大，信息流动迅速，交易成本低，交易活跃且持续，能吸引众多的投资者和投机者参与。货币市场的效率程度对中央银行货币政策宏观调控的实施及其效果有着重要影响。这是因为：货币市场是中央银行运用间接性货币政策工具调节基础货币和金融机构流动性的重要场所，为中央银行实现货币政策间接调控提供了基础性的条件和传导渠道；货币市场上形成的利率信号为中央银行宏观金融调控提供了监测指标和调控杠杆，为传递调控意图提供了条件；货币市的发展状况影响着货币政策工具的选择和实施效果。

因此，从各国货币政策实施的情况来看，货币政策效应的传递需要以金融市场作为依托，依赖金融市场与实物经济的联系，进一步使货币政策效应扩展到整个宏观经济中去。

反观我国在进入改革开放过程之初，在以促进经济增长为首要目标、尚未明确实行市场经济体制的改革初期，金融市场的发展也受到明显的忽视，货币市场发展的滞后已经越来越制约货币政策有效性的发挥。尤其在1998~2000年，当中央银行取消长期计划经济条件下多年来沿用的信贷资金规模分配制度后，由于与市场经济相适应的宏观金融调控机制尚未建立，特别是由于缺乏一个比较发达的货币市场，中央银行试图扩张信用的政策努力在市场上难以找到合格的操作对象（三大政策工具效果受到影响），迫使中央银行以"窗口指导"的方式在不同程度上恢复使用了信贷规模的管理。

二、适应现代市场经济要求的企业制度和银企关系亟待全面建立

这主要表现在我国货币市场中缺乏能适应市场经济要求、具有财务硬约束、以利润为导向的交易主体。例如，作为货币政策传导过程中的参与主体，国有商业银行仍处于商业化改革的进程中，以利润为导向的经营动机尚未占据主导地位，这就弱化了在我国社会资金流动中占据主导地位的国有商业银行积极参与、配合中央银行宏观调控的作用。

从产权的角度来分析，多年来，国有企业、银行一直是政府机构的附属物，银行、企业的信用就是国家的信用。企业欠企业、企业欠银行的债，实际上都是由政府来承担，根本就没有真正意义上的信用问题，企业也没有独立的信用。在体制转轨时期，尽管强调责任明确、债权债务关系明晰，银行企业从法律上要从政府的附属物转变为独立的企业，但相当多的企业和银行行为又是以政府支持为背景的。旧体制的惯性作用依然存在，企业间信用关系并没有实质性的变化。这种靠"政府信用"支撑起来的信用关系包含了诸多虚假成分。

这样由于有了政府充当"最后贷款人"的角色，交易的债权方在投资时就不必进行认真的财务审计、项目评估，不必承担投资的风险损失。而债务方也没有了还不了债就倒闭破产的压力。责、权、利完全不对称，债权债务关系也只是名义上的，整个社会没有了信用观念，信用成了一种毫无约束力的经济关系。

因此，必须深化国有银行、国有企业制度，尤其是产权制度的改革，彻底转变国有企业的经营机制，强化企业的自我约束和风险机制，让企业能够按照市场规律办事，强化内部管理，使其成为自主经营、自担风险的主体。强化金融机构

的自我约束和风险激励机制,建立健康真实的银企信用关系。只有这个问题解决了,货币政策的有效性才有可能进一步提高。

三、货币市场利率市场化程度低抑制了货币政策调控的有效性

利率市场化是中央银行利用间接货币政策工具进行宏观调控能否有效的关键性因素。中央银行若动用基准利率和公开市场业务作为调控工具,那么就必须放开利率,至少是应有较大灵活性,以使调控工具有一个作用空间。借贷资金市场的运行结果,表现为形成了一系列密切联系、真实反映不同金融产品风险收益状况的市场化利率体系;市场越完善,利率形成的市场化程度就越高,市场的利率弹性就越高,对于货币政策的反应就越敏感,货币政策工具的操作才越有效。

应当说,我国货币市场体系中,利率体系还不是完全市场化的,有的利率受到管制,有的利率虽然依市场供求生成,但是还没有形成合理的市场利率体系。在市场利率形成非完全市场化的条件下,即使中央银行具有足够的独立性,也难以及时掌握准确的信息,及时根据市场状况变动去运用政策工具实施宏观调控。

总的来说,我国目前货币政策传导机制的研究还处于探索阶段,货币政策操作过程中的一些基础条件还不完全具备,在实践中仍有许多关系有待理顺,这些都是需要通过改革逐步解决的。

第四节 完善中国货币市场提升货币政策实施效率的分析

一、积极培育具有真正商业动机的多元化市场主体

(一)加快国有商业银行企业化改革,进一步推进现代企业制度改革

1. 从货币市场最主要的参与主体——国有商业银行来看,尽管多年来银行商业化经营转轨改革取得了一定的成就,但是目前的我国国有商业银行仍未能真正实现企业化的经营目标。

从法律角度看,过去我国国有商业银行产权所属是全体人民,国家是个虚置主体。这需要一个具体机构作为代理,而代理机构却不能因行使资本所有权而获得利益,因为利益是国家的,结果行使所有权的主体缺乏动力去监督代理人的行为,不关心国有资本的增值问题。这样,能够真正为保全国有资本保值增值负责的、具有现代意义的委托—代理关系没有形成,在产权单一的背景条件下,所有

者约束出现真空。

因此，在这种背景下，我国国有商业银行在职能上既带有一定倾向的商业化色彩，又带有明显的行政指令性色彩。在经营活动和金融手段的运用上还存在缺乏自我激励和内在约束的特征。在银行的资产中，有价证券等信用工具所占比例太小，银行即便拥有大量闲置资产也不愿意参与货币市场交易。

国有商业银行要在货币市场上作为参与主体发挥作用，必须以金融深化改革为支点，关键在于产权制度改革。这将在更深层次上解决国家与国有商业银行的产权关系，并进一步相应解决国有商业银行的商业化经营的自主权问题。因为只有银行机构在产权和组织制度上更接近以现代企业制度的形态，国有商业银行才能在市场经营中更具备理性的行为特征，成为真正的市场主体。

基于这一战略思想，从2003年开始在国务院的决策下拉开了我国国有商业银行股份制改革的序幕。从中国银行和中国建设银行作为实施股份制改造试点至今，国有商业银行沿着注资、股份重组、引入战略投资者、公开上市的改革路径，将国有独资商业银行改建成国家控股的股份制商业银行，初步建立起现代银行制度。

2003年底，国务院决定通过汇金公司向中国银行、中国建设银行分别注资225亿美元。2004年8月，中国银行股份有限公司挂牌成立。同年9月，中国建设银行股份有限公司成立。两家银行按照建立现代金融企业制度的要求，建立了现代公司治理结构的基本框架。2005年4月，国家通过汇金公司向中国工商银行注资150亿美元，2005年，中国建设银行引入美国银行和富登金融作为战略投资者，两者持股占中国建设银行总股本的比例为13.84%。2005年，中国银行引入苏格兰皇家银行投资团（含苏格兰皇家银行、李嘉诚基金等）、富登金融（淡马锡）、瑞士银行和亚洲开发银行作为战略和财务投资者，四者持股占中国银行总股本的比例为13.91%。2005年10月28日，根据国务院的决定，经中国银监会批准，中国工商银行股份有限公司正式成立，2006年1月，中国工商银行与高盛投资团签署战略投资与合作协议，高盛投资团出资37.8亿美元购买中国工商银行近10%的股份。2008年10月，国务院常务会议原则通过《农业银行股份制改革实施总体方案》，开始了国有商业银行股份制改革的"收官之战"，2008年底，国家通过汇金公司向中国农业银行注资190亿美元。2009年1月16日，中国农业银行股份有限公司挂牌成立。

改革前，我国原有的国有商业银行与现行国有控股商业银行产权制度的区别在于：银行经营目标和责任制度的不同。前者的模式下，政府作为资本所有者，也期望银行经营效益的提高，但国家是整个经济的管理者，当政府社会目标超过银行利润目标时，就需要银行能承担更大的社会职责，即便银行经营亏损，政府也能容忍或从其他方面给予补偿。那么国有商业银行由于承担着社会任务，就算经营不善时，国家也不会让它关门，结果国家在这种产权制度中承担了银行经营的无限责任。

而在改革后的四大商业银行产权制度中，国家赋予银行以利润最大化目标，且不被动地承担政府职能，使商业银行真正成为"自主经营、自负盈亏、自求平衡、自担风险"的经营实体，同时明确以国有资本量承担有限责任，这就为银行经营的政企分开，自我约束提供了基础。政府通过自己拥有的股权来贯彻自己的意图，又不干预银行的经营，同时由于非国有资本主体的进入，作为以利润为目标的"经济人"显然不愿意承担国家的社会性责任，这将会增加银行经营的利润压力，约束其行为的理性化，促成商业银行货币市场真正交易主体的形成。

从改革的具体效果上看，目前四大商业银行在基本业绩、资产质量和风险控制能力等方面初步有了改善和提高，但是与西方国家市场化程度较高的商业银行相比，"理性'经济人'的特征"还没有真正形成，这需要今后在银行的公司治理机制、内控制度、自我约束机制等方面进一步加快改革的步伐，在发展中加以完善。

2. 加快国有企业现代企业制度改革，提高其投资活动的利率弹性，扩大货币政策的传导效应。我国投资利率弹性低的主要原因是国有企业仍然控制着主要的投资资源，投资的软约束现象仍然存在。在国有企业机制不能得到根本改变的情况下，货币政策中利率政策很难对国有企业的投资行为产生足够的影响。同时，尽管在名义上中央银行能够自主地调整对银行机构的法定存款准备率，但是，现实经济运行中的超额准备金率却主要取决于商业银行、企业（还有社会公众）等经济主体的行为。中央银行要想运用货币政策工具达到较理想的调控效果，就必须合理地把握和引导商业银行、企业等经济主体的经济行为和预期变动。

因此，必须尽快推进国有企业改革，调整国有经济的比重和结构，使国有企业真正作为市场主体通过竞争获取利润，使利率工具发挥出对投资的调节作用，提高国有企业对货币政策工具的反应程度。

（二）扩大交易主体的覆盖面，培育高效率的中介性机构

除了中央银行、商业银行等主体以外，我国应通过增加货币市场主体，扩大传导货币政策的影响力。从国外情况来看，发达国家由于货币市场在子市场系统、信用工具、市场开放等方面迅速发展，使市场的参与者不断增多，包括中央银行、商业银行、企业公司、投资机构、政府及其机构、中介参与者，覆盖面很

广,市场中的交易价格信号能够准确反映出资金运用市场中的基本供求关系,中央银行货币政策的调控操作也可以在较短时间内以较快速度、较大幅度地传导影响出去,从而达到调节目的(例如,在美国的货币市场体系中,由于有了众多的参与者和各子市场的协调发展使货币市场作为一个整体以非常发达的状态发展着,在反馈市场信息和传导货币政策过程中发挥着重要作用,美联储可以在国库券市场、贴现市场等各个子市场上配套利用不同的信用工具进行公开市场操作,实施货币政策操作)。

目前我们可以考虑采用如下措施来扩大货币市场交易主体的覆盖面：

1. 加强非银行金融机构市场参与主体的培育。尽管这些年来我国的货币市场参与主体在不断增长,但是非银行金融机构的参与主体规模与发达国家相比,还处于一个发展的初期阶段。主要表现在：其一,由于我国同业拆借市场长期以来一直限制非银行金融机构介入,因此,其货币资金交易活动大都是在二级市场和国债回购市场上,交易活动范围相对集中,难以以一个合格的主体身份全面介入货币市场。其二,同银行相比,我国非银行机构所持有金融资产的数量和规模有限,难以满足日益增长的货币需求。世界各国货币市场运作的实践表明,非银行金融机构在货币市场中是一支相当活跃的力量。大力发展非银行金融机构使其成为货币市场主体是金融发展的趋势之一。

目前美国非银行金融机构的资产几乎占其整个金融资产总额的2/3。规模巨大的资产为其介入货币市场提供了强大的后盾。更多的主体能够进入到货币市场,一方面有利于促进市场交易的活跃；另一方面也直接使中央银行货币政策操作通过货币市场更多地参与主体,扩大政策工具传导的广度,并通过大规模的市场交易,提高货币政策工具在货币市场中传导的效率。

我国加强非银行金融机构市场参与主体的培育应当注意这些问题：

其一,必须结合中国的实际,有序地发展非银行金融机构。不能只求规模速度,不求质量效益。应通过兼并、重组等方式使信托类金融资产优化,规范其业务范围；理顺保险业经营体系,并在控制风险的基础上求发展；发展财务公司、券商等非银行机构,将这些非银行金融机构发展成合格的货币市场主体。

其二,为非银行金融机构发挥作用提供必要的环境条件。目前我国的货币市场中银行机构和非银行金融机构市场相隔的特征仍然存在,对同业拆借市场中非银行金融机构介入的限制较多,从长远发展来看,货币市场必须发展成为高度统一开放的市场,应对参与主体公平开放,以提高货币市场效率。因此,应逐步取消对非银行金融机构参与货币市场的歧视性政策,为其创造一个公平竞争的环境。

其三,必须加强对非银行金融机构的管理。中央银行作为货币市场的管理者和主要调控者,必须在法律上、决策上对市场实行有效的干预,配合我国存款准备金制度与再贴现制度,不断加强和完善中央银行的宏观金融调控职能,使其货币市场主体地位逐渐显现出来。

2. 扩大居民参与货币市场金融活动的深度和广度。货币市场的发展不仅应当包含金融类机构投资者,还应当包含企业、居民个人,这样才能保证市场需求的多元化,扩大货币政策操作对宏观经济的辐射面。当前,应通过调整居民个人的资产负债结构,扩大居民参与货币市场金融活动的深度和广度,增加居民货币收支活动的利率弹性,改变居民金融资产过度集中于银行储蓄的局面。

具体说来,可以借鉴国外发展货币市场基金的做法,加速发展我国的货币市场基金。基金作为机构投资者一方面与货币市场金融机构直接交易,另一方面又与众多的中小投资者、企业、个人等直接交易,能够促进货币市场规模和影响范围,增大对货币政策工具的作用效力。

美国的首只货币市场共同基金——储备基金(MMMFS)作为银行存款的一个替代物创建于1971年。在这之前,很多投资者因为有最低交易金额的限制而无法进入货币市场(投资者要有10万美元以上的资金才能投资商业票据和大额可转让存单)。而MMMFS的出现为普通投资者提供了参与市场投资的机会。经过30多年的发展,到2001年3月,根据美国ICI基金年会的统计,美国共有应税基金999只,资产总额14 783.3亿美元;免税基金477只,资产总额5 643亿美元。截至2005年3月,全球货币市场基金管理资产规模3.26万亿美元,占全球开放式基金管理资产规模的20.21%,而美国货币市场基金管理资产规模就占了全球货币市场基金资产的60%。货币市场基金无论在数量、规模、多样化及活跃程度、货币市场的影响力等方面都达到了很高的水平。

我国首只货币市场基金成立于2003年底,2004年国内货币市场基金规模就已突破1 000亿元人民币,到2009年上半年国内货币市场基金数量达到了56只,发展较为迅速。但是我国市场的成熟程度在很大程度上制约了我国货币市场基金业的进一步发展:货币市场基金可以选择的投资范围和规模较小,商业票据目前市场规模太小,市场交投很不活跃,货币市场基金投资组合缺乏多样性。更为重要的是,2006年我国货币市场基金规模为2 000亿元,仅占当年货币市场交易总规模(529 239.9亿元)的3‰,市场影响力很小。有鉴于此,大力发展我国的货币市场基金将是今后我国活跃货币市场发展的一个趋势。

3. 积极培育货币市场中介机构,提高市场效率。货币经纪公司是在货币市场中为金融工具交易提供信息、促进交易达成的专业化机构。在降低交易成本、市场的合理价格发现、提高货币市场的流动性及促进中央银行货币政策的实现等方面发挥着积极的作用。

货币经纪业务的基本过程是:首先由有交易意向的金融机构向货币经纪公司

提出要求的内容,然后经纪公司随即通过电子通信系统将信息发往各金融中心,然后再根据各中心反馈的报价进行综合筛选,向客户报出最佳价格。这个复杂的过程只需几秒钟就能完成。最初的交易均通过声讯经纪方式进行,随着信息技术和电子通信技术的迅猛发展,电子经纪主要被运用于标准化的产品,而声讯方式则被更多地用于复杂的、需要人工服务的金融产品。

2005年8月11日,中国银行业监督管理委员会发布了《货币经纪公司试点管理办法》,规定经中国银监会批准,货币经纪公司可以从事以下部分或全部的业务:(1)境内外外汇市场交易;(2)境内外货币市场交易;(3)境内外债券市场交易;(4)境内外衍生产品交易;(5)经中国银行业监督管理委员会批准的其他业务。2006年旨在提高货币市场运行效率的货币经纪公司——上海国利万邦货币经纪有限公司正式开业,成为中国货币市场中的首家货币经纪公司。

从目前国内几家货币经纪公司业务开展的情况来看,业务范围主要还局限于外汇交易业务,在境内货币市场尚未与境外市场完全对接、人民币业务仍处于有限开放的背景下,国内货币经纪市场的容量还非常有限,货币经纪公司的重要作用也没有得到充分的体现。同时在我国现行政策下,自然人从事货币经纪业务还存在着法律上的障碍,尚未得到法律的许可,目前也还没有形成一套规范的运作规则与模式。

今后我们要建立和加强相关的监管制度和行业自律组织,形成整个覆盖货币经纪公司业务和管理各个环节的规章制度体系,着手推动和允许自然人充当经纪人并进一步加快中国货币经纪业的开放步伐,促进我国货币经纪公司规范有序发展,以达到增强市场流动性、促进市场交易主体数量的不断增加、提高市场覆盖效率的目的。

二、积极推进货币市场的平衡发展

(一)丰富货币市场信用工具,推进市场发展

货币市场的发展离不开金融创新。只有鼓励金融创新,发展新的货币市场工具,才能满足不同金融机构和经济主体的需要,增大货币市场的影响力和货币政策工具实施的有效性。多年来,我国货币市场上的金融创新也取得了一些成绩,市场交易工具与改革开放以前相比种类和数量都有所扩大。

但是应该看到,目前货币市场上的信用工具在各个子市场上只是不多的几种,利用金融创新开发和拓展货币市场信用工具成为当务之急。首先,我国居民的金融资产大多以银行存款方式存在,而事实上人们对金融资产的不同需求以及

公开市场业务、再贴现政策等货币政策工具对信用工具的种类和规模要求是日益提高的。利用金融创新来丰富货币市场信用工具无疑是有利于货币政策工具操作要求的。其次，信用工具的不断创新也能带动货币市场的发展，两者相互促进相互推动。

从目前实际情况看，同业拆借市场的品种已日益完善了，我国货币市场可开发的信用工具重点应该放在国债市场中。据统计，2000年我国52%的基础货币投放是通过公开市场业务手段完成的。从我国当前国债市场所面临的问题来看，国债发行的品种、期限结构不尽合理，基本上都是以3年期以上的中期国债为主，1年期以下的短期国债发行很少，不能满足不同层次投资者的需求，也无法满足中央银行公开市场业务工具操作的需要。

为了配合货币政策工具操作的运用，积极发展我国短期国债市场，应该从两个方面入手：

一方面，要发展我国短期债券的发行和流通市场。要把国债作为公开市场业务操作的重要载体考虑，把银行持有国债的流动性、安全性及改变资产结构放在重要位置。美国短期国库券市场发达的主要原因之一就是国库券安全性高，易于转让，可以随时到二级市场出售，符合短期投资者的需要。因此，为了满足市场的需要，也为了给中央银行进行公开市场业务操作提供更有深度空间的需要，在发展我国的短期国库券市场过程中，也必须兼顾一级市场和二级市场的衔接发展。一级市场根据二级市场需求定价发行，发育良好的二级市场可以增强国债投资者购买信心，增加短期国债需求，推动一级市场的发展。而一级市场的发展又可以增加二级市场的活跃程度，增强其流动性。

因此，短期国债发行市场建立起来后，应在条件具备的情况下，再逐步利用全国统一交易网络，提高二级市场的交易规模。也可以尝试利用全国统一证券交易网络的延伸功能，发展无形市场，使更多的投资者参与进来，活跃流通市场。

另一方面，要进一步完善我国银行间国债交易市场。我国公开市场业务操作的基础市场之一就是银行间国债交易市场。它的发展有利于中央银行进行宏观调控。尽管目前公开市场业务操作的规模受可供交易的国债数量的限制，但是该市场的利率已经具有市场化特征，具备了作为公开市场业务操作的基础条件。

我国银行间国债交易市场自1997年形成以来，越来越多的参与主体得以介入市场。为了拓展中央银行公开市场业务的操作空间和灵活性，对这一市场除了要加大国债的发行量外，还应该进一步增加入市主体，以使中央银行通过向金融机构办理国债交易业务，改变其超额储备规模达到调控货币供给量的目的，扩大货币政策工具的影响范围。

此外，还应当考虑着手解决统一我国债券市场的问题。这是结束我国债券市场长期分割状态中效率低下、货币政策传导不畅的必然选择。统一的进程中要解决好：统一的国债交易价格，并将其作为货币市场的重要组成部分，使利率能够在回购市场间相互作为对方定价的参照；统一国债交易制度，消除国债市场的人为阻隔。

（二）依法构建健康的信用关系，推动票据市场的发展

票据市场是中央银行实施间接调控手段的理想场所，它在中央银行和商业银行之间发挥着"连接器"的作用，从而为中央银行运用再贴现工具提供了理想的环境和条件。在现代市场经济大潮中，信用是立业之本，没有信用就没有市场秩序，经济活动就无法健康地进行。从各国票据市场发展的实践情况来看，缺乏健康的信用关系作基础，是难以建立一个高效完善的票据市场的。我国票据市场长期以来发展缓慢的主要原因也和市场信用关系不正常、信用程度不发达有直接关系。

多年来，企业经营行为不规范，履约观念不强。在商品交易中存在着大量的违约行为使企业间商业信用票据化比率很低。商业信用不发达，再加上资金受地区分割阻隔，以及中央银行再贴现资格与再贴现率的限制，商业汇票流动性极低。银行在办理承兑和贴现业务过程中也受到各种欺诈案件的困扰，打击了银行对办理以商业信用为基础的票据业务的信心。票据市场中信用关系的扭曲既有传统体制遗留的因素，也有国家法令和货币市场规则对各市场主体约束不力的问题。

从产权的角度来分析，多年来，我们国有企业、银行一直是政府机构的附属物，银行、企业的信用就是国家的信用。在体制转轨时期，尽管强调责任明确、债权债务关系明晰，银行企业从法律上要从政府的附属物转变为独立的企业，但相当多的企业和银行行为又是以政府支持为背景的。旧体制的惯性作用依然存在，企业间信用关系并没有实质性的变化。这种靠"政府信用"支撑起来的信用关系包含了诸多虚假成分，债权债务关系也只是名义上的，整个社会没有了信用观念，信用成了一种毫无约束力的经济关系。因此，要发展我国的票据市场，提高其在货币市场中的地位和发挥中央银行再贴现工具的作用，我们必须解决好这些问题：

1. 深化银行、国有企业制度（尤其是产权制度）改革。要彻底转变国有企业的经营机制，强化企业的自我约束和风险机制，让企业能够按照市场规律办事，强化内部管理，成为自主经营、自担风险的主体。强化金融机构的自我约束和风险激励机制，建立健康真实的银企信用关系。这个问题解决了，票据市场信

用关系的健康化就具备了良好的基础条件，银行推广普及票据贴现放款、扩大完善贴现市场规模、加快信用票据化进程才有可能实现。否则发展票据市场，提高再贴现工具效用仍将是一纸空话。

2. 建立全国统一的票据市场。只有在市场统一的基础上，才能实现统一的市场价格和利率。市场规模越大，交易越活跃，市场才越有广度和深度，市场才越有效。也只有在统一的市场基础上，中央银行才能真正运用再贴现政策工具来有效调节基础货币量，将货币政策意图在较短时间内以较快速度传导出去，提升再贴现政策工具的运作效果。

3. 加大商业承兑汇票推广力度，扩大票据交易的品种和范围。要发挥中央银行的主导作用，根据经济形势实施调控再贴现的规模和数量，加大再贴现总量调控的力度和幅度，扩展再贴现工具功能。应该适当放宽再贴现利率的浮动范围，进一步扩大再贴现率的下浮空间，扩大其与信用贷款的利差，以增强再贴现的吸引力，调动各银行贴现放款的积极性。适度放宽再贴现的范围和条件，如放宽金融机构再贴现资格的限制，对再贴现票据条件的设定更宽松一些，对具有相应票据业务基础的中小金融机构的贴现票据给予支持，以此来提高再贴现政策工具的辐射面和影响力。

（三）加快货币市场一体化的发展

分割、封闭的货币市场，不仅影响社会资金的利用效率，也使得中央银行无法利用货币市场上的价格信号进行科学的分析判断和全面贯彻政策操作意图。为了从根本上提高货币市场中各子市场的关联度，迅速准确地传递货币政策意图，提高货币政策工具的传导效能，加快货币市场一体化发展就显得非常重要了。

货币市场的一体化问题首先是各子市场的统一问题。各子市场要逐步统一市场交易的信用工具标准，统一市场运行规则，统一市场管理方法。要拆除各子市场之间的人为阻隔，使交易内容相同的子市场逐步打破制度分割，实现统一。已经初步统一的同业拆借市场应该逐步扩大市场覆盖范围，提高市场统一程度。

在各子市场统一的基础上来实现货币市场的统一。货币市场总体的统一要在利率市场化的基础上逐步推进。推进的程序可以考虑先以同业拆借市场为基础，利用统一的同业拆借市场网络逐步扩散，逐渐将银行间债券市场、票据市场、企业融资券市场纳入统一体系。

在货币市场总体统一过程中，要在承认各市场交易主体差异的基础上，重点从宏观上统一市场参数的选择和运用、统一交易法规、统一行政管理办法、统一市场运作程序、统一市场交易体系，在微观上统一市场的准入条件、统一规范市场主体的行为方式，最终形成全国性统一货币市场。

三、稳步推进货币市场利率市场化改革

利率市场化是指通过市场和价值规律机制,由各金融机构根据资金市场的供求变化来自主调节,最终形成以中央银行基准利率为引导,以同业拆借利率为基础,各种利率保持合理利差和档次的有效传导利率体系。利率市场化是市场经济发展到一定阶段的必然需求,利率的市场化直接关系到中央银行货币政策的实施效果。一个市场化的利率体系为中央银行运用公开市场业务工具提供了必要的基础。

(一) 我国利率市场化改革已具备了以下有利条件

1. 我国的宏观经济发展、运行基本稳定。进入 21 世纪以来我国经济增长势头良好,多年来 GDP 的增长速度一直位居世界前列。随着综合国力的增强,我国即便是面对 2008 年由美国次贷危机引发的全球性金融危机的冲击,也表现出了较强的风险抵御能力。此外我国货币市场的发展具有一定的规模,市场上的资金供求基本平衡,入市主体多元化,成员数量进一步扩充,增加了市场的广度和深度,扩大了市场的覆盖面和市场的纵深。这就为我国利率市场化改革提供了坚实的基础。

2. 利率市场化已经取得的阶段性成果。我国利率市场化改革探索始于 20 世纪末。2000 年 9 月 21 日,中国人民银行发出关于改革我国外币管理体制的通知,标志着我国利率市场化改革迈出了实质性的一步。国家提出了"稳步、渐进"推进利率市场化改革策略:即原则上遵循先外币、后本币;先贷款、后存款;先农村、后城市;先大额、后小额的基本步骤。目前,利率市场化的改革随着我国金融体制改革的不断深入已经取得了阶段性成果。

1996 年在国债发行中正式引入了价格竞争的招标方式发行,发行利率已经完全由市场竞价决定;全国银行间同业拆借市场得到了统一,市场中单个交易品种在每个交易日的加权平均利率已经形成。金融债券也开始走向市场;1998 年 3 月我国改革了再贴现利率及贴现利率的生成机制,实际上放开了贴现和再贴现的利率;1998 年 10 月 31 日中国人民银行扩大了对中小企业贷款的利率浮动幅度和范围;从 1999 年 9 月 23 日开始,在吸收了政策性金融利率招标发行的经验的基础上,银行间债券市场国债发行也成功实现了利率招标发行;1999 年 10 月,我国又进一步放开对保险公司 5 年以上、3 000 万元以上存款的利率;随后,对于股票质押融资以及利率的确定也在原则上放松了管制;2000 年 9 月成功实现了境内外币利率改革。2002 年,我国对 8 家农信社的利率市场化改革进行试点,

自主存、贷款利率浮动幅度大大提高。2005年,中国人民银行进一步放开了金融机构同业存款利率、允许金融机构自主确定部分存款种类的计结息规则。2007年中国人民银行又正式推出了"上海银行间同业拆借市场利率",成为我国货币市场中的基准利率,为中国人民银行宏观调控的实施提供了更为精确的"参照标尺"。

3. 商业银行风险意识和内在约束不断加强。随着金融体制改革取得成效,我国商业银行风险意识和内在约束意识在不断增强,银行的资产质量在稳步提高,信贷无序扩张和利率失控的可能性已经不大了。随着国有企业改革的深化,企业对利率市场化的承受能力在提高,企业以及居民的风险意识和对利率波动的敏感性也在不断增强。

4. 市场交易技术手段不断发展,交易日趋活跃。目前,我国的同业拆借市场、银行间债券市场、外汇交易市场等已经借助于网络运行平台,实现了集中统一操作。

(二) 利率市场化条件下货币市场利率的作用

货币市场利率是利率市场化的关键环节。从我国开放利率的大体顺序看,应该先实现货币市场利率的市场化。货币市场利率包括同业拆借利率、国债回购利率、国债现货利率等。

从利率形成的机理看,货币市场利率对于社会资金供求关系有着灵敏性和高效性的特征,是反映市场资金状况、衡量金融产品收益率的重要指标。由货币市场形成的价格信号,也是中央银行监控市场利率水平,预测市场利率走势,制定基础利率的重要依据。西方许多国家利率市场化都先从发展货币市场入手,通过增加金融资产品种和规模,先使非贷款类短期金融资产利率自由化,产生一个可靠的货币利率信号,形成对商业银行存贷款利率的促动,最终建成市场化的利率体系。

利率市场化之所以需要特别强调以货币市场作为基础,这是因为:

1. 货币市场是中央银行实施货币政策、调控宏观经济的主要窗口,中央银行能够主动地对货币市场利率以及金融机构进行调控。货币市场的参与主体主要是金融机构,在国民经济中处于核心地位,通过它们的作用,可以影响和带动企业、居民和整个社会的经济和经营行为,带动社会的市场风险意识和经营意识的提高。

2. 市场化的利率首先是货币市场交易的结果。竞争性的货币市场交易,形成金融产品的市场交易价格。竞争性货币市场交易过程本身,就是金融产品价格由市场决定的过程。没有货币市场的发展,就没有所谓的利率市场化过程。

3. 货币市场利率是商业银行决定其存贷款利率的基础。货币市场的利率水平反映着市场资金的供求关系，成为商业银行确定存贷款利率的重要依据。目前，国际金融市场上商业银行普遍采用货币市场利率加点和减点的方法确定其存贷款利率，正是依照这个道理。我国商业银行的资产运用大部分是贷款（占资产运用的70%），在货币市场交易比重相对较低的情况下，推进利率市场化改革，必然会受到基本市场环境的制约。同时，我国货币市场中存在着市场利率与官定利率并存的现象。利率的严格管制，难以真实地反映资金供求关系，使利率作为货币政策工具在传导货币政策过程中出现误差，影响了货币政策工具的效果。中央银行应加快利率市场化改革的步伐，逐步建立以中央银行基准利率为基础、货币市场利率为中介、由市场供求关系决定存贷款利率水平的市场利率体系。

这样，中央银行可以通过操纵基准利率实现对金融机构和货币市场的有效调节，迅速实现中央银行货币政策意图。因此，要推进利率市场化改革，从总体上发挥我国货币政策工具的调控效果，就必须大力推进货币市场建设，实现货币市场利率市场化。

（三）进一步稳步推进货币市场利率市场化的设想

1. 扩充银行间债券市场利率作为市场参照利率的尝试。货币市场利率是包含多种利率品种在内的利率体系。当前在上海银行间同业拆借市场利率已经成为市场基准利率的情况下，我国可以进一步尝试选择银行间债券市场利率作为市场参照利率进行。

短期国债作为金边债券，其利率是确定其他金融资产价格的基准利率。我国已从1996年开始尝试国债发行市场的利率市场化改革，1998年对政策性银行的金融债券施行了利率招标发行，初步实现了金融债券发行的利率市场化。中央银行要积极采取措施，在进一步完善同业拆借市场基础上，重视发展国债市场和票据市场，并让够条件的商业银行发行金融债券，进一步理顺存贷款利率与其他诸如再贷款利率、有价证券利率的关系，按期限、成本、风险拉开档次，进而推动整个货币市场利率体系的市场化。

2. 逐步理顺各类利率的关系，加强货币政策工具的传导效应。

第一，主要理顺中央银行的利率关系。中央银行的存贷款利率是决定利率政策和构成利率结构体系的中心环节，间接性货币政策工具的实施首先要求中央银行的利率形成机制和基准利率的决定能真实地反映市场资金的供求状况。

目前需要解决如下一些问题：（1）完善中央银行对金融机构的再贷款利率

结构，适当增加再贷款利率档次，使中央银行在再贷款期限选择上更加灵活。（2）继续完善存款准备金制度。可以考虑取消较高的准备金存款利率，提高存款准备金作为货币政策工具的实际作用。（3）进一步完善再贴现利率。再贴现利率的完善主要是解决金融机构的流动性问题，我国再贴现利率长期以来一直存在扭曲现象，商业银行向中央银行再贴现主要是为了解决贷款规模的问题。

今后的改革就是要发挥再贴现利率在货币市场利率的导向作用。通过调整再贴现利率，引导商业银行利率变化并传导给资金市场和企业，达到调节货币供应量的目的。

第二，理顺中央银行利率与商业银行利率之间的关系。中央银行利率和商业银行利率的关系主要表现为准备金率、再贷款利率和再贴现率与商业银行利率之间的关系。理顺中央银行和商业银行之间的关系就是要在中央银行确定基准利率时，充分照顾商业银行的利益，扩大商业银行决定利率的自主权，在政策范围内由商业银行自主决定贷款利率，改革利率的存贷款计息方法，逐步向国际惯例靠拢。国际市场通行的利率计息方法是利率水平按单利制定，结息按复利计算，结息方式由客户与银行协商。长期以来，中国制定存贷款利率采用复利方法，结息采用单利计息方法，这种方法不利于国内银行业的竞争，应加快存贷款利率计算方法的改革，实行单利的利率水平。

第三，理顺商业银行各类利率之间的关系。简化存贷款利率种类，理顺各项存款利率之间的关系，建立起一种合理的存贷款利率结构体系；简化商业银行贷款利率期限结构，规范各类贷款利率；设置合理的存贷款利率结构，最基本的原则就是期限越长，利率越高，反之越低。

第四，理顺商业银行利率与货币市场利率、资本市场利率之间的关系。要使资本市场上的各种债券、商业银行利率与货币市场上的同业拆借利率、公开市场操作利率等之间形成合理的比例关系和相互影响作用机制，就必须在中央银行利率、商业银行利率、债券利率基本理顺的基础上，形成各种利率之间合理的比价关系。

3. 建立和健全利率市场化周边机制，为利率市场化建设提供良好的外部环境。

（1）要借鉴和参考国外经验，结合我国的国情，制定有关法律法规，使利率市场化开始时就能够有法可依，有章可循。并在利率市场化过程中不断修正和完善这些法规。

（2）要建立金融监管机制。根据法律法规，规范、约束和监督货币市场参与者的金融行为，使他们既能利用货币市场的便利性，灵活、高效地从事金融活动，又能遵纪守法，实现政府监管、社会监管和金融机构内部自律性监管的有机结合，相互督促、相互制约。

（3）要建立和健全信息收集和披露机制。信息收集和披露机制是有效监管的基础，也是增强监管力度和作用的促进器，是自律管理的外在推动力，对防范金融风险、稳定金融市场有积极的作用。

第八章

中国货币市场运行的监管及合规性约束

第一节 货币市场监管约束的相关理论

金融业具有"公共性""社会性"的特征,回顾一下国内外相关文献,理论界主要是从社会利益和金融脆弱这两个大的角度对国家为什么要实施金融监管进行分析的。作为一国金融体系重要的组成部分,货币市场在整个金融体系具有非常重要的地位,中央银行对货币市场的监管是国家管理国民经济的重要内容,既是保证货币市场平稳规范运行、顺利实施货币政策的需要,更是保持国家金融体系总体稳定、安全的需要。对货币市场进行监管的必要性源自以下相关金融监管理论。

一、社会利益论

该理论起源于20世纪30年代美国爆发的经济大危机,人们对传统的资本主义自由经济模式产生了信心危机,认为自由竞争和市场机制不能实现资源最优配置,甚至会形成资源的浪费和损失,这就要求政府通过金融监管的方式确保金融市场运行效率和安全,维护国家金融体系的稳定。该理论主要包括有以下几点内容:

(一) 自然垄断论

该理论认为,竞争是发挥市场机制作用的前提,但竞争又会形成垄断,出现垄断价格,损害公共利益。自然垄断产生后,行业的市场竞争机制被破坏,将导致市场失灵。尽管金融市场普遍具有竞争性,但是垄断的倾向一直就存在。因此,政府的职责之一就是反对垄断,消除价格歧视,保护公众利益,使其价格维持在社会平均成本的水平。开业管制、开设分支机构与金融机构合并管制等措施就是为了防止金融机构在市场交易过程中集中和过度竞争而设立的。

(二) 外部效应论

金融体系的负外部性效应是指：金融机构的破产倒闭及其连锁反应将通过货币信用紧缩破坏经济增长的基础。按照福利经济学的观点，外部性可以通过征税来进行补偿，但是金融活动巨大的杠杆效应——个别金融机构的利益与整个的利益之间严重的不对称性显然使这种办法显得苍白无力。另外，科斯定理从交易成本的角度说明，外部性也无法通过市场机制的自由交换得以消除。因此，需要一种市场以外的力量介入来限制金融市场和金融体系的负外部性。

(三) 信息不完全论

在不确定性基础上发展起来的信息经济学表明，信息的不完备和不对称是市场经济不能像古典和新古典经济学所描述的那样完美运转的重要原因之一。金融市场中更加突出的信息不完备和不对称现象，导致即使主观上愿意稳健经营的金融机构也有可能随时因信息而陷入困境。然而，搜集和处理信息的高昂成本金融机构又往往难以承受，因此，政府及金融监管当局就有责任采取必要的措施减少金融市场中的信息不完备和信息不对称。

(四) 金融机构自由竞争的悖论

金融机构是经营货币的特殊企业，它所提供的产品和服务的特性，决定了其不完全适用于一般工商业的自由竞争原则。一方面，金融机构规模经济的特点使金融机构的自由竞争很容易发展成为高度的集中垄断，给市场运作效率和消费者福利带来损失，另一方面，自由竞争的结果是优胜劣汰，而金融机构激烈的同业竞争将导致整个金融市场体系的不稳定，进而危及整个经济体系的稳定。因此，自从自由银行制度崩溃之后，金融监管的一个主要使命就是如何在维持金融市场效率的同时，保证整个体系的相对稳定和安全。

二、金融脆弱性理论

该理论主要从信息不对称、资产价格波动及金融自由化等方面解释了造成金融体系脆弱性的主要原因。

(一) 信息不对称导致的金融脆弱性

随着博弈论和信息经济学等微观经济学的发展，经济学家们对金融市场的微观行为基础有了深刻的理解，对金融机构的脆弱性也有了更深刻的认识。米什金 (Mishkin) 认为，正是因为存在信息不对称会导致信息优势一方的交易者出现

"逆向选择"和"道德风险",以及存款者的"囚徒困境"可能引起的存款市场上的银行挤兑,因此银行等金融系统具有内在的脆弱性。他还直接将银行危机与道德风险相联系,认为银行危机是因为逆向选择和道德风险的不对称信息问题而严重恶化的结果。

(二) 资产价格波动导致的金融市场脆弱性

奈特(Knight)首先把不确定性因素引入到经济分析中。凯恩斯(Keynes)吸收并发展了奈特的思想,认为大多数经济决策都是在不确定的条件下作出的。金融市场的不确定性首先来自金融资产未来收入流量的不确定性,这种不确定性又来自于生产性投资自身的风险。他在《就业、利息与货币通论》中指出:投资取决于投资者对未来市场前景的心理预期,这一预期又是以投资者对于未来模糊的、不确定的、缺乏可靠基础的偏差而发生剧烈市场波动的金融市场的脆弱性而从价格波动的角度来研究的,金融资产价格的不正常波动或过度波动,积累了大量的金融风险,极其容易爆发危机。

1. 传统的金融市场脆弱性主要来自股市的过度波动性。美国经济学家金德尔伯格(Kindleberger)认为市场集体行为非理性导致的过度投机对资产价格有着巨大影响,因此过度投机足以引起股市的过度波动。凯恩斯将经济繁荣时推动资产价格上升的现象描绘成"乐队车效应",即当经济的繁荣推动股价上升时,幼稚的投资人开始涌向价格的"乐队车",使得股票价格上升得更快,以至于达到完全无法用基础经济因素来解释的水平。由于脱离了基础经济因素,市场预期最终会发生逆转,导致股市崩溃。随着金融市场在世界范围内的进一步发展,股市与实体经济的联系更为紧密,股市的波动对其影响也更为广泛而且深刻。

2. 市场的不完全有效性引起金融市场的脆弱性。法玛(Fama)等人在20世纪60年代提出有效市场理论,他认为,有效市场是指能够有效利用金融信息并在证券价格形成中充分而准确地反映全部相关信息的资本市场。法玛将有效市场分为弱型有效市场、半强型有效市场和强型有效市场三种。

强有效市场可以看作是一种理想型的市场,在现实经济中并不存在,在现实的金融市场上还无法完全杜绝依靠内幕消息牟取暴利的投资者。

在半强型有效市场上,投资者无法克服其自身存在的信息不对称性缺陷,也无法解决广泛存在的内幕消息问题。因此,在这类市场上可能会产生大量泡沫,但同弱型有效市场相比,半强型有效市场上的泡沫膨胀的程度没那么大。

而在弱型有效市场上,大多数信息缺乏的投资者往往容易产生盲目从众和极端投机行为,从而破坏市场的均衡,金融泡沫开始形成并迅速膨胀,金融市场的脆弱性增加,等到泡沫破灭时,将引发金融市场的系统性危机。

3. 汇率的波动性增加了金融市场脆弱性。汇率的过度波动是指市场汇率的波动幅度超出了实体经济因素所能够解释的范围。在浮动汇率制度下，经常会出现汇率的过度波动和错位，汇率的易变性是浮动汇率下汇率运动的基本特征。因此，在浮动汇率制度下，汇率体系的稳定性被进一步的弱化。多恩布什（Dornbush）在汇率超调理论中指出，浮动汇率制度下，汇率的剧烈波动和错位的主要原因在于面对某种初始的外部冲击。他指出，市场预期会引起汇率的大幅波动。在金融市场中，预期是投机资本运动的心理基础，投机是在预期指导下的现实行为。对将来预期的微小变化，都会通过折现累加，导致汇率的大幅度变化。

在固定汇率制下，也存在汇率过度波动的问题。常（Chang）和沃拉斯哥（Velasco）指出，在固定汇率制度下，当市场参与者对该货币当前汇率的稳定性失去信心时，他们就会抛售该国货币，使政府难以维持固定汇率水平，随之发生货币危机。国际金融市场上存在的巨额投机资金，常常使得货币当局维持汇率的努力显得很微弱，而市场上的其他参与者在面对某种货币汇率的强大调整压力时，其理性的行为方式常常是从众心理，这大大增加了汇市的振幅。

（三）金融自由化与金融脆弱性

金融自由化对金融脆弱性的影响主要表现在以下几方面：

1. 利率自由化导致的金融脆弱性。长期以来，利率自由化被认为是金融自由化的主要内容，尤其在计量研究中，利率自由化变量常常作为金融自由化的替代变量。因此，有关金融自由化会导致金融脆弱性的研究，也主要是从利率自由化的角度进行分析的。利率自由化主要通过两种途径加重商业银行的风险：一是利率自由化后，利率水平显著升高影响宏观金融稳定；二是利率自由化后，利率水平的变动不定，长期在管制状态下生存的商业银行还来不及发展金融工具来规避利率风险。

2. 混业经营与金融脆弱性。金融自由化的另一个主要措施是放松金融机构业务范围的限制，使得金融业由分业经营走向混业经营。在商业银行和投资银行日益融合的情况下，为竞争证券发行的承销权，双方通过各自的信贷、投资等部门向产业资本渗透，资本的高度集中会形成某些垄断因素，人为因素增加，金融业的波动性加大，同时也极易造成泡沫化。在资本市场欠发达国家，银行资金雄厚，但过度介入证券市场，将加剧证券市场的波动，促成"泡沫"形成。

银行间并购也是银行业扩大业务范围的一种方式。一般认为，银行并购可以扩大规模、占领市场实现规模效益。但银行并购也存在着风险，一旦投资失败，即使是资本实力雄厚的大银行也难逃厄运。银行规模过大，也会失去一定的灵活性，其脆弱性也不断增加。在金融全球化的趋势下，市场的国界正在逐渐消除，但任何一家银行都无法垄断全球金融，因此当今全球银行并购潮将会增加国际金融体系的脆弱性。

3. 金融创新导致的金融脆弱性。20 世纪 60 年代出现的金融创新很大程度上改变了世界金融市场发展的格局与方向。但随着新市场和新技术的不断开发，许多传统风险和新增加的风险往往被各种现象所掩盖，给金融市场的安全稳定带来了一系列的问题，金融创新在整体上有增加金融系统脆弱性的倾向。格林斯潘（Greenspan）就曾经指出，金融衍生品具有极大的渗透性，其风险更具有系统性。同时，由于金融衍生品本质上就是跨国界的，系统性风险将更多地呈现出全球化特征。由此可见，金融衍生产品市场的发展，打破了银行业与金融市场之间、衍生产品同原生产品之间以及各国金融体系之间的传统界限，从而将金融衍生产品市场的风险传播到全球的每一个角落，使得全球金融体系的脆弱性不断增加。由于金融创新大大丰富了银行资产的可选择性，商业银行不再轻易向中央银行借款，因而中央银行的货币政策工具的作用也在下降。

4. 资本自由流动导致的金融脆弱性。伴随着金融自由化的发展，各国资本项目的开放逐步加速，资本自由流动逐渐成为一种趋势。许多人认为资本在所有国家之间的自由流动，与商品和服务的自由贸易一样，可以互利互惠。但在东南亚金融危机爆发以后，国际上又开始重新重视资本流动带来的风险和脆弱性。

随着金融工具的不断更新、金融资产的迅速膨胀，国际资本私人化以及大量的资金在境外流通，国际资本日益显示出游资的特征并开始对国际金融市场产生巨大的影响。在现代通信和电子技术条件下，资金的转移非常迅速，它能随时对任何瞬间出现的暴利空间或机会发出快速攻击，造成金融市场的巨大动荡。游资常用的投机做法是运用杠杆原理，以较少的保证金买卖几十倍甚至上百倍于其保证金金额的金融商品，很容易在较短时间内吹起经济泡沫，引发市场的大幅波动。

此外游资还会妨碍一国执行独立的货币政策，增加其宏观调控的难度。游资引发的主要后果是经济泡沫化、汇率无规则波动、货币政策失灵以及传播扩散效应，也是整个国际金融市场脆弱性增加的根源之一。

三、货币市场运作特性下监管的理论依据

货币市场是金融市场的重要组成部分，属于资金要素市场。它与消费品市场、生产资料市场、劳动力市场、技术市场、信息市场等各类市场相互联系，相互依存，共同形成统一市场的有机整体。在整个市场体系中，货币市场是最基本

的组成部分之一，是联系其他市场的纽带。因为在现代经济活动中，无论是消费资料、生产资料的买卖，还是技术和劳动力的流动等，各种市场的交易活动都要通过货币的流通和资金的运动来实现，整个宏观经济运作都离不开货币市场的调节与润滑作用。

在现代经济体系中，作为金融机构及其他经济主体调剂短期资金的重要场所，货币市场体系掌控着巨大的资金流，是资金批发市场的中间媒介，在引导资源配置，促进经济发展、对宏观经济进行调控等方面起着积极而关键的作用。对任何一个国家而言，货币市场在国家金融体系运转中都发挥着核心的功能。

同时，货币市场的运作也是存在着高风险的，其风险具有明显的特殊性，如不能及时被发现、化解和控制，则容易连锁反应形成系统性金融风险。货币市场的风险具体表现在：

（一）具有易发性特征

货币市场运行能否规范和效率不仅与市场内部约束力、市场参与主体自身经营管理能力有关，还要受到国家的经济基础、社会信用、政府行为、社会心理等其他诸多方面的因素影响。特别在开放性金融政策下，影响货币市场稳定和发展的内外部环境日益复杂，不确定、不可控的风险因素不断增多，越来越多金融创新业务与工具的涌现在一定程度上又增加了货币市场运行的风险系数，尤其是对于正处于发展初级阶段的新兴国家货币市场来说，市场内部治理结构和外部监管体系并不完备、风险管控能力弱，这就更容易导致货币市场风险易发性的隐患。

（二）具有传染性的特征

现代金融系统的构建结构不仅造成了内部机构之间、业务之间高度交融和关联，而且由于货币市场中大量的金融工具广泛扩散、渗透到社会经济体系中其他各行各业，因此一个金融产品的风险扩散、一个金融机构的破产失败都可能连锁造成其他金融领域和其他行业投资者的损失或破产倒闭，从而导致全经济体系的系统性风险。另外，信息不对称将会使市场中部分金融机构的风险被误认为整个金融系统出现问题，从而引发社会恐慌，传染成信用危机，引起资金大规模的无序流动，造成货币市场的运行紊乱，甚至诱导出更大的金融和经济危机。

（三）具有毁灭性的特征

源自美国次贷危机的世界性金融危机的肆虐让人们深刻感受到了金融风暴的可怕。在规模与结构正迅速发展的货币市场中，金融产品的广泛扩散性和金融风险的快速传染性，将会使货币市场中众多投资者，出现"一荣俱荣，一损俱损"

的投资后果，再加上金融杠杆原理的数倍扩散效应，货币市场风险和危机一旦形成和扩散，难以立即控制和消除，往往产生大范围的惨重损失，多年积聚的社会财富顷刻间化为乌有，再加上居民对金融信心的丧失，使以信用为基础的金融业及其支持的国家实体经济发展都可能遭致致命性的打击，需要很长时间才可能恢复金融风暴给国家经济带来的伤害。

第二节 货币市场监管约束的目标及原则

货币市场的监管包括货币市场监督和货币市场管理两层含义。在我国，货币市场管理一般是指货币当局根据有关货币市场法律法规，如《中华人民共和国票据法》《同业拆借管理办法》《票据管理实施办法》《商业汇票承兑、贴现与再贴现管理暂行办法》和《支付结算办法》，对货币市场交易主体行为及要求进行规范，引导货币市场健康有序运营，以达到稳定发展的目的。货币市场监督是指为了实现此目的，而对货币市场进行全面监测、分析及时发现并解决问题，保证货币市场的高效有序运行。货币市场监督和货币市场管理是互有侧重、相互配合的，没有货币市场的管理要求，货币市场监督就失去了监督原则和目标；若没有货币市场的严格监督，货币市场也很难实现有效率的管理。

作为我国货币市场的监管主体，中国人民银行对货币市场的监管目标及原则、参与主体的准入资格、融资期限与规模、交易行为和结算体系都做了具体的规定。

一、货币市场监管约束的目标

货币市场为众多参与主体的流动性资产管理提供了重要的平台和渠道，货币市场的稳定与否对于中央银行货币政策的实施也具有重要意义。我国政府对货币市场的监管目标主要体现在以下几个方面：

（一）保护投资者利益

保护投资者利益是货币市场监管的核心任务，是货币市场健康发展的基础和支柱。没有投资者的积极参与，就谈不上市场的活跃繁荣，货币市场的短期融资与货币政策操作等基本功能就难以实现。可以说，货币市场中投资者对市场的信心，正是货币市场得以存在和发展的基本保证，只有真正保护投资者利益的市场，才能给投资者以安全感和投资信心，货币市场才能得到长久发展。从经验上看，西方市场经济发达国家的货币市场监管理念当中都极为重视对市场投资者利益进行保护，美、英、日在市场准入、信息披露、信用评报及市场退出等货币市场监管规则上都进行了明确规范，对市场中具有蓄意欺诈或渎职行为的当事人惩戒都有严格的规定。这些措施的实施目的都是为了尽量规范市场的交易行为、防范市场违规交易的风险、提高广大社会投资者的投资信心，维护货币市场的稳定性。

（二）维护货币市场的高效率运作

货币市场的效率是指货币市场能够保持交易活动以较低成本顺利地进行并促进市场资金合理流动的程度。一个有效率的货币市场应该是一个具有广度、深度和弹性的市场，其市场容量大，信息流动迅速，交易成本低，交易活跃且持续，能吸引众多的投资者和投机者参与。

现代市场金融制度构成要素中，货币市场作为中央银行直接参与的金融市场，具有各子市场联系密切、覆盖面广、交易工具品种丰富、流动性强、市场交易最活跃等诸多特点。无论是作为保证宏观经济调控的重要渠道，还是作为现代金融制度中维护微观金融运行的商业银行体系完善、发达的基础性条件，货币市场的有效运转都是它们正常运作的前提条件，因此这就要求货币市场监管当局通过有效的组织安排和市场监管，充分调动起货币市场发展的动力机制与内在约束机制，最大限度地促进资金合理的流动和最优化配置，维护货币市场的高效率运作，最大限度地发挥它的市场功能。

（三）保证货币市场交易的公平、公正与公开

保持市场的"公平、公正与公开"是我国对货币市场监管的重要基本原则。

公平性，其核心意义体现在以交易者身份进入到货币市场的所有参与主体都应当具有平等的法律地位，在法律上和交易规则上应当一视同仁，各自的合法权益都能得到公平的保护。市场的参与者应当能够在公平的竞争条件和竞争环境中平等地进入市场、使用市场资源和获得市场信息，依其自身判断和决策进行交易活动，不会因为身份不同、经济性质不同而受到任何歧视。

公正性，是指货币市场的监管部门依法履行职责必须公正，对所有被监管对象给予公正待遇，做到监管规则面前人人平等。公正性是对货币市场公开性、公平性的有力保障，也是市场公开、公平性的具体体现。在市场公正的前提下，市场运作机制更能够突出优胜劣汰的分化作用，有利于促进市场资源配置效率的提高。

公开性，是指货币市场的运作和有关信息必须实行公开化。所有的市场交易规则和操作程序、条件应当向市场参与主体公开，使全体交易者能够及时发现、

防止和惩罚操纵市场和其他导致市场交易不公平的行为，平等地获得同等程度的信息，以便交易者作投资决策时参考。同时，货币市场监管部门实行监督的程序及处罚结果应当予以公开，使市场的参与者共同遵守相同的规范，这样才能使货币市场运行保持透明度，形成公开竞争的基础。

二、货币市场监管约束的原则

（一）依法监管原则

依法监管原则是指货币市场中的监管行为应当依法进行，受法律保障，亦受法律制约，在法律规定的范围内行使职权，必须有充分的法律依据和保障。因此，货币市场监管机构的监管行为必须有国家法律的授权，享有执法的权力和手段，才能使监管行为具有权威性和实效性。此外，监管机构及其监管行为必须受法律的约束。即监管者自身也应受到法律监管。对监管者实施监管，是规范货币市场监管行为、保证监管措施行为的合法、合规，提高监管效率的重要手段。

（二）适度监管原则

来自外部的行政监管不能取代市场，这是适度监管原则的核心思想。货币市场的监管应当采取与市场发展相适应的适度监管方式与政策，监管的重心应当放在创造适度竞争的市场环境上，其监管行为不能干涉市场主体的自主权，而是要通过制度和规则使市场稳健运行。因此监管者必须充分尊重市场这只"看不见的手"的调节作用，不能人为设置任何障碍，只要没有市场失灵等情况发生，监管者就不应过多介入。要注意防止两个极端：监管过度既会造成市场创新被抑制，同时也会破坏市场自身运作的内部机制，造成市场效率的下降；而监管不足又将会放大货币市场的运作风险，损害市场稳定和投资者利益。因此，必须合理界定货币市场监管主体的职责范围，明确其职权的合理限度，监管过度与监管不足都是不可取的。

（三）效率原则

效率原则是指市场监管的实施必须进行成本效益分析，以成本最小化获取收益最大化，从而提高监管的有效性。故效率原则也称为成本最小化与收益最大化原则。货币市场中的监管成本可以细分为直接成本和间接成本两部分，直接成本包括监管机构在执行监管过程中所消耗的资源，包括有立法成本、相关法律执行成本等内容。货币市场监管的间接成本又称间接效率损失，主要是指因监管行为干扰了市场机制对资源的自动配置作用,限制了充分竞争、市场激励机制而导致有关经济行为主体改变其行为方式所造成的间接效率损失。因此,合理地设计货币市场监管组织体系的结构,制定行之有效的监管制度,建立一支精通市场专业技术知识和具有高度敬业精神及职业道德的高级监管队伍,是充分发挥和提高货币市场监管机制的功能和效率、降低市场监管机制运行成本的必然要求。

(四) 外部监管与市场约束相结合原则

随着金融自由化和信息技术的发展使监管当局面临着更大的压力。货币市场监管的发展越来越强调市场约束的作用。市场约束是指通过向社会公开披露市场参与者的相关信息,借助市场机制的功能,迫使市场参与主体规范其自身经营行为的外部约束。市场约束具有迫使市场参与主体有效而合理地分配资金和控制风险的作用,富有成效的市场约束机制为监管当局强化监督工作提供了有效的保证。在市场约束条件下,经营状况优良、信用水平高的市场主体更容易获得和拥有广泛的客户,其融资成本也较低;相反,资产状况差,信用水平低的金融机构则难以控制原有的市场份额,出现融资困难甚至面临着难以生存的压力,在资不抵债条件下退出市场。

事实上,各国货币市场监管人员都曾面临着"宽容"困境:当发现某些市场参与主体出现问题时,监管者从稳定金融秩序或满足部分利益集团的政策倾斜要求的角度来讲可能会考虑提供某种保护,导致外部监管的"监管失灵"。因此,在货币市场监管中体现外部监管与市场约束相结合的原则,构成法律监管与市场监督的约束合力,是提升货币市场监管效率的必然要求。

第三节 中国对货币市场监管约束的合规性内容

《中华人民共和国中国人民银行法》(根据2003年12月27日第十届全国人民代表大会常务委员会第六次会议修正)的第4条和第31条明确指出,中国人民银行履行监督管理银行间同业拆借市场和银行间债券市场及实施外汇管理,监督管理银行间外汇市场的具体职责。中国人民银行依法监测金融市场的运行情况,对金融市场实施宏观调控,促进其协调发展。

因此目前我国货币市场的监管主体是中国人民银行,具体负责制订银行间市场的发展规划、管理规定,对市场进行监督管理,规范和推动市场创新。

一、中国人民银行对银行间同业拆借市场监管的合规性内容

（一）市场准入

根据中国人民银行的规定：金融机构加入银行间电子交易系统，首先须获得中国人民银行批准（资格审批制）。在获得中国人民银行批准后，金融机构向交易中心申请联网，选送业务人员通过交易中心培训为交易员，与电子交易系统实现联网后即可进入拆借市场进行交易。目前我国获得银行间同业拆借市场准入资格的大致有：政策性银行、中资商业银行、外商独资银行、中外合资银行、城市信用合作社、农村信用合作社县级联合社、企业集团财务公司、信托公司、金融资产管理公司、金融租赁公司、汽车金融公司、证券公司、保险公司、保险资产管理公司、中资商业银行（不包括城市商业银行、农村商业银行和农村合作银行）授权的一级分支机构和外国银行分行等15类参与主体。

（二）交易后资金清算的监管规定

按照中国人民银行的规定，为了有效监管交易资金规模与流向，银行间同业拆借市场的资金清算按双边逐笔全额直接清算、自担风险的原则办理，即交易成员按照成交通知单所载明的有关内容，在规定的起息日自行向交易对手方逐笔全额办理资金清算。

在中国人民银行各地分支行开立人民币基本账户的交易成员，其与交易对手之间人民币资金的异地清算通过中国人民银行电子联行或在商业银行开立的账户办理，人民币资金的同城清算通过当地中国人民银行票据交换等途径办理。

交易成员在办理资金清算时需遵守如下规定：

1. 交易成员的资金清算必须通过其在中国人民银行或商业银行开立的账户划转，不得收付现金。

2. 交易成员必须按成交通知单上注明的清算途径向其交易对手方划付资金。

（三）银行间同业拆借市场风险控制的制度安排

为了控制交易风险，2007年中国人民银行颁布的《同业拆借管理办法》中对各类金融机构的拆借期限、拆借额度、资金来源与用途等方面作出了明确规定。

1. 有关拆借期限和限额的规定（见表8-1）。

表 8-1　　各类银行间同业拆借市场交易成员的拆借期限和限额

机构类型	拆借期限	拆借限额
政策性银行	不超过 1 年	最高拆入限额和最高拆出限额均不超过该机构上年末待偿还金融债券余额的 8%
中资商业银行、城市信用合作社、农村信用合作社县级联合社	不超过 1 年	最高拆入限额和最高拆出限额均不超过该机构各项存款余额的 8%
外商独资银行、中外合资银行	不超过 1 年	最高拆入限额和最高拆出限额均不超过该机构实收资本的 2 倍
外国银行分行	不超过 1 年	最高拆入限额和最高拆出限额均不超过该机构人民币营运资金的 2 倍
企业集团财务公司、金融资产管理公司、金融租赁公司、汽车金融公司、保险公司	企业集团财务公司不超过 7 天 其余四类主体不超过 3 个月	最高拆入限额和最高拆出限额均不超过该机构实收资本的 100%
信托公司、保险资产管理公司	不超过 7 天	最高拆入限额和最高拆出限额均不超过该机构净资产的 20%
证券公司	不超过 7 天	最高拆入限额和最高拆出限额均不超过该机构净资本的 80%
中资商业银行（不包括城市商业银行、农村商业银行和农村合作银行）授权的一级分支机构	不超过 1 年	最高拆入限额和最高拆出限额由该机构的总行授权确定，纳入总行法人统一考核

资料来源：根据 2007 年中国人民银行《同业拆借管理办法》整理而成。

2. 同业拆借交易系统的内设风险控制制度。

（1）对市场成员实行限额控制。根据中国人民银行的相关规定，交易系统对每一个有信用拆借权限的市场成员都设置了拆借限额，成员的所有交易只能在此限额内达成，授权分支机构的限额由其总行在系统中设置。

（2）成员间授信控制。为了进一步控制交易风险，中国人民银行要求同业拆借市场交易成员需在交易系统内对愿与之达成信用拆借交易的对手方及相应的拆入/拆出最大额度进行设置，从而完成信用拆借授信工作。只有互相进行了授信的交易成员之间并且拆借金额在授信额度之内，才能达成信用拆借交易。成员间授信只能在法人之间进行，授信额度由法人及其授权分支机构共享。

（3）对小额报价和成交同时实行上、下限和对手方范围控制。利用小额报价方式进行交易时，成交金额不仅受单笔报价上下限的限制，还要设置交易对手方范围。

(4) 对交易员实行授权授信控制。除了上述两项控制之外，中国人民银行还要求同业拆借交易系统限定交易员只有获得本方机构的授权和授信后才能进行交易，且所有交易受此授信额度的控制。

(5) 清算跟踪提示。为了防范资金清算过程中出现操作风险和信用风险，同业拆借交易系统还为成员提供"当日清算提示"和"清算跟踪提示"的辅助服务功能。当日清算提示中显示本方机构当日应收应付的资金与债券明细和总额；在清算跟踪提示中，交易员可按任意时段查询本方机构应收应付的资金与债券明细和总额，也方便中国人民银行对相关交易进行监管。

(6) 信息披露。同业拆借交易中心根据中国人民银行颁布的金融机构信息披露的有关规定，要求金融机构定期通过"中国货币网"向交易成员披露和更新其基本信息和财务报表。

(7) 违规举报。交易系统实行违规举报制度，交易成员彼此监督，对于市场违规操作的交易成员，其他成员可以向中国人民银行举报，同业拆借市场交易中心也将依据有关制度处理并向市场公告。

二、中国人民银行对银行间债券市场监管的合规性内容

（一）市场准入

1996 年以来，银行间债券市场成员资格获取实行的是审批制，即加入电子交易系统成为债券市场交易成员的金融机构，需要向中国人民银行申请并获得批准。2002 年 4 月，中国人民银行调整银行间债券市场的审批准入为备案制。实行备案制后，金融机构向中国人民银行、全国银行间同业拆借中心和中央国债登记结算有限责任公司提供相关文件进行备案后，即可加入银行间债券市场。

按照中国人民银行的规定，金融机构申请加入全国银行间债券市场应向交易中心提交下列材料：（1）企业法人营业执照副本复印件。（2）相关金融业务许可证副本复印件，包括金融机构法人许可证、信托机构法人许可证、经营证券业务许可证、经营保险业务许可证等。（3）商业银行分行还应提供其总行的债券交易授权书。（4）全国银行间同业拆借中心交易系统联网申请表。

金融机构在上述材料经由交易中心审查通过并在中央结算公司完成债券托管账户的开户手续后，即成为全国银行间债券市场交易成员。同时，金融机构在办理联网和开户手续完毕后的三个工作日内，必须向中国人民银行备案。

(二) 银行间债券市场风险控制的制度安排①

1. 对银行间质押式债券回购市场的监管要求。为了控制交易风险，中国人民银行对质押式回购期限做了规定，最长不得超过一年；对某些类别金融机构的回购实行余额控制。按照管理要求，交易成员通常也采取授权授信措施加以防范。银行间债券市场交易中心利用现代电子信息技术，在交易系统内做了相应的设定，为交易成员规避风险增设了一道防线。

第一，对证券、基金类交易成员的回购交易实行总额控制。为了防范风险，中国人民银行规定证券公司、基金公司和基金的质押式回购额度实行余额控制，证券公司融入和融出余额都不得超过其实收资本的80%，证券投资基金的质押式回购余额都不得超过其资产净值的40%。证券公司的质押式回购限度在其入市时由交易中心根据其实收资本核定，当成员资本金变动时再做修改，证券投资基金的质押式回购额度则由交易中心根据基金净值报告每月进行调整。

第二，对银行间质押式债券回购交易系统的内设监控制度。(1) 对证券、基金类交易成员实行余额控制。根据中国人民银行的相关规定，银行间债券市场交易系统对证券公司、基金公司和基金的质押式回购额度进行余额控制，超过上述额度的回购在交易系统不能达成交易。(2) 对非法人交易成员实行法人授权管理。授权分支机构质押式回购余额则由其总行限定，其他机构系统默认为没有回购额度的限制。(3) 成员间实行授信控制。银行间债券市场交易系统为交易成员间提供授信便利。交易成员可以对某些成员设定质押式回购的授信，设置成员间授信后和这些成员成交时受所设额度的控制，只有在授信额度范围内才能成交。与没有进行授信设置的成员进行质押式回购交易时，系统默认无限量的授信。与同业拆借一样，成员间授信只能在法人之间进行，授信额度由法人及其授权分支机构共享，由中国人民银行对其进行监督。(4) 对小额报价和成交实行上、下限控制，同时可实行对手方范围控制。即小额报价成交时受单笔报价上下限的限制。此外，按照中国人民银行规定要求，交易方还应设置对手方范围，只有范围内的交易对手才能看到报价和达成交易。(5) 对交易员实行授权授信控制。除了上述控制之外，银行间债券市场交易系统还限定交易员只有获得本方机构的授权和授信后才能进行交易，且该交易员所有交易受此授信额度的控制。(6) 清算跟踪提示。银行间债券市场交易系统为成员提供"当日清算提示"和"清算跟踪提示"的辅助服务功能。当日清算提示中显示本方机构当日应收应付

---

① 根据中国人民银行的规定，银行间债券市场现券买卖业务中资金与债券的结算程序、管理要求与债券回购业务相同，故本书不再将其单列重述。

的资金与债券明细和总额；在清算跟踪提示中，交易员可按任意时段查询本方机构应收应付的资金与债券明细和总额，中国人民银行也能够对相关交易进行监管。（7）信息披露。交易中心根据中国人民银行颁布的金融机构信息披露的有关规定，要求金融机构定期在"中国货币网"上向交易成员披露和更新其基本信息和财务报表。（8）违规举报。交易系统实行违规举报制度，交易成员彼此监督，对于市场违规操作的交易成员，其他成员可以向中国人民银行举报，银行间债券市场交易中心也将依据有关制度处理并向市场公告。

2. 对银行间买断式债券回购市场的监管要求。买断式回购是全国银行间债券市场第一个带有做空性质的交易品种，该品种的推出大大解放了质押式回购债券被冻结的局面，有利于提高市场的流动性。买断式回购由于在回购期间债券的所有权发生转移，在实现融资目标的同时，也具备了一定的融券功能。买断式回购通过两次买断操作赋予交易成员以做多、做空兼备的功效，为获取双重收益提供了可能，当然市场风险也会随之增大。

第一，监控制度安排。为了控制交易风险，中国人民银行在《全国银行间债券市场债券买断式回购业务管理规定》中对买断式回购业务做了具体规定：（1）进行买断式回购交易必须先签署《银行间债券市场债券买断式回购主协议》。（2）进行买断式回购交割时，必须有足够的债券和资金。（3）买断式回购的交易期限最长不得超过91天。交易双方不得以任何形式展期。（4）进行买断式回购，交易双方可以按照交易对手的信用状况协商设定保证金或保证券。（5）进行买断式回购，任何一家市场参与者单只券种的待返售债券余额应小于该只债券流通量的20%，任何一家市场参与者待返售债券总余额应小于其在中央国债公司托管的自营债券总量的200%。

第二，对银行间买断式债券回购交易系统的内设监控制度。（1）对非法人交易成员实行法人授权管理。授权分支机构买断式回购余额则由其总行限定，其他机构系统默认为没有回购额度的限制。（2）成员间可实行授信控制。银行间债券交易系统为交易成员间提供授信便利。交易成员可以对某些成员设定买断式回购的授信，设置成员间授信后和这些成员成交时受所设额度的控制，只有在授信额度范围内才能成交。与没有进行授信设置的成员进行买断式回购交易时，系统默认无限量的授信。买断式回购成员间授信同样只能在法人之间进行。（3）对小额报价和成交实行上、下限控制，同时可实行对手方范围控制。即小额报价成交时受单笔报价上、下限的限制。此外，按照中国人民银行规定要求，交易方还应设置对手方范围，只有范围内的交易对手才能看到报价和达成交易。（4）对交易员实行授权授信控制。除了上述控制之外，交易系统还限定交易员只有获得本方机构的授权和授信后才能进行交易，且该交易员所有交易受此授信额度的控制。(5)清算跟踪提示。交易系统为成员提供"当日清算提示"和"清算跟踪提示"的辅助服务功能。当日清算提示中显示本方机构当日应收应付的资金与债券明细和总额；在清算跟踪提示中，交易员可按任意时段查询本方机构应收应付的资金与债券明细和总额。(6)信息披露。交易中心根据中国人民银行颁布的金融机构信息披露的有关规定，要求金融机构定期在"中国货币网"上向交易成员披露和更新其基本信息和财务报表。交易中心根据中国人民银行的要求在中国货币网披露上一交易日单只券种买断式回购待返售债券总余额占该券种流通量的比例等有关买断式回购信息。(7)违规举报。交易系统实行违规举报制度，交易成员彼此监督，对于市场违规操作的交易成员，其他成员可以向中国人民银行举报，银行间债券市场交易中心也将依据有关制度处理并向市场公告。

三、中国人民银行对票据市场监管的合规性内容[①]

从 1995 年以来中国人民银行先后颁布的《中华人民共和国票据法》《票据管理实施办法》《商业汇票承兑、贴现与再贴现管理暂行办法》和《支付结算办法》等法律法规，是中国人民银行依法对我国商业票据市场进行监管的主要依据。

(一) 对票据市场监管的一般性原则

1. 票据当事人应当依法从事票据活动，行使票据权利，履行票据义务。

2. 承兑、贴现、转贴现、再贴现的商业汇票，应以真实、合法的商品交易为基础。

3. 商业汇票的承兑、贴现、转贴现、再贴现等活动，应当遵循平等、自愿、公平和诚实信用的原则。

4. 商业汇票承兑、贴现、转贴现的期限，最长不超过 6 个月。再贴现的期限，最长不超过 4 个月。

5. 票据市场中再贴现利率由中国人民银行制定、发布与调整。贴现利率采取在再贴现利率基础上加百分点的方式生成，加点幅度由中国人民银行确定。转贴现利率由交易双方自主商定。

---

① 我国现行的票据包括银行汇票、商业汇票、银行本票和银行支票四种，除了商业汇票为远期票据外，其余三种均为即期票据。因此，只有商业汇票可以进行票据的贴现、转贴现业务，行使交换和转让职能，它构成了我国货币市场中票据市场交易的主体。

(二) 对商业汇票承兑与签发的规定

1. 向银行申请办理汇票承兑的商业汇票的出票人,必须具备下列条件:
(1) 在承兑银行开立存款账户。
(2) 资信状况良好,并具有支付汇票金额的可靠资金来源。
(3) 与承兑银行具有真实的委托付款关系。

2. 承兑商业汇票的银行,必须具备下列条件:
(1) 与出票人具有真实的委托付款关系。
(2) 具有支付汇票金额的可靠资金。

3. 商业汇票上的出票人的签章,为该单位的财务专用章或者公章加其法定代表人或者其授权的代理人的签名或者盖章。

4. 出票人在票据上的签章不符合《票据法》和《票据管理实施办法》规定的,票据无效;背书人、承兑人、保证人在票据上的签章不符合《票据法》和《票据管理实施办法》规定的,其签章无效,但是不影响票据上其他签章的效力。

5. 商业承兑汇票可以由付款人签发并承兑,也可以由收款人签发交由付款人承兑。银行承兑汇票应由在承兑银行开立存款账户的存款人签发。

6. 付款人承兑商业汇票,应当在汇票正面记载"承兑"字样和承兑日期并签章。付款人承兑商业汇票,不得附有条件;承兑附有条件的,视为拒绝承兑。

(三) 对商业汇票贴现的规定

1. 商业汇票贴现的范围包括除了金融机构以外所有合法取得票据,并能行使票据权利的企业法人。

2. 向银行申请办理票据贴现的商业汇票的持票人,必须具备下列条件:
(1) 在银行开立存款账户。
(2) 与出票人、前手之间具有真实的交易关系和债权债务关系。
(3) 提供与其直接前手之间的增值税发票和商品发运单据复印件。

3. 贴现票据到期,贴现银行应向付款人收取票款。不获付款的,贴现银行应向其前手追索票款。贴现银行追索票款时可从贴现申请人的存款账户收取票款。

(四) 中国人民银行对商业汇票转贴现、再贴现的管理规定

1. 贴现银行可持未到期的商业汇票向其他银行转贴现,也可向中国人民银行申请再贴现。转贴现、再贴现时,应做成转让背书,并提供贴现申请人与其直

接前手之间的增值税发票和商品发运单据复印件。

2. 转贴现、再贴现票据到期，转贴现、再贴现银行应向付款人收取票款。不获付款的，转贴现、再贴现银行应向其前手追索票款。再贴现银行追索票款时可从贴现申请人的存款账户收取票款。

3. 对再贴现成员资格的规定：在当地中国人民银行开立准备金存款账户的商业银行、政策性银行分支机构及经批准的非银行金融机构。

4. 对再贴现票据的规定：符合《票据法》《票据管理实施办法》《支付结算办法》的规定要求；具有真实合法的商品交易背景；付款人具有到期付款能力；已经办理贴现且尚未到期的银行承兑汇票或商业承兑汇票。

5. 对再贴现投向的规定：配合中国人民银行总行货币政策目标操作、调节信贷结构、体现政策性资金倾斜的需要，确定不定期资金的投向重点。

6. 对再贴现利率的规定：按照中国人民银行相关规定，根据货币政策执行的需要不定期对再贴现利率作出调整。

7. 对再贴现金额的规定：再贴现金额应为汇票票面金额的全部，不能做部分再贴现，单笔票面金额不得超过1 000万元。

8. 中国人民银行对各授权窗口的再贴现操作效果实行量化考核要求：

（1）总量比例：按发生额计算，再贴现与贴现、商业汇票三者之比不高于1∶2∶4。

（2）期限比例：累计3个月以内（含3个月）的再贴现不低于再贴现总量的70%。

（3）投向比例：对国家重点产业、行业和产品的再贴现不低于再贴现总量的70%；对国有独资商业银行的再贴现不低于再贴现总量的80%。

9. 中国人民银行对各授权窗口的再贴现实行总量控制，并根据金融宏观调控的需要适时调增或调减各授权窗口的再贴现限额。各授权窗口对再贴现限额实行集中管理和统一调度，不得逐级分配再贴现限额。

第四节 中国货币市场的监管约束前瞻

一、中国货币市场各子市场的风险体现

（一）同业拆借市场与银行间债券市场的风险

我国同业拆借市场与银行间债券市场的市场风险反映着市场交易结果所隐含

的某种损失的可能性。一旦风险变成事实,那么就意味着不可避免地要承担直接或间接的损失。直接的损失表现为交易方所获盈利低于预期甚至亏损本息,间接的损失则表现为交易结果导致其他相关合同或承诺无法兑现所造成的信誉损失,即因交易对手违约造成自己资金运作方面不利的连锁反应,使自己无法履行对他人的支付承诺。

随着我国债券品种的日益多元化、上市券种和类型不断增多,机构投资者内部激励机制的改善和交易人员市场运作水平的提高,特别是中长期债券的发行和利率水平的下降以及债券业务与其他业务的组合,中国银行间债券市场日益具备了投资的职能,善于把握机会和捕捉机会的投资者获得了非常可观的利润。经过几年的迅速发展,中国银行间债券市场可交易债券已经涵盖了:政府债券、政策性金融债、中央银行票据、金融债券、次级债券、企业短期融资券、证券公司短期融资券、企业债等一系列债券。银行间债券市场的功能已经从纯粹的流动性管理演变到流动性管理和投资两者兼备。但是,市场的多元化发展也加剧了市场的复杂性,市场风险进一步加大。

根据风险的性质和来源不同,这类市场风险包括以下五个方面:

1. 信用风险。这是指由于交易对手不能或不愿履行合同条款而导致损失的可能性。更广义的信用风险还包括债券发行主体由于信用评级下降导致其已发债券市场价格下降所造成的损失。银行间市场的信用风险,一般在三个环节都可能出现。一是出现在结算前,即债券交割或资金清算前,已经达成交易的一方不履行合同的全部或部分条款,导致交易的撤销或合同内容被迫部分变更,给另一方造成损失。二是出现在结算中,即在结算过程中一方已经支付了合同资金但另一方发生违约。三是出现在合同到期清算时,一方不能如约归还本息或返还债券。

2. 价格风险。这是指由于资产市场价格波动超出了交易时所预计的范围,从而给交易成员造成损失的可能性。根据引发市场风险的市场因子不同,市场风险可分为利率风险、汇率风险、股市风险等。对于银行间本币市场来说,主要是利率风险,即由于交易成员对利率变化趋势判断失误,在交易完成后,利率的波动导致实际资金成本的增加或是债券价格的损失,前者容易发生在信用拆借、债券回购交易中,后者则可能出现在现券交易业务中。

3. 流动性风险。包括金融工具买卖的流动性或现金流与资金需要不匹配两种情况。第一种情况是指金融工具不能及时变现或由于市场效率低下而无法按正常的市场价格进行交易。第二种情况是指金融机构的现金流不能及时满足支出的需求而导致金融机构违约或发生财务损失的可能性。这种情况往往迫使金融机构提前清算,从而使账面上的潜在损失转化为实际损失,甚至导致机构破产。流动性风险是一种综合性风险，它是其他风险在金融机构整体经营方面的综合体现。例如，市场风险和信用风险的发生不仅直接影响金融机构的资产和收益从而导致流动性风险，还可能引发"金融恐慌"而导致整个金融系统的非流动性风险。

4. 法律风险。指由于法律或法规方面的原因而使企业的某些市场行为受到限制或合同不能正常执行而导致损失的可能性。如由于交易对方不具备法律或法规赋予的交易权利，或是因为金融机构不熟悉有关政策法规，从而出现违规交易而导致损失。

5. 操作风险。这是指交易操作失误所导致的损失，它包括交易员在电子交易系统上操作的失误，也包括交易成员在交易过程中违反内部操作规程所造成的损失。此外，操作风险还包括风险定价过程中的模型风险，即交易人员或风险管理人员使用了错误的模型，或模型参数不当，导致对风险或交易价值的估计错误而造成损失的可能性。操作风险直接与机构的管理系统相关，虽然发生的概率相对较小，但造成的损失可能非常巨大。

(二) 票据市场的风险

票据市场中的风险从经济因素来说，包括利率风险、信用风险、市场风险；从非经济因素来说，包括道德风险、政策风险、操作风险、法律风险以及恶意欺诈等风险。

1. 票据业务的利率风险是指当国家货币政策变化，中国人民银行抽紧银根，控制再贴现额的总量或是提高再贴现率时，票据市场资金紧缩，如果此时将持有的票据转让，可能导致的利率损失。

2. 票据业务的信用风险是指商业银行已承兑、贴现或转贴现的票据，由于票据申请人支付能力不足，到期资金不能或不能按时收回，导致银行因履行无条件付款责任而垫付资金，形成银行自身的不良贷款的风险。

3. 票据业务的市场风险是指持票人向商业银行办理票据业务时，由于贴现利率或转贴现利率变动对企业财务成本或银行的资金损益产生影响的风险。

4. 票据业务的道德风险是指从事票据业务经营的个人或小团体合伙勾结，利用银行内控制度的不严密性，违规签发或兑付银行承兑汇票，套取和诈骗银行资金，给银行造成经济损失的风险。

5. 票据业务的政策风险是指在国家宏观调控、货币政策转向、经济周期的调整过程中，商业票据的持票人所面临的风险（这也要求票据业务涉及机构必须加强对宏观经济政策的研读、努力提高经济形势的判断能力以提高对票据业务政策风险的应对能力）。

6. 票据业务的操作风险是指商业银行在办理业务过程中，因管理存在纰漏，工作人员有章不循，或因操作不慎出现失误而导致银行财务损失。

7. 票据业务的法律风险是指票据业务的开展应当遵守相关的业务规定和法律条款，当无法满足或违反法律相关要求，导致票据诉讼或其他法律纠纷，就会给票据的持票人带来损失。

8. 票据业务的欺诈风险即不法分子利用票据进行诈骗所产生的各种风险，这是票据风险中危害最大也最难以防范的一种。主要形式有票据伪造、票据调包、票据圈钱和票据逃债。

由于货币市场在运行过程中存在着各种风险发生的可能性，货币市场越发达，各种参与要素越多，市场关系就越复杂，因此货币市场进行有效监管的意义就十分重要了：从宏观经济角度看，是为了限制各种市场扭曲行为和消除一切不利于市场运行的因素，诸如各种非法交易、投机活动、欺诈手段的存在和发展，保障市场参与者的正当权益，保证市场在具有足够的深度、广度、弹性基础上稳步运行，在货币市场机制顺利运作的条件下，促进整个国民经济秩序的正常运转，以推动宏观经济的稳定发展。从微观经济角度看，这对于规范交易主体自身行为，督促其加强自身资产风险性和流动性有效管理，保障金融体系微观构成个体的安全性经营也具有积极作用。

二、中国货币市场监管存在的问题分析

（一）我国同业拆借市场与银行间债券市场的监管问题分析

1. 市场对应的法律法规有待进一步完善。目前我国的同业拆借市场与银行间债券市场至今尚未颁布一个具有法律效应的规则。一个完善的同业拆借市场与银行间债券市场应该是建立在健全的法规之上的，离开了相关法律法规的有效约束，则会导致市场竞争的混乱和无序。此外，利率形成机制也会随之变形，无法真实反映市场的资金供求状况。①

2. 市场交易信息的透明度有待提高。银行间同业拆借和债券市场是监管部门对市场进行即时监管的平台，为货币政策部门提供资金的流动态势和货币市场的资金松紧状况等实施货币政策所必要的信息，更重要的是银行间同业拆借和债券市场还是货币政策传导机制的重要环节。同时，同业拆借市场与银行间债券市场是以机

---

① 同业拆借市场与银行间债券市场是我国货币市场体系的核心，具有批发交易的性质。市场所产生的指数，如拆借利率指数、债券回购指数、债券收益率，是其他金融产品和衍生工具定价的基础，也是宏观调控赖以决策的重要风向标。

构为交易主体的市场，交易规模巨大且一部分还是以信用为基础的交易关系，因此必须特别注重交易对手的信用状况，只有在充分了解交易对手资信情况下，才能作出正确的交易决策，才能识别和防范交易风险。目前制约市场交易活动的一个因素就是这个市场交易信息透明、信息披露真实迅速程度还有待提高，在目前情况下，交易双方没有完备的信息交流渠道，致使交易决策没有什么依据，有时仅凭感觉。市场的正常运作与深入发展都需要一个更完备的信息系统。

3. 市场监管体系不够完善，市场自律机制尚未形成。市场的有效监管应该体现为中央银行、中介组织与交易成员三方面的有机结合。目前中央银行并不能充分了解与及时监测交易成员的交易行为，缺少足够的信息渠道，交易网络中的信息源不够充分，监测功能尚需开发，交易成员自律观念不强，以行业公会为形式的自律机制还没有充分形成。

（二）我国票据市场的监管问题分析

我国票据市场在发展过程中的监管问题主要有以下几个方面：

1. 缺乏科学的监管标准和合理的监管手段。目前商业银行票据承兑业务办理依然没有科学的评价标准和合理的监管手段，监管部门处理票据业务的违规问题，没有严格的法律依据。作为票据市场监管主要法律规范，现行《票据法》《贷款通则》在法律和颁布时间等方面表现出众多的缺陷：

（1）现行《票据法》于1995年立法，2004年有部分修正，《票据管理实施办法》出台于1997年，基本上是基于当时浓厚的计划经济氛围，以加强银行结算管理和维持金融秩序，防止通货膨胀为宗旨的背景下制定的，因此在票据发行主体、票据产生的基础、票据流通方式等方面的规定，沿用了实物交易及其支付结算的传统内容，难以适应目前快速发展的市场经济和新的金融形势。

（2）在商业汇票直贴业务办理规定中，目前中国人民银行仅规定企业法人能够成为贴现申请人，这存在一定的局限性。依据《票据法》所制定的原则要求，一切通过合法方式取得商业汇票的自然人、法人及各种组织，均应有权贴现。在一些民营经济较为发达的地区，个人持有商业汇票的情况正越来越普遍，这些人往往会有将汇票提前变现的需求，单一的拒绝无法满足小企业及经济主体融资的需求，不利于地区经济的发展。同时，现阶段中国人民银行要求申请贴现的商业汇票必须具有真实的商品交易背景，融资性票据的贴现需求也无法得到充分满足。

2. 票据市场监管主体的缺失。现行担负票据市场监管职责的有中国人民银行、银监会和证监会，似乎监管阵容强大。可从实际效果上看，几大监管部门责任重大，却权力有限，加上政出多门，时间、空间和手段上难以协调一致，和监管对象形成多头管理的尴尬局面，再加之长期以来形成的政府部门低下的办事效率和单纯依靠权力监管的手段，难以深入市场实际及时了解相关情况，导致了监管主体的缺失。此外，部分票据监管规则变动过于频繁，如比例控制指标，这就加大了银行的运行和管理成本，加上缺乏服务意识，监管部门的权威性难以树立。即使出现票据市场的违规甚至违法行为，几大监管部门的处罚权力仅限于有限的罚款等措施，相对于违规违法带来的巨大利益而言不具有强大的威慑力。再考虑到作为市场主体的国有商业银行与政府的特殊关系和历史原因，监管力度不足就更显而易见了。

同时由于中国人民银行和银监会机构分设，使得票据市场的监控出现部分真空地带，市场上出现的一些新动向未能及时纳入监管者的视野并采取相应的对策，加之经营者行为的自律性不高，一些银行乘机加大了票据市场中的投机行为，加剧了一些风险的产生和积累。

3. 监管思维僵化。从表面看，票据市场监管的目的性很强，各项监管措施都是为票据市场健康发展，发挥重要的融资功能而设计的，实际上却表现出监管混乱，没有明确的主题思维，僵化且缺乏灵活性，各种冲突频繁。表现在：

（1）资金供求矛盾与严格的信贷管制矛盾。随着我国宏观经济的发展，企业的资金需求也逐步加大，但间接融资比重仍然占据了融资市场的绝大部分，银行信贷体系始终是企业最主要的资金来源。在我国利率管制的宏观背景下，除了少数强势企业尤其是大中型国企外，大多数企业在从银行获得贷款时，必须要接受刚性的利率和期限。这使得大量企业特别是中小企业产生了寻找多种融资渠道的冲动。票据本身所具有的短期性、流动性和融资性恰好满足了企业的需求。但由于国家严格控制信贷投放，规定票据使用必须与真实的商品交易、债权债务相关，这促使企业特别是中小企业为获取资金，不惜虚构交易违规开出汇票。在审计部门发现的大量票据违规业务中，相当部分是没有真实贸易背景的违规。这种纯粹的融资性票据的发行，由于没有真实的贸易背景，在缺乏有效信用监督情况下，加大了银行的隐性风险。

（2）监管部门对银行绩效考核办法和风险监管的缺陷。我国对商业银行经营状况的考核，往往注重比较片面的指标，如存款规模、贷款规模，近年来虽开始强调不良资产比率等，但到目前为止还缺乏以风险收益平衡为导向的、以资本金配置效率为主要约束的全面资产负债管理和考核机制。由于票据承兑作为一项中间业务，不占用银行贷款规模，也不即时占用资金，导致部分金融机构为了追求存款、贷款规模的扩张，以及不良资产的下降，放松警惕，放宽条件，超越自身能力或自身权限，大量承兑商业汇票，于是推动了票据市场的过快发展，造成银行信用的极度膨胀。不少办理票据业务的金融机构存在着重发展、轻管理，重市场、轻内控的短期行为和错误倾向，造成规章制度不落实，操作流程不规范，业务手续不完善。

这些都与监管部门对银行绩效考核办法和风险监管的缺陷有着直接关系。

（三）货币市场基金市场的监管问题分析

在我国货币市场基金监管的实践中存在的问题体现在：

1. 监管法律的滞后问题。由于货币市场基金是我国的一项创新金融工具，是自下而上进行的自然制度变迁，成立之初因为法律没有禁止及管理当局的支持，因此存在法律滞后的必然现象，这也是金融创新的典型特征之一。自2003年我国第一只货币市场基金成立以后，我国才先后颁布了针对货币市场基金市场运作的相关规定与办法。关于货币市场基金的正式规定是于2004年8月16日出台的，而早在2003年12月我国就已出现了货币市场基金，关于货币市场基金信息披露方面的规定则是于2005年4月出台的。在法律相对滞后的情况下，给市场微观环境建设、竞争公正性的规范和市场监管的效率体现带来了不利影响。

2. 混业经营与分业监管的矛盾。我国现行的金融监管体系由包括银监会、保监会和证监会三大行业监管主体和中国人民银行、外汇管理局两大功能监管主体在内的监管机构构成。2003年两只准货币基金的成立昭示着银行业想入主基金业进行混业经营的意愿；2003年12月正式获批的3只货币市场基金，标志着我国基金管理公司可以通过设立货币基金的形式实现资金在资本市场与货币市场的转换，混业经营趋势初步显现；2005年3家商业银行获批成立基金管理公司，意味着我国商业银行可以正式入主基金领域尝试混业经营。可以说货币市场基金的成立对我国经过近11年刚刚建立起来的严格的分业监管体制直接提出了挑战。由两个发行主体发行的货币市场基金今后由谁监管、如何监管的问题显得越发重要，因业务交叉而带来监管的交叉也会弱化监管的效力。

3. 风险与信用评级问题。货币市场基金又被称为"准储蓄"，投资者购买货币基金可以免收利息税，但其份额并不能像储蓄存款那样享受存款保险，在国外，当发生货币基金投资亏损面临着巨额赎回风险时，基金公司往往负担亏损，因此对投资者来说投资货币市场基金的安全性相当高。目前在我国虽然尚未出现这种情况，但货币基金出现亏损的潜在风险是不可避免的，如果出现亏损该如何解决？在我国目前货币市场投资工具单一、市场规模有限的情况下，大量的货币市场基金追逐较少的产品必将带来基金公司的违规经营问题。

4. 监管的权威性有待加强。对监管工作中发现的未达到监管标准和违规违章的机构和人员，没有依法严肃处理。基金监管工作中仍然存在着有法不依、执法不严、违法不究的现象，亟待提高基金监管的严肃性，树立监管的权威。

5. 监管人员素质有待提高。首先是监管人员的数量不足，中国人民银行现有工作人员近 15 万人，但在金融监管部门工作的人员不足 1/4，真正能查账、会分析的监管人员不到其中的 1/2。其次是水平不高，真正懂得现代基金监管理论、熟悉基金业务和相关法律、了解基金监管的国际通行做法的专业人员十分稀缺。

三、未来中国货币市场监管约束的前瞻性分析

概括起来，我国货币市场监管过程中主要存在着监管主体职责不明确、市场信息披露机制有待完善、部分监管制度滞后于实际业务、缺乏市场监管效率的评估标准与体系等主要问题。作为一个新兴的发展中国家的货币市场，我们只有在市场发展进程中，进一步建立适合本国国情和市场发展实际的监管架构，协调相关监管部门在各自的职责范围内，完善监管措施，才能有效推动货币市场健康规范发展。

（一）完善现有货币市场监管体系构成

从趋势上看，在我国货币市场监管体系的设计上，要努力建立一个有权威的、独立性较强的、廉洁高效而又有良好服务意识的监管体系。从监管体系构成格局上，要突出中国人民银行行政监管，对货币市场进行全面监督和管理，侧重于市场的长远规划、框架设计和制度建设。要明确监管主体的监管思维，赋予中国人民银行与职责相对称的监管和处罚权限，加强其权威和独立性，引导市场参与者不断建立健全内部控制机制和风险管理制度，增强市场机构自身应对各种风险的能力，从微观上降低市场发生风险的可能。具体来说：

1. 明确银行间拆借和债券市场的监管与组织体系构成。将银行间拆借和债券市场的监管与组织体系设计为监管机构、交易前台、结算后台、清算后台和交易成员共同组成。

明确中国人民银行是银行间拆借和债券市场的监管机构，负责制定市场的发展规划、管理规定，对市场进行监督管理，规范和推动市场创新。

而全国银行间同业拆借中心作为该市场中介组织，是依托交易系统、信息系统为银行间拆借和债券市场提供交易、信息、监管等三大平台及其相应的服务。具体而言，即包括培训市场交易员，组织市场参与者联网交易，负责交易、信息系统的运行维护和发展建设，负责市场交易的日常监测，组织披露市场交易所必需的信息，为中国人民银行提供全方位的市场监管服务便利和基本信息，落实市场管理有关政策措施，确保市场交易健康有序。

明确将银行间债券市场所有交易的托管、登记和清算工作集中到中央国债登记结算有限责任公司，统一负责债券托管和结算工作。金融机构参与银行间市场

的债券交易，必须事先在该公司开设托管账户；交易成员在前台完成债券交易后，必须把成交的有关要素传递到该公司的簿记系统办理债券的结算。以保障交易的真实性，防止挪用等非法交易行为的出现，控制好市场风险。

2. 要改变目前存在的多部门分散性协作管理的监管体制。当前在问题比较突出的银行间债券买断与回购市场中，可以考虑将原有体制调整为：中国人民银行负责对金融债券进行审批发行和上市管理，不再对企业债券的发行进行审批，改由国家发改委选择项目进行发行审批，证监会负责对企业债券上市进行审批和监督，短期国债的发行管理与监督仍然委托全国人大预算委员会下设的专门机构负责，中国人民银行只负责具体的发行协调工作。银行间债券买断与回购市场及柜台零售市场等场外流通市场的监管由中国人民银行负责。整个监管体系要突出集中统一管理、明确职责，避免出现"监管真空"的情况。

（二）建立全面的票据市场信息监管系统，突出市场约束作用

突出市场惩戒作用，一方面可以使有严重经营问题的票据发行金融机构或企业退出市场，避免局部风险演变成市场系统风险，从而保护投资者及存款人的实际利益；另一方面也是体现"优胜劣汰"，适应货币市场运作机制、约束票据发行金融机构或企业的经营行为、提高货币市场效率的需要。

货币市场监管主体必须要从制度上保障和督促社会外部审计机构、其他信息中介机构和市场投资者以及以不同的方式收集和披露有关票据发行金融机构或企业的各种信息使票据投资者能够以此来估算票据发行主体的风险管理状况及经营能力，相应作出风险防御的行为选择。

1. 建立票据发行主体的全面评级制度。要通过建立评级制度，对票据发行主体的业务经营、信用状况的管理，形成一整套规范化、制度化、指标化的综合经营等级评定制度，并定期向社会公布各金融机构的信用等级，帮助社会公众加强对票据发行主体风险程度的识别，强化其增强自我约束意识，有利于在外部环境下增强对票据发行主体的资信透明度。

2. 完善中介机构的市场监督作用。中介机构体系由律师事务所、会计师事务所、审计师事务所等中介机构构成。当代货币市场业务的专业复杂性，使广大投资者一般不具备专业知识，也不具备足够的时间和精力去研读有关票据发行主体的会计报表等公开信息。所以这就需要完善的专业中介机构体系，由它们对各种已公开信息进行分析，揭示票据发行主体经营的真实状况，为广大投资者提供信息咨询服务，以使其能够根据披露信息作出理性反应，发挥市场的监督作用，缓解我国货币市场监管主体审计力量的不足与真空地带之缺陷。同时，对票据发行主体所作出的资信评级本身就是市场监督的重要组成部分，将直接影响到它们

在借贷资金市场上的筹资成本。

3. 加强票据市场有效信息披露制度作用过程中微观基础环境的建设。对市场约束来说，公开披露和增强透明度等要求只是必要条件，而不是充分条件，市场投资者通过对风险和收益作出充分判断来分析获得的信息和运用市场约束的激励必须存在。同时，即使市场发出准确的信号，市场约束也只能在这些信号的接受者改变他们的行为具体响应时才能起作用。反过来，这些必要条件中的每一个——公开披露、实施市场约束的激励、接受者的反应，又要依靠一系列与治理结构相关的潜在先决条件来起作用。

首先，必须以金融深化改革为支点，在更深层次上解决国家与拥有国有化背景的票据发行主体之间的产权关系，并进一步相应解决其商业化经营的自主权问题。因为只有在产权和组织制度上更接近于现代企业制度的形态，这些票据发行主体才能在市场经营中更具备理性的行为特征，成为真正的市场主体。因此，要加快国有化背景企业的现代企业制度改革，彻底转变其经营机制，强化它们的自我约束和风险机制，让其能够按照市场规律办事，强化内部管理，成为自主经营、自担风险的主体，使它们真正作为市场主体通过竞争获取收益，提高其对市场信号的反应程度。

其次，进一步发展多元化的票据市场。票据市场工具的多元化和市场参与主体的多元化对于信息反应的敏感程度会加强。一个深度与广度有限的货币市场，市场价格波动对票据发行主体的风险的反应就会不敏感或者不真实。票据市场的投资者对票据发行主体的经营风险的判断也将受到影响，无法发挥市场约束与选择的功能。

最后，要加强对社会公众对信息资源的重视意识的宣传。传统经济理论认为收益就是劳动成果或产出，然而人们很少想到信息不对称问题在一定程度的减少就意味着一项收益。因为信息不对称现象的存在使人们在决策时，面临着许多不确定性，而这种不确定性的减少必须花费人力、物力即花费经济成本。因此，这种经济成本的减少（人力、物力消耗的降低）也就是增加了收益。要使票据市场的投资者能够以此来估算票据发行主体的风险管理状况及经营能力，相应作出风险防御的行为选择，从而更能发挥市场约束机制的监督作用。

（三）注意加强国际监管的合作联系，推动货币市场健康发展

加强国际合作是在经济全球化背景下推动我国货币市场深化发展的必然要求。随着金融全球化趋势的不断推进，金融固有的国际渗透功能在国与国之间的相互影响作用比以往任何时候都更加突出。资本的跨国流动、机构的跨国经营和现代金融业务的深度交叉，使各市场间的联系也日益紧密，本币和外币、外资和内资的转换

越来越成为经常性的普通业务。同时，经济全球化也使国际资本流动更加便捷。特别是在国际金融自由化和电子化的辅助下，资金的流量和流速激增，进一步刺激了国际货币市场交易的发展，这在促进世界经济发展的同时，也增加了市场的复杂性和监管难度。货币市场作为我国开放的市场体系，在继续积极稳妥地推进其对外开放的进程中，要以更宽更广的全球视野防范市场风险，推动市场发展。通过加强国际监管合作，与其他各国和地区的监管部门共享监管信息，共同对可能产生系统性影响的不稳定因素进行跟踪预测，加强风险处置工作的协调。

（四）尝试推行我国"监管者监管"的外部约束制度

良好的金融监管治理同样是作为发展中国家的中国保持货币市场监管效率的重要前提条件，也是货币市场监管主体权威性、公正性能够被社会公众认同的直接原因。中国货币市场中客观存在着监管不当行为及腐败现象，例如，货币市场监管主体在行政审批过程中存在"寻租"空间、在现场检查和处罚中的"自由裁量权力"弹性过大，缺乏对监管者监管的相关制度及标准。整个社会对于这些监管主体的执法行为，尤其是绩效监督考核方面基本上处于空白状态。目前中国还没有一个针对货币市场监管主体总体执行绩效进行评判的客观评价标准，社会公众对监管者所执行的相关政策措施目的不了解，缺乏关注度。因此，可以考虑在我国尝试推行针对监管者进行监管的外部约束制度。具体来说：

1. 尝试建立货币市场监管主体绩效评估的法治化、制度化、程序化管理体系。要尽快出台相关法规，将中国针对货币市场监管主体的各种绩效评估规定纳入法治化建设轨道，切实加强对监管机构绩效评估管理的立法保障工作，加强绩效评估管理的统一规划和指导，逐步形成程序化、系统化的绩效管理与评估体系，从而使货币市场监管主体绩效评估工作全面走向法治化、制度化。这样既能够为中国货币市场监管主体制定和执行监管政策提供统一的基本原则、决策程序和分析方法，同时也有利于货币市场监管主体在政策实施的理念、程序和标准保持相对一致，保证政策实行的规范性、统一性和延续性。

2. 探索完善中国货币市场监管主体的绩效评估标准的指标体系。完善货币市场监管主体绩效的量化方法与标准化程度，这应当是未来国家对货币市场监管主体执行监督评判的基本趋势。货币市场监管主体监管行为绩效应当包括经济绩效也包括诸如社会安全等社会绩效，对于货币市场监管主体监管行为绩效的识别、确定和衡量，主要是从经济性、效率性和效益性等三方面来衡量，既包括量化分析，也包括效率判断。针对中国的制度安排，可以考虑在各级人民代表大会常务委员会依法对行政机关、司法机关监管的过程中，增加成立一个针对货币市场监管主体业绩考核的评价委员会或评审机构，成员可以包括来自人民代表大会中金融业内人士或相关领域高校和研究机构的学者，对金融监管机构的业绩考核、政策出台的可行性等内容建立一套客观有效的评价标准及具体的指标体系，通过对货币市场监管主体政策执行的收益与成本进行对比，以政策执行的收益大于成本或者政策执行的收益能够证明为其所支付的成本是否合适来评判货币市场监管主体政策执行的效果和可行性。

3. 对中国货币市场监管主体行为进行有效监管的同时，在货币市场监管主体外部构建一个市场化、多元化的监督约束机制具有重要意义。可以通过建立多重绩效评估机制，通过货币市场监管主体自我评估、上级评估与专家评估、社会公众评估等形式，对其政策操作、监管行为进行真实和透明的公开报告，监管机构绩效评审报告应该定期在公共媒体上公布，接受社会的监督。此外，要从制度上要求货币市场监管主体必须建立专门的新闻发言人制度，定期向社会公布相关政策措施，通过媒体直接或间接地公开自己的工作内容和工作程序，不断地在第一时间更新其应予以公众知情的制度，及时就监管机构拟出台政策措施的操作过程、政策取向、预期后果向社会公众进行描述，对部分来自社会的反映意见进行咨询解答，确保社会公众能够及时获得监管部门所发布的重要信息，明确并配合其政策的操作意图，这将是货币市场监督控制效率化的重要保证。

参考文献

1. 保罗·M. 霍维慈:《美国货币政策与金融制度》(上、下),中国财政经济出版社1980年版。
2. 爱德华·肖:《经济发展中的金融深化》,上海三联书店1988年版。
3. 江春:《产权制度与金融市场》,武汉大学出版社1997年版。
4. 中国人民银行会计司:《支付结算制度汇编》,新华出版社1997年版。
5. 刘光第:《中国经济体制转轨时期的货币政策研究》,中国金融出版社1997年版。
6. 刘军善:《论中国货币政策》,中国财政经济出版社1998年版。
7. 米什金著,李扬、施华强等译:《货币金融学》,中国人民大学出版社1998年版。
8. 杜莉:《中国货币市场及其发展》,经济科学出版社1999年版。
9. 王广谦:《中央银行学》,高等教育出版社1999年版。
10. 吕江林:《中国转轨时期的货币政策》,中国财政经济出版社1999年版。
11. 托马斯·梅耶:《货币、银行与经济》,上海三联书店1999年版。
12. 巴曙松:《中国货币政策有效性的经济学分析》,经济科学出版社2000年版。
13. 李社环:《利率自由化》,上海财经大学出版社2000年版。
14. 王煜:《中国货币政策趋势》,中国金融出版社2000年版。
15. 陈立:《影响未来的中国基金产业》,中国财政经济出版社2001年版。
16. 朱明忠等:《中国货币市场发展新论》,中国发展出版社2002年版。
17. 成思危:《培育与监管:设计中国的货币市场》,经济科学出版社2002年版。
18. 张纪康:《货币市场经纪:欧洲主导的金融服务业》,复旦大学出版社2004年版。
19. 中国工商银行资金营运部:《商业银行资金运营管理》,中国财政经济出版社2004年版。
20. 张红地:《中国公开市场操作工具的选择》,上海三联书店2005年版。

21. 梁福涛：《货币市场利率结构、基准利率与利率衍生品创新》，上海财经大学出版社 2007 年版。

22. ［美］法伯兹、［美］曼恩、［英］乔德里著，孟昊、郭红译：《全球货币市场》，东北财经大学出版社 2011 年版。

23. 中国货币市场发展创新课题组：《中国货币市场的发展创新》，西南财经大学出版社 2015 年版。

24. 沃尔特·白芝浩著，汤铎铎译：《伦巴第街：货币市场记述》，中国社会科学出版社 2017 年版。

25. 李格平：《金融市场化改革中的货币市场》，社会科学文献出版社 2008 年版。

26. 夏斌：《创新金融体制：30 年金融市场发展回顾》，中国发展出版社 2008 年版。

27. 中国人民银行上海总部、中央国债登记结算有限责任公司：《中国银行间债券市场研究——全国银行间债券市场十周年征文论文选编》，中国金融出版社 2008 年版。

28. 中国金融学会：《中国金融年鉴》，中国金融出版社 1999～2008 年历年版。

29. 苏剑：《西方货币传导理论综述》，载于《经济学动态》1997 年第 4 期。

30. 周理、万昌鹏：《我国货币市场的运行特征、问题与对策》，载于《金融研究》1999 年第 4 期。

31. 谢平：《中国货币政策的挑战》，载于《金融与保险》2000 年第 4 期。

32. 思睿：《中国需要怎样的货币政策》，载于《金融与保险》2000 年第 4 期。

33. 曹海珍：《货币市场发展与货币政策传导》，载于《金融时报》2000 年 10 月 25 日。

34. 黄建锋：《再贴现政策的演进》，载于《金融时报》2000 年 11 月 29 日。

35. 李扬、彭兴韵：《货币市场：理论与实践》，载于《中国货币市场》2001 年第 1、2 期。

36. 许祥秦：《论我国货币政策的传导和产出效应》，载于《金融研究》2001 年第 4 期。

37. 张红地：《论中国公开市场业务的改革与发展》，载于《武汉金专学报》2001 年第 4 期。

38. 戴根有：《完善中国货币政策操作的重要实践》，载于《中国金融》2001 年第 6 期。

39. 戴根有：《中国稳健货币政策的实践与经验》，载于《金融时报》2001年6月16日。

40. 谢多：《中国货币市场的现状与发展》，载于《中国金融》2001年第7期。

41. 艾洪德：《货币市场与货币政策》，载于《财经问题研究》2001年第7期。

42. 徐栋：《货币市场与资本市场互动效应的政策分析》，载于《中国金融》2001年第8期。

43. 卢新波、余立智：《我国票据市场发育的制度性障碍及其变迁的路径选择》，载于《经济学动态》2003年第7期。

44. 中国人民银行货币政策分析小组：《2006～2008年各季度货币政策执行报告》，中国人民银行网站。

45. 张浩、张鹏：《我国货币市场的改革发展问题研究》，载于《南方金融》2009年第4期。

46. 张林：《我国货币市场基准利率SHIBOR实证分析及运行评价》，载于《金融理论与实践》2009年第4期。

47. 范从来：《中国的货币政策该如何选择？》，载于《中国社会科学报》2019年7月4日。

48. 祝鸿玲、柴鹏：《债券市场与货币政策传导机制关系的实证分析》，载于《统计与决策》2019年第7期。

49. 肖卫国、兰晓梅：《公开市场操作、货币市场利率与利率走廊》，载于《武汉大学学报》2019年第7期。

50. 吕思聪、赵栋：《货币政策、影子银行和银行间市场利率》，载于《国际金融研究》2019年第2期。

51. 范念龙：《我国货币市场基金发展的现状、影响及监管研究》，载于《金融发展评论》2018年第11期。

52. Marquis M. H., Montary Theory and Policy, 东北财经大学出版社1998年版。

53. Wilson J. S. G., Money Markets, the International Perspective. Routledge, 1993.

54. Alexander el., The Adoption of Indirect Instruments of Monetary Policy. IMF Occasional Paper, Washington D. C., 1995.

55. Bernanke Ben S. and Alan S. B. Linder, The Federal Rate and the Channels of Monetary Transmission. American Econnomic Review, Vol. 82, No4. 9. 1992.

56. Alworth J. S. and C. E. V. Borio, Commercial Paper Markets: A Survey. BIS Economic Papers, No. 37, April 1993.

57. Humphrey D., Market Responses to Pricing Fedwire Daylight Overdrafts. Federal Reserve Bank of Richmond Economic Review (May – June 1989).

58. Kohn M., Financial Institutions and Makets, McGraw-Hill, Inc., 1994.

59. Post M., The Evolution of the US Commercial Paper Maket Since 1980. Federal Reserve Bulletin (December 1992).

60. J. Niehans, Theory of Money, the Johns Hopkins University Press, 1981.

61. Allen L., Capital Makets and Institution: A Global View, John Wiley & Sons, Inc, 1997.